NEGOCIAR CON ETA

DE ARGEL AL GOBIERNO DEL PP: CRONICA DE UN DIALOGO SIEMPRE NEGADO

Grandes Temas/61

Carlos Fonseca

NEGOCIAR CON ETA

DE ARGEL AL GOBIERNO DEL PP: CRONICA DE UN DIALOGO SIEMPRE NEGADO

temas'de hoy.

Colección: Grandes Temas

Paseo de la Castellana, 95. 28046 Madrid
Diseño de cubierta: Nacho Soriano
Fotografía de cubierta: Plata Negra
Primera edición: septiembre de 1996
ISBN: 84-7880-679-2
Depósito legal: M-27.487-1996
Compuesto en Puntographic, S. L.
Impreso en Printing 10, S. A.
Printed in Spain - Impreso en España

INDICE

PRIMERA PARTE
EL «BOTIJERO»

SEGUNDA PARTE
LA «OPERACION AZKOITI»

TERCERA PARTE
ASALTO A INTERIOR

A Marisol, Alvaro y Daniel

AGRADECIMIENTOS

Durante los dos años que he trabajado en este libro he contado con el apoyo y la ayuda de un grupo de personas a las que quiero y admiro, y a las que ahora, una vez concluido, quiero dar las gracias.

A Agustín Atxa, antiguo compañero en el desaparecido diario *El Independiente*, que me ha demostrado lo que siempre pensé de él, que es un buen periodista y mejor amigo. Me avaló para llegar hasta algunas fuentes y en más de una ocasión echó mano de su agenda para rellenar los huecos de la mía. Leyó el primer borrador y me aportó ideas y sugerencias con la misma ilusión que habría puesto de ser él el autor.

A Oscar y Toño, mis hermanos. Oscar buscó papeles, escritos y sumarios en esa tarea ingrata pero imprescindible de documentación, y leyó con paciencia e interés los sucesivos originales. Toño me ayudó a organizarme y ha sido mi principal corrector. Gracias por ser tan inteligentes.

A Faci y Alejandrina por compartir los sinsabores de cada día. Mi cariño por ser tan buenas personas. También para mis padres, siempre al pie del cañón, sin fallarme nunca. En ellos encuentro estímulo y apoyo sin condiciones en todo cuanto hago.

Mi afecto para los doctores Rafael Hernández Hernández y Luis Hernández Rosa, que me trataron como a un amigo cuando la «mala pata» se cruzó en mi camino. También para Fran, Paqui, Fernando, Conchi y, de manera muy especial, Juan, que me hicieron más corto y llevadero lo que fue un auténtico suplicio.

Por último, mi gratitud para quienes con su testimonio me ayudaron a armar esta historia.

INTRODUCCION

«Ha habido y habrá diálogo con ETA.» Con esta lapidaria frase Javier Solana, ministro y portavoz del Gobierno, reconocía el 28 de agosto de 1987 la existencia de contactos con la banda terrorista. Eran los prolegómenos de las conversaciones de Argel. Aquel intento, que comenzó a esbozarse en 1986 y concluyó frustrado en abril de 1989, supuso la tentativa más seria por acabar con el problema de la violencia de forma dialogada.

Este libro arranca en aquella ruptura y explora los intentos de ambas partes por retomar los contactos a lo largo de los siete últimos años, hasta la llegada del Partido Popular (PP) al poder. Un periodo caracterizado por el protagonismo de tapados, personajes que han actuado de intermediarios del Gobierno, resuelto a no implicarse pública y directamente en unas nuevas conversaciones.

Fruto de dichos intentos han sido tres grandes operaciones que se abordan en cada una de las tres partes de que consta el libro aunque, en ocasiones, los hechos narrados en ellas ocurrieron de forma simultánea. He pretendido hacer así más comprensible el relato y que cualquier lector interesado en el tema pueda aproximarse a él sin necesidad de tener conocimientos previos. La cronología que aparece al final del libro sirve como instrumento de consulta para situar los acontecimientos tal y como se produjeron en el tiempo, sin las marchas adelante y atrás de la narración.

Desfilan por las páginas que siguen ministros, altos cargos policiales, políticos, militares, funcionarios, jueces y ciudadanos que un día saltaron a las portadas de los periódicos al convertirse en víctimas del terrorismo. He procurado recoger el testimonio del mayor número posible de personajes, que en la mayoría de los casos aparecen identificados y expresan su opinión sobre los hechos con la perspectiva que da el paso del tiempo. Otros, por el contrario, han exigido mantener el anonimato. Así lo he respetado, aun a sabiendas de que restaba fuerza a algunos pasajes y podía ser utilizado por mis interlocutores para deslizar versiones interesadas sin temor a ser descubiertos. Para evitarlo, en algunos eventos he reproducido los relatos contradictorios que me hicieron sus protagonistas.

Algunos capítulos reproducen diálogos a los que, evidentemente, no he asistido. Pese a ello no son producto de mi imaginación. Han sido recreados con la ayuda de quienes participaron en ellos, en unos casos, y reproducidos a partir de documentos internos de la banda terrorista, en otros. No hay, pues, espacio para la invención.

Para solventar la imposibilidad de recabar la opinión de ETA como elemento de contraste he reunido numerosos documentos internos de la banda que reflejan su posición sobre los acontecimientos que aquí se relatan. En algún caso he recogido el parecer de personas que tiempo atrás militaron en ella o en organizaciones de su entorno, y me he servido también de declaraciones de etarras incorporadas en distintos sumarios.

Una vez explicado el método de trabajo, quiero dejar constancia de que éste no es un libro a favor ni en contra de la negociación con ETA. He huido de posiciones mesiánicas y arrancado y concluido mi labor sin planteamientos apriorísticos, guiado tan sólo por el convencimiento de que no hay nada que no deba ser conocido. En tus manos tienes, querido lector, una crónica periodística sobre siete años de un diálogo permanentemente negado. Pese al interés puesto en el empeño sé que lo escrito en estas páginas no es toda la VERDAD, pero sí puedo asegurarte que se trata, al menos, de una honesta aproximación a ella. A tu juicio me someto.

PRIMERA PARTE

EL «BOTIJERO»

CAPITULO UNO

EXPULSADOS

«Eugenio, tenéis que subir al avión porque os echan.» La voz firme que desde la escalerilla del Hércules C-130 les conminaba a subir a bordo tranquilizó al dirigente de ETA. La pista de cemento del aeropuerto Huari Boumedienne de Argel era una auténtica sauna aquella mañana del 18 de abril de 1989. Eugenio Etxebeste Arizcuren, «Antxon», había organizado un pequeño conciliábulo con Belén González Peñalva, «Carmen», e Ignacio Aracama Mendía, «Macario», sus dos acompañantes en la mesa de conversaciones con el Gobierno español en Argelia, al que asistían como invitados de piedra sus compañeros Angel Iturbe Abásolo, «Ikula», Juan Manuel Soares Gamboa y José María Gantxegui.

Apenas unas horas antes, el general Betchine, jefe de los servicios de información militar, les había anunciado que iban a ser deportados a otro país. La decisión no había sido sencilla para el Gobierno argelino, que durante varios días intentó evitar la expulsión de los principales representantes de una colonia que rondaba el medio centenar de terroristas y que llevaba ya más de dos años instalada en el país. Argelia había sido hasta ese momento tierra de promisión para ETA, algunos de cuyos miembros habían recibido años atrás entrenamiento militar en la Academia de Policía de Souma. Incluso en ese momento se la seguía considerando un movimiento de liberación nacional. El hecho de que ahora se vieran obligados a expulsar a sus militantes era cosa de política. Los seis etarras no habían podido oponerse a la decisión de sus anfitriones, pero la sorpresa inicial se tornó en alarma cuando descubrieron en la pista del aeropuerto que el avión encargado de su traslado llevaba la bandera española pintada en un costado. Aquello significaba que les expulsaban a España, que en apenas unas horas subirían por la escalinata de la Audiencia Nacional y que esa misma noche dormirían en la prisión de máxima seguridad de Alcalá-Meco. Estaban convencidos de que su privilegiada condición de portavoces de ETA en la mesa de conversaciones con el Gobierno se derrumbaba y pasaban a convertirse en unos reclusos más del medio millar de presos de la organización. No les quedaba otra opción que resistirse a subir al avión.

A bordo les esperaban dos tripulaciones bajo el mando de un teniente coronel del Ejército del Aire español que horas antes había ordenado a sus hombres que retiraran las divisas de las hombreras de sus camisas para que los etarras no pudieran identificar al máximo responsable del grupo. Todos asistían mudos a la asamblea montada en una de las terminales de carga del aeropuerto por los seis etarras y el capitán argelino Murat, encargado de ejecutar la orden de expulsión y que intentaba convencerles de que subieran al aparato por su propio pie. Ellos, los hermanos en la revolución, no iban a permitir que les llevaran a España. Había garantías. Tres de sus hombres, entre ellos un médico provisto de un rudimentario maletín de primeros auxilios, les acompañarían en el viaje para cerciorarse de que los españoles no faltaban a su palabra.

«Vamos a Santo Domingo», terció en el alboroto de la conversación el hombre de calva sudorosa y poblado bigote que desde la escalerilla se había dirigido al jefe etarra por su nombre de pila y tuteándolo. Como se hablan dos viejos conocidos. «Antxon» le había reconocido sin ninguna duda. Era el doctor Martín, el diplomático con quien hacía dos años había mantenido tres intensos encuentros en Ecuador, su anterior destino de deportación. En aquella ocasión, su interlocutor le había convencido de que se desplazara hasta

Argelia para liderar el proceso de conversaciones con el Gobierno que ahora tocaba a su fin.

Domingo Iturbe Abásolo, «Txomin», el líder indiscutible de ETA al que emisarios oficiales llevaban sondeando desde noviembre de 1986, había fallecido de forma accidental el 27 de febrero de 1987. La amplia colonia de etarras instalada ya por entonces en Argelia decidió de forma unánime que fuera «Antxon» quien lo sustituyera. El propio «Txomin» había pedido su traslado a Argel meses antes de su muerte. Tanto los pistoleros, acostumbrados tan sólo a apretar el gatillo, como los más políticos veían en él al hombre con el carisma y el arrastre suficientes para continuar el camino emprendido. Y fue el doctor Martín, así se lo presentaron los servicios de información ecuatorianos, el encargado de transmitirle la propuesta y convencerle de que aceptara. Como ahora, también él se ocupó de trasladarlo a Argelia el 9 de julio de 1987.

Su pasaporte de tapas color burdeos corroboraba su condición de diplomático, como él mismo se había identificado. Lo que «Antxon» no sabía era que ese hombre de buenos modales, del que presentía que no le mentía cuando decía que se dirigían a Santo Domingo, era en realidad el comandante de la Guardia Civil Félix Hernando, destinado desde hacía siete años en el Gabinete de Información del comisario Manuel Ballesteros, en la Secretaría de Estado para la Seguridad, y uno de los hombres de confianza de Rafael Vera. De haberlo sabido, a buen seguro que nunca se habría embarcado con él. Al mando de la operación acompañaba a Hernando uno de sus hombres, el sargento Manuel Rancaño.

Apenas hubieron montado, el avión enfiló la pista de despegue, tomó velocidad y levantó el morro en dirección al cielo. El Gobierno ganaba «la batalla de Argel». Las conversaciones con ETA habían quedado rotas unos días antes, el 4 de abril, tras un interminable cruce de comunicados entre ambas partes. Se habían sentado a dialogar el 25 de enero y no habían sido capaces de consensuar un texto común que diera paso a una nueva fase de los contactos. Finalmente, ETA había declarado abiertos todos sus frentes y tuvo ocasión de demostrarlo. El 12 de abril un comando asesinó a tiros en Las Arenas al sargento de la Guardia Civil José Calvo de la Hoz. El amonal y las pistolas volvían a imponerse.

Durante días, Rafael Vera y el propio presidente Felipe González presionaron para que los etarras fuesen expulsados como medida de represalia. El secretario de Estado para la Seguridad y las autoridades argelinas habían intercambiado nombres de residentes. Argelia reconocía menos etarras en su suelo de los que sospechaban los servicios de información españoles. Fue un tira y afloja hasta que, finalmente, accedieron. Veintisiete etarras serían expulsados en tres tandas. Los nombres serían elegidos por Vera, que debía encargarse también de conseguir los países de destino. Por supuesto, España y Francia quedaban excluidos.

La primera lista de seis resultó sencilla: los tres portavoces de ETA, «Antxon», «Carmen» y «Macario» (estos dos últimos ex miembros del comando Madrid) y otros tres conocidos activistas: Angel Iturbe, «Ikula», hermano del fallecido «Txomin»; Juan Manuel Soares Gamboa, también antiguo miembro del comando Madrid, con fama de conflictivo entre sus compañeros, y José María Gantxegui. Un poco de todo, para que «Antxon» tuviera tiempo de recapacitar sobre lo ocurrido en Argelia. El destino elegido para ellos fue la República Dominicana, un pequeño país de siete millones de habitantes a más de nueve mil kilómetros de España y cuya principal fuente de riqueza es la caña de azúcar. El resto emprendería rumbo a Venezuela y Cabo Verde.

La elección dominicana no fue caprichosa. Su presidente, el octogenario Joaquín Balaguer, era amigo personal del Rey de España. Además, el presidente Felipe González tenía una estrecha relación con José Francisco Peña Gómez, líder del principal partido opositor, el Partido Revolucionario Dominicano (PRD), y compañero en la Internacional Socialista. Por otra parte, el país ya había acogido antes a otros etarras, entre ellos al propio «Antxon», que hacía ahora el viaje de vuelta.

No había nada escrito, tan sólo un protocolo verbal de colaboración y unas relaciones comerciales favorables a España, con 20 millones de dólares en exportaciones por 7 en productos importados, lo que daba un amplio margen para la concesión de créditos del Fondo de Ayuda al Desarrollo (FAD) con que agradecer los servicios prestados. Este tipo de préstamos se otorgan a países en vías de desarrollo y en condiciones financieras muy ventajosas con la doble finalidad de potenciar las exportaciones del país que los concede y contribuir a su vez al desarrollo económico de las naciones receptoras. En 1985, año en que llegaron los primeros deportados, el Gobierno español concedió al dominicano un crédito de este tipo por un total de 8.700.000 dólares, más de 1.000 millones de pesetas al cambio del momento. Similares cantidades fueron transferidas en 1987 y 1988. Todo ello hacía que la primera tierra contemplada por Cristóbal Colón en su aventura americana fuese el destino adecuado.

El comandante Félix Hernando conocía bien las «hazañas» de su pasaje y tenía bien presente el asesinato, unos días antes, de un compañero de la Benemérita. Además, ya había visto de cerca a más de un comando en las muchas operaciones en las que había participado como miembro de la Unidad de Servicios Especiales (USE) de la Guardia Civil. Los años de máxima virulencia de ETA los había pasado en el norte, anunciándose con la pistola amartillada y derribando las puertas a patadas.

Casado y con una hija, decidió retirarse de aquella guerra cuando el PSOE llegó al poder en 1982. Ya estaba a punto de establecerse en Guadalajara, en la dotación de Tráfico, cuando el entonces director general del cuerpo, el general Aramburu Topete, lo llamó a su despacho para comunicarle que iba forzoso a un nuevo destino que se acababan de inventar los socialistas: el Gabinete de Información.

Durante dos años estuvo allí a la fuerza, encargado de los contactos con los servicios de información de otros países y de las relaciones internacionales. Su empleo era entonces el de capitán. Luego, con el paso del tiempo, se adaptó a la nueva situación hasta estar encantado con su cometido. Tanto que, aunque pensaba que eso de los contactos era «una auténtica putada» para un militar como él, como comentó en más de una ocasión a sus compañeros, había terminado convencido de la bondad de los planteamientos de Rafael Vera. El mismo se recitaba entonces como una letanía: «Cualquier esfuerzo para evitar un solo muerto más, vale la pena.»

Tan pronto como el avión estuvo en el aire se hizo un silencio casi sepulcral entre sus ocupantes, sólo roto por el ruido del motor del viejo aparato del Ejército. En la cola, un aseo químico oculto tras una cortinilla era el único espacio de privacidad para los viajeros. «Antxon» respiró más tranquilo. Pese al duro golpe que suponía la expulsión de Argelia, el nuevo destino no le era desconocido. Había sido detenido en el verano de 1984 en Bayona, cuando ya formaba parte de la dirección de ETA, y trasladado poco después a Santo Domingo. Allí permaneció solo hasta que le enviaron a un compañero, Miguel Angel Aldana Barrena.

Fueron dos años de deportación hasta que la convocatoria de las elecciones del 26 de mayo de 1986 en la República Dominicana aconsejó su traslado a Ecuador. El presidente ecuatoriano, León Febres Cordero, se había comprometido a recibir a algunos de los etarras que Francia expulsaba de su territorio y que no se atrevía a entregar a la Policía española. Fueron otros dos años, hasta que el «doctor Martín» le convenció para volar a Argelia.

El había sido el encargado de sustituir a «Txomin» en el papel de interlocutor, pese a que desde el Ministerio del Interior se le consideraba el hombre «duro» de la organización, el exponente de la línea marxista-leninista de ETA y contrario a las tesis negociadoras de su compañero. Paradojas del destino. O, sencillamente, análisis equivocados.

Nacido el 9 de marzo de 1951 en San Sebastián, hijo único de un tostador de café, desde pequeño mostró una gran afición por las ciencias naturales, y en especial por los insectos, aunque terminó matriculado en la Escuela de Técnicos de Empresa de Guipúzcoa. Cultivó su pasión por los animales en la Sociedad de Ciencias Naturales Aranzadi, hasta que en 1975 cruzó la frontera huyendo de la Policía para no volver jamás. Un año después protagonizó una ruptura en ETA político-militar y creó los «comandos Bereziak», que terminaron integrándose en ETA militar y haciéndose con su control. Lo acompañaba un joven de aspecto aniñado y muy radicalizado, Francisco Múgica Garmendia, «Pakito», que tras las sucesivas caídas de dirigentes se convertiría en el líder de la organización.

El vuelo transcurría sin novedades. Para evitar entrar en el espacio aéreo español, el Hércules se dirigió hacia el sur del país antes de girar en dirección al archipiélago de las Azores. El piloto solicitó autorización para sobrevolar Mauritania, que tenía serios problemas con la vecina Senegal por cuestiones migratorias. La maniobra fue prohibida y el aparato de las Fuerzas Aéreas Españolas tuvo que modificar su rumbo.

Desde las ventanillas del avión, «Antxon» y sus acompañantes divisaron con claridad los picachos nevados de Sierra Nevada. Estaban sobrevolando el Estrecho y el pánico volvió a cundir entre ellos. Los habían engañado. Incluso el doctor Martín les había mentido. Iban camino de Madrid. Una vez más, el comandante Félix Hernando tuvo que echar mano de sus dotes diplomáticas para tranquilizarlos. Se trataba tan sólo de un incidente de vuelo sin más importancia. Tan pronto como la silueta de España se perdió en el horizonte los etarras recuperaron el resuello. Fue el único incidente.

Tras varias horas de vuelo, el avión tomó tierra en la base aérea de Lajes, situada en la isla de Terceira, en el archipiélago de las Azores, compartida por fuerzas portuguesas y norteamericanas, donde estaban avisados de la carga que transportaba el avión español. En apenas unos segundos el Hércules fue rodeado por numerosos coches militares provistos de luces destellantes. Uno a uno, los etarras descendieron del aparato y fueron introducidos en los vehículos que los conducirían a los calabozos. La tripulación pasó la noche en la misma base.

A la mañana siguiente, el Hércules y su pasaje emprendieron de nuevo el vuelo rumbo a su destino en el Caribe. El avión eludió el aeropuerto de Las Américas y tomó tierra en el aeródromo militar. Allí les esperaba el mayor Fredy Estrada, jefe de Operaciones del Departamento Nacional de Investigaciones (DNI), el número dos del servicio secreto que por entonces dirigía el general Antonio Lachapelle Suero, un militar al que el presidente Balaguer había recuperado de la reserva para convertirlo en el segundo hombre más poderoso de la República Dominicana, según rezaba el dicho más popular del país: «Dios es Balaguer, y su hijo es el director del DNI.» Con el tiempo sería apodado «Bocahierro» por sus interlocutores españoles debido a la dificultad que tenían para entenderlo cada vez que hablaba. Por debajo de Lachapelle, el mayor Estrada ocupaba el departamento más importante del DNI, el de Operaciones, con el que sólo podía compararse el de Asuntos Haitianos por los problemas del país con su vecina Haití.

El comandante Félix Hernando estrechó la mano de su homólogo y le entregó los seis pasaportes diplomáticos expedidos a nombre de cada uno de los etarras por el Ministerio de Asuntos Exteriores, con validez hasta su entrada en la República Dominicana. Todo en orden. Minutos después eran trasladados al apartamento 602 del edificio Agustín Lara, en el barrio Naca de la capital, a la espera de que se habilitara un discreto chalé en las afueras de la ciudad.

Hernando aprovechó para saludar a las autoridades del servicio de información dominicana, con quienes debería hacer de enlace mientras los etarras permanecieran en su territorio. Después telefoneó al Ministerio del Interior español para dar el *OK.* En Madrid podían respirar tranquilos. Dos horas después, y con la satisfacción del deber cumplido, tuvo ocasión de mostrarse espléndido con quienes lo habían acompañado en la operación. Cumplía cuarenta años y el evento bien valía una mariscada.

Ese mismo día, 19 de abril, el presidente argelino, Chadli Benjedid, intentaba salvar la cara ante ETA con una nota en la que su Gobierno acusaba a ambas partes de la ruptura del diálogo: «Dado que las dos partes no han mostrado ningún interés por reanudar el diálogo después del 5 de abril, era evidente que, por razones que les son propias, se habían acomodado a la ruptura y buscaban provocarla para reanudar sus encuentros en otros lugares, sobre bases y principios diferentes.»

Pese a ello, el 9 de mayo Argelia deportaba a otros diez etarras a Cabo Verde. El comandante Félix Hernando fue, una vez más, el encargado de supervisar la operación. Los primeros terroristas habían llegado a dicho país cuatro años antes, en 1985. Como contrapartida, el Gobierno español invirtió en la puesta en marcha de una fábrica de envasado de té y en otra de cerveza que, además de generar riqueza para el país, servirían para dar trabajo a los deportados que así lo desearan.

La operación de castigo contra ETA se cerró el 28 de mayo con el traslado a Venezuela de los últimos once etarras que oficialmente quedaban en Argelia. El pacto se cumplía a rajatabla y las conversaciones de Argel pasaban a formar parte de la historia.

CAPITULO DOS

EL INTERMEDIARIO

El teléfono sonaba de forma insistente. Como si quisiera alertar de la importancia de la llamada. A un lado de la línea, una voz sobradamente conocida, la del secretario de Estado para la Seguridad, Rafael Vera, rompió la monotonía de la tarde en la oficina de THM Control Electrónico Integrado, S.A., una empresa con capital mayoritario de Telefónica dedicada a los sistemas de seguridad y ubicada en el número 40 de la calle General Arrando de Madrid. La compañía había sido constituida en 1984 por Julián García Valverde, que años después sería ministro de Sanidad y Consumo.

Su presidente desde 1988, Rafael de Francisco, disfrutaba en ella de un apacible retiro tras varios años de ajetreada vida en el Ministerio del Interior. Entre sus consejeros figuraba también otro ex peso pesado del departamento, el comisario José Luis Fernández Dopico, que llegó a ser director general de la Policía y en ese momento era el director de Seguridad y Protección de Telefónica. En definitiva, una de tantas compañías oficiales que pasan sin pena ni gloria, encargadas de los negocios más peregrinos, pero que en un momento dado sirven para agradecer los servicios prestados a más de un alto cargo cuando abandona su despacho oficial.

—Tenemos que vernos, necesito que me hagas un favor muy especial —pidió por el auricular la voz de Vera—. Si te parece y no tienes ningún compromiso, te espero mañana a las cinco en mi despacho.

—De acuerdo, mañana nos vemos —contestó De Francisco.

No preguntó nada. Cruzaron los habituales saludos y se despidieron hasta el día siguiente. Sus seis años en el Ministerio le habían enseñado que no hay que poner objeciones por teléfono y que cualquier aclaración es mejor hacerla cara a cara. A fin de cuentas, que un año después de abandonar la casa le reclamaran con urgencia era señal de que el tema no era baladí. El, además, seguía teniendo el mismo sentido de Estado que le había acompañado mientras fue un alto cargo oficial. Tan sólo había cambiado su aspecto exterior. Bajo y algo grueso, su imagen era ahora la de un hombre nuevo, uno de esos *yuppies* emergentes, aunque en lugar del aire agresivo tenía el de un apacible profesor de universidad. La perilla había dado paso a una barba entrecana. Peinaba su incipiente calva con gomina y había pasado a usar tirantes. El éxito parecía sonreírle. A noviembre de 1989, justo al año de su nombramiento, THM había pasado de una facturación de 600 millones a otra de 1.100, con unos beneficios de 32 millones de pesetas.

La clave estaba en haber ampliado el campo de negocio a los Cuerpos y Fuerzas de Seguridad del Estado, a los que abastecía de chalecos antibalas, equipos de seguridad antiterrorista y tecnología punta. La compañía disponía también, durante varios días a la semana, del circuito del Jarama para adiestramiento en conducción evasiva. De momento no manejaba grandes cifras, pero no se le podía pedir más a un sociólogo transformado en empresario. Tiempo al tiempo. Por delante había aún muchos negocios por hacer.

Rafael de Francisco, nacido en Valladolid en 1942, recordó cómo se había enredado en la política hasta llegar a tocar el poder. Con apenas veintidós años, allá por 1964, se había afiliado por error a los pro-chinos del PCE (m-l), cuando él, en realidad, se encontraba ideológicamente más próximo a los trotskistas. Ni él mismo se explicaba aún semejante disparate. Cuatro años después tuvo que exiliarse en Francia como tantos otros. Desde allí iba y venía a ambos lados de la frontera. Hasta que en uno de sus pasos clandestinos lo detuvieron y pasó cuatro años en la cárcel de Soria. De los veintiséis a los treinta años. Aquello fue duro. Después, de nuevo el exilio, una mujer y un hijo de los que cuidar.

Estudió Sociología en París y en la década de los setenta regresó de nuevo a Madrid. No le convalidaron los estudios. A fin de cuentas, era un exiliado más que volvía a su patria y siempre sería sospechoso de inclinaciones comunistas. La publicidad estaba en auge a finales de 1972 y comienzos de 1973, así que se buscó la vida como investigador de mercados. Se matriculó en la nueva Facultad de Sociología y en tres años terminó la carrera. Por entonces militaba en el PCE tradicional, en una célula de la que también formaban parte el escritor Javier Maqua y su mujer, la actriz Lola Gaos, y el periodista Tom Martín Benítez, gente a la que recordaba de forma entrañable. Hasta que en 1977 decidió dar el salto y se afilió al PSOE. Atrás quedaba el radicalismo de juventud que habían mitigado su paso por prisión y un puñado de desengaños. En aquella época, el partido buscaba cuadros, gente experta en todos los terrenos para hacer frente al cambio que se adivinaba. Su primer trabajo fue la elaboración de un modelo para las prisiones del futuro, cuando los socialistas llegaran al poder, muy distantes y distintas de las mazmorras franquistas.

Eran tiempos de conocer a gente, mucha gente que con el tiempo ocuparía cargos de responsabilidad. Carlos García Valdés, un joven profesor universitario que había sido nombrado director general de Prisiones en marzo de 1978, tras el asesinato de su predecesor en el cargo, Jesús Haddad Blanco, inició la reforma del mundo carcelario y le pidió ayuda para transformar la Escuela de Estudios Penitenciarios. Se trataba de cambiar al carcelero franquista por otro más acorde con los tiempos. Rafael de Francisco comenzó a dar clases de Sociología del Internamiento y Criminal, un terreno en el que empezaba a ser un auténtico experto. Pero el PSOE necesitaba cuadros en otras parcelas. Más aún cuando, tras las elecciones municipales de 1979, la izquierda llegó al poder en muchos ayuntamientos. José Barrionuevo y Rafael

Vera lo llamaron para incorporarse junto a ellos al Ayuntamiento de Madrid con Enrique Tierno Galván como alcalde. El primero había sido nombrado concejal de Seguridad, y el segundo, su delegado. Algo así como un cargo político y otro funcionarial. No los conocía de nada, pero el aval del partido fue suficiente para ingresar con el nuevo equipo en la Escuela de Policía Municipal. Desde ella comenzó a colaborar con Vera y a promocionar a policías del ala progresista del Cuerpo.

La victoria electoral en las generales de 1982 llevó a José Barrionuevo hasta el Ministerio del Interior. Echó mano de los amigos y se llevó a Rafael de Francisco como asesor. La política no era lo suyo, pero terminaron por convencerlo y se convirtió en el primer asesor ejecutivo del ministro. Su misión fue crear el Departamento de Guerra Psicológica, encargado de combatir un terrorismo que había alcanzado gran virulencia. Juan José Rosón, el anterior ministro, había constituido ya un embrión de ese organismo y había animado a su buen amigo Barrionuevo a que culminara la tarea.

«Era la época de la guerra de las banderas en los ayuntamientos vascos —recuerda Rafael de Francisco— y nosotros nos encargábamos de hacer pegatinas con una paloma de la paz que llevaba en el pico la ikurriña y la bandera nacional juntas, que repartíamos por todo el País Vasco. Cosas simples pero que tenían una gran importancia a efectos de imagen. También recuerdo que, tras las inundaciones que asolaron Euskadi en agosto de 1983, ETA asesinó una semana después a un guardia civil. Aprovechamos una portada del diario *ABC* en la que se veía a un agente de la Benemérita llevando a hombros a un abertzale para confeccionar pegatinas e inundar todas las calles.»

El Departamento de Guerra Psicológica emprendió también su particular cruzada fuera de nuestras fronteras. En 1984 Herri Batasuna (HB) intentaba abrir en Bruselas una oficina de relaciones públicas e imagen con el fin de dar una proyección internacional a sus planteamientos. Se trataba de llevar a ETA hasta el Parlamento Europeo. La idea preocupó en el Ministerio, pero allí estaba Rafael de Francisco para hacer frente a cualquier eventualidad. La idea fue sencilla: se elaboraron unos documentos falsos suscritos por grupos flamencos de extrema derecha con el lema «ETA fuera de Bélgica». Se trataba de trasladar a la opinión pública la idea de que dichos grupos se iban a radicalizar si se formalizaba la presencia de HB en su país. Se dejaron suficientes rastros para que la Policía belga pensase que los grupos radicales habían sido los autores de los pasquines y para que la apertura de esa oficina comenzase a preocuparlos. Objetivo cumplido.

También Francia, país con el que se mantenían unas difíciles relaciones, fue objetivo de las campañas del asesor del ministro. Miembros de los grupos de Guerra Psicológica descolgaron de la catedral de Notre-Dame una enorme pancarta con el lema «ETA fuera de Francia», al tiempo que el metro de París se llenaba de pegatinas. En todos los casos, las operaciones se financiaron con cargo a los fondos reservados del Ministerio.

En febrero de 1984 Rafael de Francisco fue nombrado director general de Política Interior en sustitución de Enrique Linde, que había ingresado en el PSOE con Francisco Fernández Ordóñez, con quien fue subsecretario de Justicia. El Ministerio vivía tiempos convulsos. Barrionuevo ultimaba su particular limpia de los hombres de Carlos Sanjuán, un guerrista, ministro *in pectore* tras la victoria electoral de 1982, que se tuvo que conformar con la subsecretaría de Interior. Rafael Vera lo sustituyó al frente de ésta y su puesto como director de la Seguridad del Estado fue ocupado por un hombre en alza: Julián San Cristóbal, hasta entonces gobernador civil de Bilbao. La guerra psicológica había dado paso meses antes a otra más directa: los Grupos Antiterroristas de Liberación (GAL). La banda anti-ETA apareció en octubre de 1983 con el secuestro en Bayona de Ignacio Lasa y José Antonio Zabala, aunque no reivindicaría sus siglas hasta diciembre de ese mismo año con el secuestro de Segundo Marey.

Como director general de Política Interior, De Francisco se encargó de coordinar a los gobernadores civiles y de preparar, ya en 1986, el referéndum sobre el ingreso de España en la OTAN, que finalmente ganaron los socialistas.

Fue su última gran aportación al partido. Pese a ello, siempre se movió entre bambalinas, como «tapado» para los temas complicados del departamento, encargado de viajar de acá para allá intentando encontrar respuesta a los acontecimientos que no la tenían. Como cuando se desplazó a Frankfurt en compañía de un periodista para entrevistarse con un informador. El interlocutor había anunciado la inminente comisión de un atentado de terroristas árabes contra un local frecuentado por ciudadanos norteamericanos, y así se publicó. Días después una bomba destruía el restaurante El Descanso, en Madrid, al que solían acudir militares de la base aérea de Torrejón. El encuentro con la fuente informativa no sirvió para aclarar la autoría del crimen.

En 1988 José Barrionuevo cedió la cartera a José Luis Corcuera y dos meses después De Francisco abandonó el ministerio. No conocía al nuevo ministro y tenía intención de reconducir su vida profesional tras seis años en la Administración. Fue nombrado presidente de THM. El sueldo lo completaba con el cargo de consejero en otra empresa del sector, Servicios Integrales de Seguridad (Segurisa), de la que era presidente Rafael Arias Salgado Montalvo. La llamada de Vera le recordaba ahora todo lo pasado, tan próximo pero tan lejano al mismo tiempo. Sin duda lo animó.

Puntual, Rafael de Francisco llegó a las cinco de la tarde a la sede de la Secretaría de Estado para la Seguridad, en el número 10 de la calle Amador de los Ríos. El policía de la puerta se cuadró y lo saludó marcialmente. Aquello le gustó. Su cara seguía siendo conocida en la casa. En el despacho lo esperaba ya Rafael Vera acompañado de una persona que no le era desconocida. Se trataba de Jacinto Angel Guerrero Lucas.

—Rafael, qué bien te veo dijo Vera al entrar en su despacho—. Mira, te presento a un colaborador, Angel Guerrero, que nos viene ayudando en las relaciones con Francia.

Se estrecharon las manos con frialdad. Aquella cara le decía algo, pero no recordaba qué. El secretario de Estado le puso al corriente.

—Como bien sabes, Francia no hace más que ponernos

zancadillas en el tema de ETA y Angel ha conseguido que sean las menos posibles. Estuvo exiliado durante años en Toulouse. Fue un importante dirigente anarquista durante el franquismo y de aquella época mantiene unas excelentes relaciones que nos están allanando el camino.

Rafael de Francisco asentía con ese gesto de educación que se suele adoptar cuando se quiere agradar al anfitrión. Definitivamente ya sabía de quién se trataba. Echó marcha atrás en su memoria y recordó su detención en mayo de 1968, cuando cruzaba la frontera en dirección a España con documentación falsa. Los papeles se los había facilitado un grupo anarquista que dirigía el hombre que ahora tenía sentado ante sí: Jacinto Angel Guerrero Lucas. ¿Fue sólo una casualidad o lo había vendido en aquella ocasión a la Policía franquista? El tiempo acabaría por confirmar sus sospechas. Aquel asesor que lucía una llamativa corbata, se remangaba la chaqueta y le había dado una impresión francamente hortera había sido confidente de la Policía política de Franco.

—Te explico en pocas palabras —continuó Vera su relato—. La mayoría absoluta en las elecciones de octubre [1] nos avala para continuar en la vía del diálogo con ETA. Si a pesar de la ruptura de las conversaciones de Argel en abril pasado, con las expectativas que habían levantado, el pueblo nos sigue apoyando, es una señal de que hay que profundizar en ese proceso. Además, Herri Batasuna ha perdido casi veinte mil votos en relación con las elecciones locales de 1987. Su mensaje de que la ruptura de las conversaciones de Argel fue culpa del Gobierno no ha calado. Llevo varios meses tanteando el tema y he llegado a la conclusión de que hay que enviar a alguien a la República Dominicana. Hace unos días mandé un fax a Santo Domingo para que le fuera entregado a «Antxon». Le decía que en las próximas fechas enviaré a un interlocutor llamado Guerrero. Quiero que tú vayas con él.

---

[1] Las elecciones generales celebradas el 29 de octubre de 1989 dieron al PSOE su tercera mayoría absoluta consecutiva, aunque en esa ocasión fue por el escaso margen de un diputado, al obtener 176 escaños.

Rafael de Francisco guardó silencio. La oferta era tentadora. Estas cosas de espías siempre le habían atraído. Lo que no le gustaba era el compañero de viaje. ¿Cómo se iba a embarcar con quien sospechaba que le había delatado? La tarde se consumió en discusiones teóricas. Vera y De Francisco coincidían en su visión del problema terrorista. La vía policial no era suficiente y había que buscar otros caminos alternativos. Los etarras no eran simples delincuentes, eran delincuentes de convicción. Eso hacía que el diálogo fuese la alternativa para poder hablar del fin de la violencia. Y aunque el Parlamento era el espacio político que debía refrendar cualquier iniciativa, el Ministerio del Interior estaba obligado a tener contactos técnicos con el enemigo. Estas eran sus ideas, de las que habían discutido una y mil veces.

Argel les había dado experiencia y, pese a que el resultado final fue malo, el análisis era positivo: por primera vez se había abierto en ETA un debate sobre la negociación, las treguas, el abandono de las armas... Las primeras fisuras habían aparecido y quién sabía si de forma ya definitiva. El empeño valía la pena, aunque en esa ocasión se trataba de que el riesgo fuese calculado.

Vera le explicó que no se iba a incurrir de nuevo en el error de oficializar los contactos. Por eso había que buscar a alguien que, sin ostentar cargo oficial, conociese el tema, fuese discreto y tuviese la confianza del emisario. Y todas esas condiciones las reunía Rafael de Francisco. Sumaba también su condición de sociólogo, de especialista en guerra psicológica, que les podía servir para analizar las respuestas, las reacciones del portavoz oficial de ETA, Eugenio Etxebeste Arizcuren, «Antxon», cuando estuviesen frente a frente.

No sólo se trataba de estudiar lo que decía, sino cómo lo decía. Si estaba en línea con la dirección de la banda o estaba dispuesto a desmarcarse de la misma. Qué apoyos tenía. Qué conocimiento de la realidad vasca... Además, ahora no saltarían sin red. Vera había conseguido que se interviniesen todas sus conversaciones telefónicas. «Antxon», que sospechaba una medida así, nunca telefoneaba desde su casa en las afueras de la capital dominicana. Salía de paseo y entraba en las oficinas de Teléfonos. Baldío intento, porque siempre se le asignaba una cabina que previamente había sido «pinchada» para registrar sus conversaciones. Lo sabían todo. El momento era el oportuno, no convenía dejar pasar más tiempo.

Rafael de Francisco tardó aún dos días en contestar. Dijo que sí, pero aceptaba el encargo si lo hacía en solitario. No quería un compañero en quien no confiaba y así se lo dijo a Vera. ¡Cómo iba a negociar con ETA junto a un confidente franquista!

«Le expliqué a Vera que la metodología de cualquier entrevista —recuerda De Francisco— es que se sostenga entre dos personas. Si hubiésemos sido dos contra uno se habría perdido la empatía personal. Se trataba de poner fin a una situación muy deteriorada y en ello no podía participar ni un miembro de las Fuerzas de Seguridad ni una persona con un componente ideológico poco claro. Había que crear una situación de confianza previa. No podían ir dos personas.»

El secretario de Estado aceptó. El propio Vera conocía la colaboración de Guerrero Lucas con el Gobierno francés y haberle otorgado el papel de interlocutor habría sido como pasar copia al país vecino de todas las gestiones que se llevasen a cabo para retomar la negociación con ETA.

«Rafael era la persona adecuada para esta nueva fase —recuerda Vera—. Había estado en Interior. Conocía el tema vasco. Era un hombre de nuestra confianza. Discreto. Y, además, no era presumible que pudiera salir en los medios de comunicación. La elección perfecta.»

Una elección que no fue un hecho aislado. Desde el Ministerio del Interior se había puesto ya en marcha otra serie de mecanismos para limitar al mínimo las interferencias. Julen Elgorriaga, delegado del Gobierno y coordinador antiterrorista en el País Vasco, fue relevado del cargo por el Consejo de Ministros del 3 de noviembre de 1989, antes de que se constituyera el nuevo Gobierno surgido de las urnas. Su destitución era un rumor desde hacía un año por los conflictos que mantenía con sus compañeros de partido en el PSOE vasco y con la Administración del *lehendakari* José Antonio Ardanza. Además, en el congreso de los socialistas vascos celebrado el año anterior se había alineado junto a Ricardo García Damborenea frente al sector que encabezaban Txiki Benegas y Ramón Jáuregui. Desde entonces había ingresado en la lista negra del partido.

El detonante para su cese tuvo lugar en la noche electoral del 29 de octubre, cuando se negó a que periodistas del diario *Egin* entraran en la delegación del Gobierno para conocer los datos de los comicios. Se suprimía así una de las voces discordantes con la negociación, aunque curiosamente había sido uno de los interlocutores de Eugenio Etxebeste, «Antxon», en la primera fase de las conversaciones de Argel. Su teoría era que con ETA no se podía discutir más que la entrega de las armas. Dos meses después de su cese, en enero de 1990, el Gobierno le agradeció los servicios prestados nombrándole presidente de la Empresa Nacional de Transporte por Carreteras (Enatcar).

Le sustituyó en el cargo Juan Manuel Eguiagaray, el interlocutor oficial que acompañó a Vera en la última fase de las conversaciones de Argel. Se unificaban criterios entre Madrid y el País Vasco. La segunda parte de los contactos se ponía en marcha apenas seis meses después de que se diera por roto el proceso en la capital magrebí. El camino no se presentaba sencillo.

CAPITULO TRES

CITA EN SANTO DOMINGO

Aquella mañana del 14 de marzo de 1990 fue especialmente tensa para Rafael de Francisco. En la terminal de salidas internacionales del aeropuerto de Barajas esperaba el momento de embarcar como un turista más en el vuelo de Iberia que iba a trasladarlo a Santo Domingo. En el bolsillo de pecho de su chaqueta, un pasaporte con la identidad falsa de Fernando Vidal, un billete de primera clase al mismo nombre y la reserva de una *suite* en el hotel Santo Domingo de la capital dominicana. Como único equipaje, un pequeño bolso de viaje con algo de ropa y un maletín preparado para poder grabar la entrevista con el portavoz de ETA Eugenio Etxebeste, «Antxon».

Habían pasado dos meses desde su primer encuentro con Rafael Vera. Desde entonces había vivido en un continuo sobresalto, Compaginando su cargo de presidente en THM con la labor de mediador del Gobierno. El viaje había estado a punto de cancelarse debido a la campaña de cartas-bomba iniciada por ETA en los últimos días del mes de febrero. Entre las víctimas estaba el presidente de la Audiencia Nacional, Fernando de Mateo Lage, a quien la explosión había amputado las manos. Otra carta-bomba dirigida a Eduardo Fungairiño, uno de los fiscales más destacados en la lucha contra el terrorismo, había sido desactivada por la Guardia Civil. Incluso el ministro del Interior, José Luis

Corcuera, había sido el destinatario de otro envío el 3 de marzo que fue descubierto por los servicios de seguridad.

Vera y De Francisco contaban con estos imprevistos y habían acordado que los contactos tenían que estar al margen del acontecer diario, que el proceso de diálogo no podía estar sometido a los vaivenes de un atentado o de la detención de tal o cual jefe etarra. Sin embargo, ambos sabían también que si el viaje trascendía no podrían dar la espalda a los acontecimientos.

Como medida de seguridad, Vera había decidido que nadie más que ellos estuviera al tanto de este primer desplazamiento. Incluso el ministro debía quedar al margen. José Luis Corcuera, que había sustituido a José Barrionuevo en julio de 1988, sabía del apoyo de su número dos a esta vía. De hecho, Vera le había comentado en varias ocasiones la necesidad de recuperar el proceso roto en Argel, aunque en otro escenario y con otra dinámica. Además, como secretario de Estado para la Seguridad, tenía capacidad suficiente para enviar a alguien a la República Dominicana a tomar la temperatura al enemigo. Para sondear la disposición de «Antxon» tras su traslado a la isla caribeña y su peso dentro de la organización. Con estas premisas, ¿para qué dar entonces más explicaciones al ministro si a fin de cuentas se trataba sólo de un primer contacto? Tiempo habría de entrar en detalles si la operación cuajaba.

Pese a todos los problemas, el momento elegido para viajar por primera vez a Santo Domingo estaba rodeado de señales positivas. Hacía apenas un mes, el 16 de febrero, que ETA había liberado al industrial Adolfo Villoslada tras ochenta y cuatro días de secuestro. El Ministerio advirtió entonces públicamente: «No hay negociación posible.» Pese a ello, la banda terrorista había difundido el día anterior al fijado para el primer viaje a Santo Domingo un comunicado en el que proponía al Gobierno que hiciera pública «su voluntad de retomar las conversaciones políticas y respetar los ocho puntos acordados en Argel en su letra y espíritu». A cambio se comprometía a decretar una tregua, lo que debería dar paso «al inicio definitivo de la negociación política». «Una vez más —concluía de forma solemne el comunicado de ETA— el Gobierno español tiene la palabra.»

Rafael de Francisco tuvo tiempo de releer el comunicado. El mismo representaba la muestra de buena voluntad que exigía ETA, aunque no era un enviado del Gobierno, sino de Rafael Vera. En cualquier caso, les venía como anillo al dedo. Sin proponérselo, iban a responder a la oferta de la banda terrorista. Minutos después su avión despegaba. En THM estaban convencidos de que su presidente emprendía un viaje para hacer una prospección del mercado latinoamericano. No estaba obligado a dar más explicaciones.

El contacto inicial tuvo lugar en el hotel con el número dos del Servicio de Información dominicano, el mayor Fredy Estrada, el mismo que unos meses antes había recibido a los etarras tras su expulsión de Argelia. Se trataba de un hombre afable con quien Rafael Vera había conversado en varias ocasiones para preparar el encuentro y con quien De Francisco debía ahora concretar la entrevista con «Antxon». La cita quedó fijada para el día siguiente, 15 de marzo, en una habitación del hotel Sheraton. El portavoz etarra no había sido advertido de la llegada de su interlocutor ni lo sería hasta momentos antes del encuentro. La excusa para sacarlo de su vivienda sin levantar las sospechas de sus compañeros fue la de resolver un problema burocrático en las oficinas del DNI (Departamento Nacional de Investigaciones).

El oficial que lo custodiaba le pidió que se preparara para asistir a una reunión. Una vez en el coche y de camino al lugar de la cita, «Antxon» recibió la noticia de que se iba a encontrar con un enviado del Gobierno español. No hubo más datos. A la hora convenida, el jefe etarra entraba en el hotel custodiado por dos agentes. Allí lo esperaba ya su interlocutor. Un documento interno de ETA sobre la negociación [1],

[1] *Barne Buletina* de agosto de 1991. Tradicionalmente han sido tres las publicaciones de difusión interna de ETA: *Barne Buletina* (boletín interno), *Zutik* y *Zutabe*. De las tres, ETA difunde la primera exclusivamente entre sus activistas. En momentos puntuales distribuye *Barne Zirkularra* (circular interna).

dirigido a su militancia y en el que se da cuenta de este primer encuentro, asegura que «Antxon» dudó de la conveniencia de acceder a la entrevista por la forma en que le había sido planteada.

Tras un análisis sobre la marcha aceptó para no enconar las relaciones con la autoridades dominicanas, que, evidentemente, avalaban el encuentro. Además, con su asistencia demostraría que ETA tenía una buena voluntad inicial para desbloquear la situación creada tras la ruptura de Argel.

Rafael de Francisco pidió a los policías que acompañaban a «Antxon» que los dejaran solos. Le estrechó la mano y le invitó a sentarse. Apenas si hubo preámbulos. De Francisco tomó la iniciativa para hacer una declaración de intenciones con la que pretendía romper la distancia entre dos personas que se veían por primera vez[2].

—Como supongo que habrá adivinado, soy un enviado del Gobierno español. Mi sola presencia aquí es ya una muestra de nuestra disposición a retomar el proceso de diálogo, y quiero dejar sentadas de antemano las reglas del juego —comenzó mientras el etarra escuchaba a la defensiva y esperaba el momento de intervenir—. Yo no le voy a mentir, aunque es posible que tampoco pueda decirle la verdad en todo momento, y le pido que este compromiso se mantenga por ambas partes —continuó su exposición antes de presentarse—. Mi nombre para usted será el de Fernando Vidal, aunque no es el real. Soy militante del PSOE. He trabajado en el Ministerio del Interior, aunque no soy ni policía ni guardia civil. Soy un político que ahora se dedica al mundo empresarial. Soy también amigo personal de Rafael Vera. Mi misión no es oficial y pretende abrir una nueva vía para el diálogo. Todo lo demás lo tendremos que hacer entre usted y yo. Mi presencia aquí la conocen muy pocas personas y quiero pedirle que, al menos inicialmente, tampoco usted comunique nada a ETA.

---

[2] El encuentro ha sido reconstruido con el testimonio de Rafael de Francisco y con el *Barne Buletina* de agosto de 1991, que recoge los contactos mantenidos en Santo Domingo.

La entrevista se fue haciendo más relajada conforme pasaban los minutos. De Francisco diseñó el encuentro como si se tratara de una comida de negocios. Desenfadada en los prolegómenos. De intercambio de opiniones en su desarrollo, en un intento de conocer al interlocutor. Resolutiva a los postres, el momento elegido para abordar los temas que le habían llevado allí.

Rafael de Francisco recuerda que este primer encuentro «fue de aproximación general. Nunca resultó una situación incómoda. "Antxon" es una persona educada, discreta. Hablamos de todo. De política en Latinoamérica y en España, de su situación en Santo Domingo, de cómo abrir nuevas vías de diálogo. Todo muy abierto, sin concreciones. Saqué una conclusión positiva de él. Tenía una gran capacidad de reflexión y una cierta amargura. No era el típico fanático, mecánico en sus planteamientos, sino que podía poner en duda sus ideas. Tenía la capacidad para pensar que podía estar equivocado. Yo le hablé de que en el PSOE había distintas opiniones, y en la misma situación se puso él. Nos entendimos bien y creo que hubo empatía tras esta primera cita».

Tras cuatro horas de entrevista en solitario ambos interlocutores acordaron suspender el encuentro hasta el día siguiente, a la misma hora y en el mismo lugar. De momento no había ninguna propuesta concreta. Se habían limitado a presentarse y a charlar de todo un poco. Sus planteamientos diferían de forma notable, pero la impresión fue que existía una posibilidad de retomar los contactos. «Antxon» quería unas horas para reflexionar sobre el tema.

El maletín de espía volvió a presidir la segunda entrevista entre ambos portavoces. Como el día anterior, Rafael de Francisco invitó a «Antxon» a entrar en la habitación y sentarse, al tiempo que él hacía lo mismo y colocaba entre ambos un maletín que parecía dispuesto para extraer de él algún documento pero que finalmente nunca se abría. El jefe etarra debió de intuir que estaba siendo grabado, pero no dijo nada. Formaba parte de la dinámica lógica de este tipo de contactos. A fin de cuentas, también se habían graba-

Memoria sobre contactos mantenidos desde la Ruptura de Argel

A) Desde la ruptura de Argel hasta el reinicio de los contactos en la República Dominicana

-Mayo, Junio, Julio de 1989.- Movimientos por parte española por medio de emisarios franceses se dan contactos en diferentes cárceles del estado francés con miembros cualificados de la Organización (Azkoitti, Josu, Ekoj, Marnarru...). Cataló y el propio Boslé se dirigieron a ellos en diferentes fechas para testar la opinión de la Organización para ver la disposición para retomar el diálogo. El discurso constante era por parte de estos superpolicías que ellos eran conscientes de que la cosa no había sido nada clara por parte de los españoles, que no hablan tenido esa voluntad de Negociación, que por nuestra parte también había habido una parte de inflexibilidad, de no haber sabido intentar recuperar el asunto. Y que en cualquier caso ellos estaban dispuestos a retomar el tema, y que condiciones ponía la Organización. La respuesta de la Organización ha sido invariablemente que se pusieran en contacto con los Interlocutores, que no había otro Interlocutor Oficial, y que había que retomar los Acuerdos del 23 de Marzo de 1989 en Argel.

Vía Fando: paralelamente Fando hizo llegar a la Organización que a través de un abogado de París, determinados sectores políticos (fuentes del propio Gobierno francés) estaban intentando sondear en los mismo términos a la Organización, voluntad para retomar las Conversaciones y condiciones. La respuesta fue en el mismo sentido que las anteriores. Esta respuesta debía llegar de una manera más directa y de una manera más adecuada a estamentos específicamente políticos. Fando se desentendió del tema. Comunicó

Barne Buletina *de agosto de 1991. ETA recoge en él un resumen de los contactos mantenidos desde la ruptura de Argel en abril de 1989.*

do en su totalidad las entrevistas mantenidas en Argel y nunca había trascendido su contenido literal.

La nueva reunión giró inicialmente en un análisis de las conversaciones de Argel. «Antxon» insistía en que el Gobierno había hecho un uso político de ellas que no podía repetirse en esta ocasión si existía un auténtico interés por resolver el conflicto. Rafael de Francisco, por su parte, intentaba convencer a su interlocutor de que ETA permanecía anclada en los mismos planteamientos de hacía años pese a los grandes cambios que se daban en la sociedad. Para el etarra, esos cambios a los que aludía no hacían sino fortalecer sus posiciones, como demostraba el auge de los nacionalismos.

—Argelia es ya irrecuperable —señaló «Antxon»—. Aquello no se puede resucitar, pero la experiencia es determinante para las dos partes a la hora de abordar cualquier nuevo capítulo de solución al conflicto. Estos contactos tienen que tener unos contenidos y una mecánica diferentes para no caer en los mismos errores y que no puedan ser utilizados.

—Estoy de acuerdo, pero que no sean utilizados por ninguna de las dos partes. A ustedes les traicionó el ala más dura de la organización y de Herri Batasuna, y a Rafael Vera, algunas personas del Ministerio. En Argel se entrecruzaron muchos ejes interesados en que aquello no saliera adelante.

Tras una hora de intercambio de opiniones, Rafael de Francisco colocó sobre la mesa la primera oferta.

—Como muestra de nuestra disposición a que este proceso siga adelante le ofrecemos su salida de la República Dominicana a otro país que tendríamos que determinar. De forma previa a su salida de Santo Domingo ETA tendría que declarar una tregua técnica. Ustedes dejan de matar durante un periodo de tiempo, aunque sin que tengan que hacerlo público y sin que desde el Ministerio se utilice su silencio.

—No me parece fácil lo que plantea —replicó «Antxon»—. Vuelven ustedes a poner por delante la tregua y ETA ya ha dicho que no acepta exigencias previas. No es un buen arranque. La expulsión de Argelia fue una venganza barata e impresentable. ¿Por qué no propician un encuentro de las personas que la organización señaló como interlocutores?

Busquen un país que sea apto para ambas partes y trasladen a él la mesa de Argel. Son los factores mínimos para abrir de nuevo el diálogo. No hay que tener prisa. Será un proceso lento si queremos evitar nuevas rupturas.

En definitiva, Argelia no era recuperable, pero el portavoz oficial de ETA planteaba una premisa que meses atrás se había considerado insalvable. La nueva mesa de negociación debería arrancar con los interlocutores de Argel: Ignacio Aracama Mendía, «Macario»; Belén González Peñalva, «Carmen», ambos antiguos miembros del comando Madrid, y el propio «Antxon». A ellos se les deberían sumar tres «históricos»: José Antonio Urruticoechea Bengoechea, «Josu Ternera»; Juan Lorenzo Lasa Mitxelena, «Txikierdi», e Isidro Garalde Bedialauneta, «Mamarru».

«Josu Ternera» y «Txikierdi» estaban encarcelados en suelo francés. «Mamarru» permanecía confinado en la localidad de Metz desde el 12 de enero de ese año, tras cumplir una condena de cinco años por asociación de malhechores en la cárcel de Muret, situada en las cercanías de la localidad francesa de Toulouse.

Rafael de Francisco sólo se atrevió a esbozar un tímido «se podrían hacer algunos esfuerzos por vía jurídica para resolver lo que me plantea». La reunión no dio más de sí. Ambos la dieron por concluida con un compromiso de discreción mutua.

ETA sostiene en sus documentos internos que Rafael de Francisco habló al final, de modo muy informal, de Cuba como nuevo escenario de los encuentros. Este, sin embargo, asegura que nunca planteó dicha posibilidad.

«La sensación final —dice De Francisco— fue que habíamos conseguido romper el hielo. Que podíamos hablar en más ocasiones. Llegamos al acuerdo de que la reunión se mantendría en secreto y que él reflexionaría sobre mi propuesta. "Antxon" me dijo que hacía tiempo que no tenía contactos con ETA y me pareció sincero. Mi impresión fue que no se llevaba bien con Francisco Múgica Garmendia, "Pakito" [considerado entonces el número uno de ETA], y que no tenía capacidad de influencia. Pese a todo, la vía que acabábamos de reabrir era muy interesante.»

Esa misma tarde, Rafael de Francisco tomó un avión de vuelta a Madrid. «Antxon», por su parte, fue trasladado hasta las oficinas del DNI, el servicio de inteligencia dominicano. El general Antonio Lachapelle había sido reemplazado por el también general Bernardo Florentino Hernández, que quería conocer de primera mano su impresión sobre este primer encuentro. «La configuración de una salida al conflicto pasa por seguir la estela de Argel», le dijo «Antxon». El general resumió también en ese momento la disposición de su país: «Tenemos voluntad de ayudar para que eso se lleve a efecto, no somos carceleros de nadie.»

CAPITULO CUATRO

SEGUNDO ENCUENTRO

El resultado del primer encuentro con «Antxon» había sido un éxito. Esa fue la lectura que del mismo le hizo De Francisco a Rafael Vera a su regreso de Santo Domingo. El Gobierno dominicano había cumplido con su papel de anfitrión y estaba dispuesto a prestar su ayuda. Por su parte, «Antxon» asumía la responsabilidad de portavoz de ETA, aunque había que esperar a comprobar si la banda le revalidaba su confianza. El tapado del Ministerio vivía con excitación la nueva labor encomendada, que le situaba de nuevo en activo con una misión de Estado. Los días siguientes a su regreso fueron de un trabajo frenético para diseñar una oferta amplia y completa que sustituyera los vagos planteamientos iniciales y se pudiera trasladar a la banda terrorista.

Vera no tenía en ese momento las ideas claras. Ni la mecánica a seguir ni el escenario de los encuentros ni la estrategia. Había que diseñarlo todo desde cero. El temor a que los contactos se descubrieran o fueran torpedeados desde dentro del departamento le llevaron a establecer un plan: debían servir tanto para avanzar en la senda del diálogo como para conseguir datos operativos sobre ETA. Nadie podría reprocharle nada si los sondeos, las tomas de temperatura del enemigo, como a él le gustaba definir los encuentros, servían también para detener a algún destacado dirigente de la banda o, ¿por qué no?, al número uno de la misma, Francisco Múgica Garmendia, «Pakito».

Rafael de Francisco se opuso desde un principio a este planteamiento, lo que provocó su primer roce con el número dos del Interior. «Esto no cuadra, Rafael —recuerda que le dijo—. Lo fundamental entre "Antxon" y yo es llegar a una corriente de confianza para desbloquear la situación y conseguir algo importante para este país: que dejen de matar. Por muy poco listo que fuera se daría cuenta de la operación y yo perdería su confianza. No soy policía y si he aceptado tu encargo es porque sabes que creo en el diálogo como único medio para solucionar el problema de la violencia. Por el camino que tú pretendes nos cargamos el proceso. Además, sabes mejor que nadie que cuando alguien deja el núcleo operativo de la banda pasa a no saber nada del mismo. Voy a Santo Domingo a negociar, no a buscar datos de comandos. Para cualquier otra cosa no cuentes conmigo. Eso pídeselo a los policías.»

Rafael Vera encajó la crítica de su portavoz. Sería única y exclusivamente su emisario. Como bien había dicho, para la otra labor había otras personas en la Secretaría de Estado para la Seguridad. Dos serían las elegidas: el diplomático Nicolás Martín Cinto y el comandante de la Guardia Civil Félix Hernando.

Martín Cinto se había incorporado al Ministerio del Interior como asesor del ministro José Luis Corcuera en sustitución del también diplomático Luis Arranz, que desempeñó su misma labor con el anterior titular de la cartera, José Barrionuevo. Su carrera diplomática se inició en 1979 y desde entonces ocupó los consulados de Metz (Francia) y de Bremen (Alemania). Su llegada al Ministerio no fue una casualidad. En julio de 1987, el subsecretario de Exteriores, Fernando Perpiñá, lo nombró coordinador de la política exterior antiterrorista del departamento, encargado de gestionar y agilizar la colaboración con otros países.

Desde Interior su labor consistía en coordinar los contactos con el Grupo de Trevi y las relaciones comunitarias, así como servir de enlace permanente con las embajadas españolas y con el Ministerio de Asuntos Exteriores. Conocido en el departamento con los apodos de «Jacinto» y «el Ceaucescu de Interior», por su pelo canoso y parecido físico con el dictador rumano, un alto cargo de la época lo define como «el típico diplomático con tirantes que come liebre y mea colonia». Su labor en Santo Domingo consistió desde entonces en pagar los gastos generados por los seis deportados de ETA (desde la manutención al alquiler de la casa, pasando por el dinero de bolsillo de los terroristas) y en abonar gratificaciones a los policías dominicanos para que se esmerasen en su colaboración. «En un principio se ofreció para ser él el interlocutor de "Antxon" —dice Vera—, pero nunca se tuvo en cuenta. Rafael de Francisco tenía otra sensibilidad para esos temas. Cinto no nos parecía la persona adecuada.»

El comandante Félix Hernando se encargó de la infraestructura que requería el seguimiento de los contactos y el control de los etarras. Desde el montaje del dispositivo para grabar las conversaciones entre «Antxon» y De Francisco a los «pinchazos» telefónicos al portavoz etarra para conocer con todo detalle las personas con las que contactaba, pasando por las relaciones con los jefes del DNI. De esta manera Vera pretendía conocer la identidad de las personas que tenían capacidad de decisión en el entramado del Movimiento de Liberación Nacional Vasco (MLNV) en el que se engloba ETA. El había sido, además, el responsable de la operación montada para el traslado de «Antxon» y sus compañeros de Argel a Santo Domingo.

Durante esta primera fase de contactos, el secretario de Estado mantuvo a un grupo de agentes de la Guardia Civil destinados de forma permanente en la capital dominicana para transcribir sobre el terreno las grabaciones. Posteriormente, el comandante Hernando fue el encargado de efectuar viajes periódicos a Santo Domingo para recoger las cintas que facilitaba la Policía dominicana. En definitiva, un equipo de tres emisarios, aunque sólo uno sería el encargado de dar la cara ante «Antxon».

El 2 de abril, apenas dos semanas después del primer contacto, Rafael de Francisco regresó de nuevo a Santo Domingo para celebrar su segundo encuentro con «Antxon» en el mismo escenario que el primero. Documentos de ETA[1] aseguran que el interlocutor oficial apareció «envalentonado» y que tras un discurso sobre la «vasquización» del PSOE y la repercusión negativa de la violencia en la juventud pasó a exponer la propuesta de Rafael Vera.

—Como le dije en nuestra primera entrevista, estamos dispuestos a trasladarle a otro país, donde se entrevistaría con el secretario de Estado para la Seguridad con vistas a reanudar las conversaciones.

—¿Quiénes van a participar en esas conversaciones? Nuestra postura quedó también clara en el primer encuentro. La mesa de Argel más los tres presos indicados y que actualmente están encarcelados en el Estado francés. Ese es nuestro núcleo interlocutor.

«Antxon» se refería una vez más a lo que se dio en llamar «la propuesta del 3+3»: Ignacio Aracama, «Macario»; Belén González y él mismo, junto con los presos José Antonio Urruticoechea, «Josu Ternera»; Juan Lorenzo Lasa, «Txikierdi», e Isidro Garalde, «Mamarru». Rafael de Francisco tenía ya respuesta para la propuesta etarra.

—«Macario» y Belén no, porque tienen delitos de sangre que no nos permiten justificar su traslado. Usted, por ejemplo, no presenta ningún problema porque carece de antecedentes en ese sentido. En cuanto a los otros tres interlocutores, tengo que decirle que es algo que depende de los franceses, no de nosotros. En cualquier caso, estamos en disposición de hacer un esfuerzo en los casos de «Mamarru» y «Txikierdi», pero va a ser prácticamente imposible en el caso de «Josu Ternera». Está pendiente de juicio y, por lo tanto, a disposición de un juez, no del Gobierno. ¿Cuáles son sus personas de confianza en Herri Batasuna? —avanzó un paso más De Francisco.

—El conjunto de la Mesa Nacional, si me habla a nivel de dirección —contestó «Antxon» tajante, en un intento de no dar pistas al enemigo sobre supuestas desavenencias internas.

---

[1] *Barne Buletina* de agosto de 1991.

—Me refiero a asesores, a las personas que le acompañarían a usted en la nueva fase. ¿Quiénes serían?

—Los seis de Argel —cortó «Antxon» para dejar claro que por esa vía no iba a encontrar fisuras en el colectivo.

—Para que todo este proceso no sufra ningún contratiempo sería deseable que ETA decretara una tregua tácita durante el verano.

Rafael de Francisco eludió poner un plazo de duración a ese periodo sin atentados. Era algo que él y Vera habían tratado con sumo detalle. Los plazos obligaban a obtener resultados durante el tiempo de vigencia y forzaban los ritmos de la negociación. Además, abrían falsas expectativas que se convertían en frustración si, consumido dicho plazo, no había acuerdo y se reanudaban los atentados. Ambos habían acordado que pedirían treguas sin más, indefinidas, sin entender por ello el abandono de las armas, sino la interrupción de la actividad armada durante un periodo sin determinar.

«Desde Argel nunca se habló de treguas limitadas en el tiempo —asegura Rafael Vera—. La tregua indefinida podía ser de uno, dos o veinte meses. No comprometía a nada, pero desde el punto de vista semántico significaba mucho más. Con una tregua así, los contactos tendrían menos coste para el Gobierno.» «Antxon» tenía también preparada la respuesta a la propuesta:

—No es de recibo ningún tipo de presión. No aceptamos condiciones previas. También yo podría plantearles alguna, pero creo que lo mejor es partir sin exigencias. La experiencia de Argel tiene que servirnos de referencia. No queremos caer en la misma dinámica. Necesito que me diga si la tregua es una condición indispensable para retomar los contactos.

Los documentos de ETA aseguran que Rafael de Francisco se puso nervioso en este momento de la conversación. Vera le había dicho que era imprescindible conseguir una tregua durante el verano de 1990, pero la actitud firme de su interlocutor le hizo dudar sobre la conveniencia de presentarla como una condición *sine qua non*. El portavoz oficial tiró por la calle de en medio y pasó a dibujar una fotografía sobre el estado de la organización: sólo tres o cuatro personas dirigían la banda, su número uno, «Pakito», tenía problemas de movilidad en Francia... En definitiva, la tregua también les vendría bien a ellos.

—No voy a comentar su planteamiento sobre el estado en que se encuentra la organización. Le reitero que no aceptamos condiciones previas, y menos bajo formulaciones de tregua. Tienen ustedes que encontrar fórmulas para reunir a la nueva mesa de interlocución y darnos garantías de que sus miembros no vamos a sufrir represalias.

—¿Cómo cree que podemos hacer lo que me plantea? —respondió un irritado De Francisco—. ¡Dígame! Le estamos facilitando su regreso a Francia y la posibilidad de contactos con sus compañeros. ¿Qué pretende?

—Mediten sobre nuestras propuestas y volveremos a encontrarnos. Creo que hemos agotado nuestras posibilidades por esta vez. Consulte con Madrid y vuelva cuando tenga algo que responder. Yo trasladaré sus planteamientos a la organización.

«Antxon» dio por concluido el encuentro. Su interlocutor no podía responder a sus preguntas. Tenía que consultar con Madrid, con Rafael Vera. El actuaba simplemente como recadero. Alguien que trae y lleva mensajes sin capacidad para moverse fuera de los márgenes que le han marcado. En definitiva, un «botijero», el «botijero del Gobierno», como le bautizó el portavoz etarra para referirse a él en sus comunicaciones con la dirección en Francia. Un papel no muy distante del que también él tenía asignado, aunque no quisiera reconocerlo.

Ambos desconocían en ese momento la gravedad de un hecho ocurrido cuando se llevaba a cabo su segunda entrevista. La Guardia Civil había detenido en un control de carretera instalado en la localidad sevillana de Santiponce al súbdito francés Henri Parot cuando transportaba trescientos treinta kilos de amonal con los que pretendía volar la Jefatura Superior de Policía de Sevilla. Aunque nadie lo sabía en ese momento, acababa de caer el jefe del comando Itinerante de ETA, el más sanguinario de toda su historia. Interior podía tener claro también otro dato: la banda empezaba su particular cuenta atrás ante la Expo´92. Los contactos volvían a estar en entredicho.

CAPITULO CINCO

COMANDO ITINERANTE

En un gesto acostumbrado, el cabo de la Guardia Civil José María Infante, de treinta y dos años, levantó su mano derecha e indicó al vehículo que se acercaba a él, un Renault-14 de color rojo, matrícula M-1075-FF, que se detuviera en el arcén. Era un control rutinario más en la carretera de Santiponce, en las proximidades de Sevilla. De forma inesperada, el conductor aceleró su marcha en un intento de sortear el dispositivo policial. El número Adolfo López activó el rastrillo de seguridad para detener el automóvil, que aún tuvo tiempo de avanzar cien metros antes de pararse con las cuatro ruedas pinchadas.

Ninguno de los agentes se esperaba algo así. En un acto reflejo desenfundaron sus armas. El conductor abandonó el coche a la carrera empuñando una pistola Sig Sauer. No hubo tiempo para nada. Disparó las dieciséis balas del cargador contra los guardias que le daban el alto. Una de ellas alcanzó en un brazo al cabo Infante antes de que sus compañeros consiguieran reducir al agresor. Entre sus papeles había una carta nacional de identidad y un permiso de conducir franceses a nombre de Jean Dominique Feron. La mayor sorpresa se escondía en el maletero de su vehículo: trescientos treinta kilos de amonal listos para estallar. Su destino: la Jefatura Superior de Policía de Sevilla. Eran las 12:50 del 2 de abril de 1990 y aún tendrían que pasar quince horas antes de que el detenido accediera a contar que su documentación era falsa y a dar datos sobre el origen y destino del explosivo. Tiempo suficiente para que sus dos compañeros de comando cruzaran la frontera en dirección a Francia. Ambos viajaban tras Parot en otro vehículo y, haciendo gala de una gran dosis de sangre fría, habían conseguido pasar el control momentos después de la detención de su cómplice. Sin proponérselo, la Guardia Civil había detenido a Henri Parot, alias «Unai», nacido el 6 de enero de 1958 en Argel, representante de profesión y con residencia habitual en Francia. Pero además, y sobre todo, responsable de un, hasta ese momento, desconocido comando Itinerante de ETA.

Su testimonio, dos días después, en las dependencias de la Unidad de Servicios Especiales de la Benemérita, en Madrid, dejó estupefacto a más de un experto antiterrorista. Tenían ante sí al responsable de la práctica totalidad de atentados que la banda había cometido en la capital desde 1978 y que las Fuerzas de Seguridad atribuyeron de forma invariable al responsable del comando Madrid, Ignacio Aracama Mendía, «Macario», entonces deportado ya en Santo Domingo, y a otros etarras de renombre. En total, doce años de impunidad. El Ministerio del Interior tenía la primera prueba de que ETA había señalado a Sevilla y a la Expo´92 como objetivo prioritario de sus acciones y encargado de ellas a su comando más cualificado y secreto.

Rafael Vera comprobó también la endeblez del proceso iniciado en Santo Domingo y las premisas por las que pasaba la estrategia de negociación marcada por el máximo dirigente etarra, Francisco Múgica Garmendia, «Pakito»: poner muertos sobre la mesa. Es decir, la ya vieja teoría de la acumulación de fuerzas puesta en marcha durante el proceso de conversaciones de Argel con la comisión de asesinatos indiscriminados con coche-bomba. Así lo explicó el propio Parot en una declaración que se inició a la una de la tarde del 4 de abril y concluyó a las cinco de la madrugada del día 7.

«Paco Múgica nos ordenó que colocáramos un coche-bomba en el interior de la Jefatura Superior de Policía de Sevilla. Nos dijo que la finalidad de la acción era poner de manifiesto que si era posible meter un coche-bomba en una comisaría de policía sería posible también hacer cualquier otra cosa durante la Expo´92. Con ello conseguiríamos que hubiera una presión internacional sobre el Estado español para que negociase con ETA manteniendo nosotros una postura de fuerza.» [1]

«Hace dos o tres meses me trasladé a Sevilla con Jacques Esnal [otro de los integrantes del comando] con el objeto de comprobar si era posible llevar a cabo la idea planteada. Nos alojamos en un hotel de la avenida Reyes Católicos con la documentación falsa de mi compañero. Visto el terreno y estudiadas las posibilidades, llegamos a la conclusión de que era viable. Regresamos a Francia y se lo comunicamos a "Pakito", que se responsabilizó de buscar los vehículos necesarios y el explosivo.»

El minucioso y detallado relato de Parot resultaba sobrecogedor: «Para materializar la acción prevista me desplacé a Sevilla con mi coche particular, Jacques Esnal lo hizo con un Ford Escort y el tercer integrante del comando, Fréderic Haramboure, "Txistor", alquiló un Renault-25 en la agencia Hertz de Biarritz. En Sevilla recogimos un Renault-14 rojo y un Renault-11 negro facilitados por la organización, cuyas llaves nos habían sido entregadas en Francia. Entre los dos coches cargaban unos trescientos kilos de amonal. Para preparar el coche-bomba nos desplazamos a unos cuarenta kilómetros de Sevilla y dejamos la carga lista para ser activada. Al regreso hacia Sevilla para poner el coche en la Jefatura Superior fui detenido.»

Según el plan trazado, el atentado tendría lugar a las tres de la tarde. Fréderic Haramboure permanecería en el vehículo preparado para la fuga. Jacques Esnal neutralizaría a los policías que vigilaban el aparcamiento subterráneo de la jefatura amenazándolos con una pistola y Parot aprovecharía para introducir el coche-bomba y poner en marcha el dispo-

[1] Declaración de Henri Parot ante la Guardia Civil. Todos los entrecomillados atribuidos a Parot desde este punto son una transcripción literal de su testimonio.

ACTA DE MANIFESTACION DE HENRI PAROT:------------------------------

En Madrid y en las dependencias de la Unidad de Servicios Especiales de la Dirección General de la Guardia Civil, siendo las 13'00 horas del día 4 de Abril de 1.990, por el Señor Instructor y Secretario de las presentes diligencias y en presencia del Señor Letrado del Ilustre Colegio de Abogados de Madrid, D. Ricardo Velazquez Andrade, con Tarjeta Profesional de Identidad número 13.788; en cuya presencia se vuelve a informar al arriba reseñado; del motivo de su detención y de los derechos que le asisten, de conformidad con lo / dispuesto en los artículos 520, 520-bis y 527 de la Ley de Enjuiciamiento Criminal, y cuyos demás datos de filiación son nacido en Argel, el día 6 de Enero de 1.958, hijo de PAROT y NAVARRO, de profesión representante y con residencia habitual en Francia.-----------

PREGUNTADO que si pertenece a alguna banda terrorista y más -/ concretamente a ETA-MILITAR, manifiesta que sí.-------------------

Que en el año 1.978 se desenvuelve en los ambientes de refugiados de Bayona y es a partir de entonces cuando TXOMIN, ARGALA y PEITXOTO, lo citan en una casa de las proximidades de la antigua estación de Biarritz, donde le proponen encuadrarse en un comando para realizar acciones en Madrid, siendo su responsable directo, a partir de entonces TXOMIN, una vez que hubo aceptado realizar tales / actividades.--

Que en la reunión anterior tambien están presentes los súbditos franceses JAKES ESNAL y TXISTOR HARAMBOURE, que son los que poste-/ riormente forman el comando que realiza las acciones en España.----

Que JAKES ESNAL vive en San Juan de Luz, barrio Urdazuri, desconociendo la calle aunque el piso es un Séptimo. Está casado con / MAITE DUPEROU. Disponiendo de un Ford Scort, que es de su propiedad, de color gris. JAKES ESNAL está en el paro y MAITE DUPEROU tiene un bar, llamado BAR MAITE, en San Juan de Luz.-----------------------

Que TXISTOR HARAMBOURE está divorciado, con domicilio en Bayona cerca de la Plaza de toros de dicha población, tiene un Ford Scort, de color negro y trabaja de representante de productos asfálticos.-

Acta de la declaración de Henri Parot ante la Guardia Civil el 4 de abril de 1990.

sitivo de detonación. A partir de ese momento, el comando tendría entre un minuto y un minuto y quince segundos para escapar.

Al final de su declaración, Parot tuvo aún tiempo para mostrar lo que para él era un gesto de generosidad: «En el momento de mi detención en el control de carretera pude haber activado el coche bomba, pero no lo hice por temor a matar a los vecinos que se encontraban próximos.»

Todas las identidades que Parot iba desgranando con su testimonio eran completamente desconocidas para los expertos anti-ETA. Tan sólo uno de ellos figuraba en los archivos: Fréderic Haramboure, «Txistor», que había resultado herido en uno de los últimos atentados de los GAL, perpetrado el 8 de febrero de 1986 en el bar Batxoki de Bayona y de resultas del cual le había quedado una cicatriz en la cara. Del resto, ni un solo dato. Su testimonio suponía la constatación de un fracaso policial. También ponía de manifiesto que ciudadanos franceses formaban parte de comandos operativos de ETA; no se limitaban tan sólo a dar refugio a los activistas que cruzaban la frontera, sino que habían pasado a empuñar las armas. El Gobierno francés tenía que rendirse ante la evidencia.

El primer aviso lo había dado dos años antes un joven universitario, Jean Philippe Casabonne, detenido en el verano de 1987 cuando intentaba montar la primera infraestructura de la banda en Andalucía junto con una «histórica» del comando Madrid, Inés del Río Prada, «Nieves». Casabonne, estudiante de Sociología en la Universidad de Burdeos, era el típico colaborador que había empezado alojando en su domicilio a un refugiado y que con el tiempo había accedido a alquilar una casa en Torremolinos para los integrantes de un comando. Aquello fue calificado de anécdota por el Ejecutivo galo. Ahora no había excusas. El problema pasaba a incumbirles también a ellos, algo que, sin duda, influiría definitivamente en el posterior desarrollo de su política de colaboración.

Hasta la detención de Parot en Sevilla, el comando había permanecido «dormido» durante cinco meses en suelo francés. Sólo actuaba por iniciativa del jefe de la banda y con objetivos previamente marcados. Nada de improvisaciones. Su último crimen lo perpetró el 17 de noviembre de 1989 en Madrid: Francisco Múgica, «Pakito», les había ordenado desplazarse a la capital para asesinar a un militar.

Tras varios días de buscar sin éxito una víctima por las proximidades de La Vaguada, el grupo se desplazó hasta el centro de la capital, pese a que el riesgo era mayor. Allí no faltaban objetivos que cubrían a diario el itinerario entre el Ministerio de Defensa, en el paseo de la Castellana, el Cuartel General del Ejército, en el cruce con Alcalá, o el Gobierno Militar, en la calle Mayor. Pero todos se perdían en la Puerta del Sol por la prohibición de paso a vehículos particulares.

Ese día, tras media hora de descanso para comer y cuando el comando estaba ya a punto de abandonar la búsqueda, un vehículo del Ejército les adelantó a la altura del Palacio de las Cortes. Una casualidad mortal. Los terroristas lo siguieron hasta la glorieta de Atocha, donde se detuvo en un semáforo. Era el momento esperado. Se colocaron a su altura y abrieron fuego con sus armas, una metralleta Uzzi y un fusil soviético Kalashnikov. La víctima, para ellos sin nombre, era el coronel José Martínez Moreno.

Dos meses antes, el comando había asestado uno de sus golpes de mayor impacto: el asesinato de la fiscal de la Audiencia Nacional Carmen Tagle González. ETA la había señalado por llevar casi todos los sumarios en los que aparecían implicados miembros de la banda, contra los que solicitaba duras penas, mostrándose incluso partidaria de ampliar el tiempo máximo de permanencia en prisión para los terroristas. Su celo profesional la había llevado, incluso, a desplazarse a París para interrogar a alguno de los jefes detenidos en Francia.

En el momento de su asesinato, el comando lo sabía todo de ella. Vehículo y matrícula. Horas de salida de la Audiencia Nacional. Itinerarios seguidos y lugar en el que aparcaba habitualmente. El comando disponía también de una dirección tomada de la guía telefónica, donde estuvo esperándola varios días sin que apareciera debido a un error en los datos, por lo que en otra ocasión fue seguida hasta su domicilio para preparar el crimen.

«El día elegido —cuenta Parot— pasamos primero por la puerta de la Audiencia Nacional y vimos que el Renault-12 de nuestro objetivo estaba aparcado. Estacionamos en doble fila cerca de la cafetería Riofrío y esperamos cerca de una hora hasta que salió del edificio de los juzgados. La seguimos hasta su domicilio sin dejar apenas distancia para no perderla. Cuando buscaba en su bolso la llave para abrir el garaje rebasé su coche y paré. Jacques [por Jacques Esnal] salió sin pérdida de tiempo hacia ella y comenzó a disparar. Después salí yo y efectué otros cuatro o cinco disparos. Volvimos a montar en nuestro coche y huimos de la zona hasta una boca de metro, donde lo abandonamos. A las siete y media de la tarde, hora en que suele haber mucho movimiento por ser la hora de salida del trabajo y por lo tanto no pueden mantenerse unos controles efectivos de carretera, emprendimos camino rumbo a Francia por Cuenca, Teruel y Zaragoza.»

El comando Itinerante había supuesto una experiencia única en la historia de ETA. Estaba integrado por ciudadanos franceses y su existencia era conocida tan sólo por la dirección de la banda, uno de cuyos miembros se responsabilizaba en solitario de los contactos con sus integrantes y de sus atentados. Una medida de seguridad que salvaguardó durante doce años su operatividad.

El comando se había creado en los primeros meses de 1978. Henri Parot, hijo de argelinos emigrantes al sur de Francia, de veinte años de edad, acababa de terminar sus estudios y se encontraba sin trabajo. Las horas de ocio las consumía en el ambiente de refugiados de Bayona. Por aquel entonces no había ningún control policial y los etarras eran considerados exiliados políticos. Allí conoció a uno de los entonces jefes de ETA: Domingo Iturbe Abásolo, «Txomin». El dirigente etarra, con quien había intercambiado opiniones mientras «poteaban» por los bares de la zona, descubrió su identificación con el problema vasco. Era un claro candidato a militante. Le propuso una cita en Biarritz y le pidió que acudiera con otros amigos que compartieran sus inquietudes.

Parot acudió al encuentro acompañado por su hermano mayor, Jean, y por varios amigos. Jean contaba entonces veintisiete años, vivía en la calle Ulysse Darracq de Bayona y había montado un negocio propio de importación y exportación. Otro de los integrantes del grupo era Philippe Saez, un joven de diecinueve años, aficionado al *txistu*, instrumento musical vasco, que trabajaba en una bisutería de Bayona y vivía con sus padres. En similares condiciones se encontraba Jean Pierre Erremundeguy, «Pampi», de veintitrés años, que compartía con sus padres un caserío aislado en la localidad de Saint Pée y se ganaba la vida como chófer de camión en la empresa Sallaber de Hendaya. En la misma ciudad vivía Fréderic Haramboure, «Txistor», de veintitrés años, que en aquella época se encontraba en paro. Todos eran de confianza.

Por parte de ETA acudieron a la cita el propio «Txomin» y los también dirigentes de la banda José Miguel Beñarán Ordeñana, «Argala» [2] y José Manuel Pagoaga Gallastegui, «Peixoto». Las cosas estaban claras. No había lugar para los malentendidos, de manera que la propuesta fue directa. Los jefes etarras querían saber si el grupo estaba dispuesto a formar un comando para actuar principalmente en Madrid. Su existencia sería secreta y «Txomin» sería su responsable y único interlocutor. Todos estuvieron de acuerdo. El sueldo para los que no tenían ingresos quedó fijado en ochocientos francos mensuales.

En agosto de ese mismo año, los cinco integrantes del comando recibieron su primer cursillo sobre armas. Durante tres días permanecieron sin salir a la calle en una vivienda de la calle España, en Bayona. Su particular profesor fue Isidro Garalde Bedialauneta, «Mamarru», el máximo experto de la organización en armas y explosivos. El cursillo consistió en el

[2] «Argala» participó el 20 de diciembre de 1973 en el asesinato del presidente del Gobierno, el almirante Carrero Blanco. El mismo día en que se cumplía el quinto aniversario del magnicidio murió víctima de un atentado al estallar una bomba colocada bajo su coche. En su honor, el comando de Parot se autodefinió como comando Argala, aunque la Policía lo bautizó como comando Itinerante.

manejo de pistolas Browning y Firebird, fusiles tipo G3, metralletas Stein y Matt y manipulación de explosivos plastic, goma 2, pólvora negra y trilita, además del montaje de sistemas de iniciación de cargas explosivas y de trampas-bomba tipo pinza. Terminada la teoría, el grupo se desplazó a un bosque en Zuberoa para las prácticas de tiro.

Apenas dos meses más tarde, el comando inició la que habría de ser su sanguinaria estela de muerte.

«En noviembre de 1978, "Txomin" nos citó a los cinco miembros del comando y nos propuso matar a un industrial de Irún —señala Henri Parot—. Nos entregó una información escrita a mano en la que se especificaba su lugar de trabajo, que era una obra en construcción en Irún, el modelo de coche que tenía y la matrícula, y una foto de medio cuerpo. Nos explicó que había que actuar contra él porque se había presentado con la Policía a una cita puesta por la organización en un restaurante de la calle Pannicau de Bayona para el pago del impuesto revolucionario, y facilitado con ello la detención del miembro de la organización que hacía de contacto. Uno de los días que nos trasladamos a Irún le vimos en la obra. Nos sentamos al lado de su vehículo y cuando se aproximó le disparamos, rematándolo en el suelo.» El comando recibió así su bautismo de sangre. El siguiente atentado fue ya en Madrid, dos semanas después del asesinato del industrial Legasa, el 16 de noviembre de 1978. La víctima elegida en este caso fue el magistrado José Francisco Mateu Cánovas. El comando Itinerante iniciaba una andadura de muerte que no abandonaría en doce años.

Durante la primera etapa, entre 1978 y 1980, con «Txomin» como máximo responsable, el comando golpeó sobre todo a mandos militares. ETA estaba convencida de que el Ejército era la auténtica fuerza fáctica del Estado, el objetivo a doblegar. El gobernador militar de Madrid, general Constantino Ortin Gil, el teniente general Luis Gómez Ortiguela y los coroneles Agustín Laso Corral y Juan Avalos Gomariz fueron sus primeras víctimas.

A partir de 1981, el nuevo responsable del comando pasó a ser el entonces jefe del Aparato Militar de ETA, Juan

Lorenzo Lasa Mitxelena, «Txikierdi». Mucho más responsable en la actividad clandestina que «Txomin», no dejaba nada al azar. Durante cuatro años, hasta su detención en 1985, propuso todos los atentados, dio todas las informaciones y facilitó tanto el armamento como el explosivo para que el grupo no corriera riesgos. Al comando se incorporó por entonces un nuevo miembro: Jean Vicente García, «Bixente», amigo de Jacques Esnal, vecino de San Juan de Luz y empleado de la cooperativa Sokoa, de Hendaya, una de las empresas tapadera de ETA. Además, hablaba perfectamente el castellano, lo que ayudó al resto del grupo a desenvolverse con soltura por Madrid sin dar pistas. Su trabajo era golpear y huir sin dejar huellas. Los militares seguían siendo el objetivo prioritario.

El general Fernando Esquivias Franco y su ayudante, el teniente coronel Manuel Miler Hidalgo, resultaron heridos en el primer atentado de la nueva etapa, en el que murió el soldado de escolta José Luis Ramírez Villar. ETA comenzó a asesinar colocando desde una moto una bomba sobre el techo del vehículo de sus víctimas: la colocación de una mina al paso, como es definida por los terroristas. Así perdieron la vida el teniente coronel Guillermo Tevar Saco, el suboficial Antonio Noguera García y el soldado conductor Manuel Rodríguez Taboada en un atentado dirigido contra el teniente general Joaquín Valenzuela y Alcibar-Jáuregui, que resultó herido.

La victoria electoral del PSOE en las generales de 1982, que aupó a Felipe González a la Presidencia del Gobierno, fue recibida una semana después con el asesinato del general Víctor Lago Román en la Ciudad Universitaria de Madrid. ETA dejaba claro que le era indistinto el partido que estuviese en el Gobierno. Todos eran rehenes del Ejército. El comando abrió un paréntesis durante 1983, para volver a la acción en enero de 1984 con el asesinato del teniente general Guillermo Quintana Lacacci y el atentado frustrado contra el general Luis Rosón Pérez, hermano del último ministro del Interior con el Gobierno de Unión de Centro Democrático (UCD), Juan José Rosón.

El salto hacia adelante y la utilización del comando como instrumento para la negociación con el Gobierno se produjo en enero de 1987. Los GAL habían desaparecido un año antes, el Ministerio del Interior había comenzado los tanteos con Domingo Iturbe, «Txomin», entonces deportado en Argel, y a la cúpula de la organización había accedido Francisco Múgica Garmendia, «Pakito». El comando Itinerante de Parot abandonó entonces el tiro en la nuca y pasó a utilizar el coche-bomba. Menos riesgos y más víctimas. También se especializó en el envío de cartas-bomba y en la colocación de explosivos en la línea férrea. El grupo fue formado en el manejo de todo este material por otro hombre ascendente en la organización: Joseba Arregui Erostarbe, «Fitti».

La presentación en escena de la nueva etapa tuvo lugar el 17 de mayo de 1987 con la colocación de tres coches-bomba contra la Dirección General de la Guardia Civil, el Cuartel General del Ejército y el Cuartel General de la Armada. El comando amplió también su radio de acción y pasó a actuar por todo el país. Allí donde más daño pudiese hacer. El objetivo ideal lo encontró en la casa cuartel de la Benemérita en Zaragoza.

«"Pakito" nos ordenó volar el cuartel para conseguir una postura de fuerza ante las negociaciones —relata Parot—. Preparamos un coche con doscientos cincuenta kilos de amonal. El día previsto acudimos con el vehículo, lo aparcamos junto al cuartel y accionamos la carga. Salimos corriendo en dirección al coche que nos esperaba porque el tiempo previsto para la explosión era de un minuto y quince segundos.» El balance de muerte fue desolador: cinco niños, dos mujeres, un joven y tres guardias civiles asesinados, además de múltiples heridos. Era el 11 de diciembre de 1987 y el Gobierno y ETA estaban embarcados de lleno en el proceso de contactos previo a las conversaciones de Argel.

El 4 de abril, dos días después de la detención de Parot en Sevilla, el magistrado Gilles Boulouque, juez de instrucción del Tribunal de Gran Instancia de París, inició una importante redada para detener a todos los integrantes del comando Itinerante, alguno de los cuales hacía años que había abandonado el grupo. Todos fueron capturados en días sucesivos.

Jacques Esnal y Fréderic Haramboure, los dos etarras que acompañaban a Parot en Sevilla, habían regresado a Francia y vivían como si nada hubiera ocurrido, convencidos de su impunidad. Haramboure era entonces el responsable comercial de la sociedad SAGT (Société Anonyme de Goudronnage et Terrassement, encargada de asfaltado y nivelado de calles) con un sueldo de 12.000 francos mensuales que le permitían llevar una vida desahogada. Vivía en un chalé, el «Sous Nois», ubicado en el número 15 de la calle Beaulieu y hacía dos años que se había divorciado de su esposa, Marie Catherine Behasteguy, con la que tenía dos hijos, Maider, de trece años, y Joana, de nueve.

Esnal, fontanero de profesión, se encontraba en ese momento en paro. Vivía en el número 12 de la calle Errobi, en San Juan de Luz, con su esposa, Maite Duperou, y sus dos hijos, de siete años y dieciocho meses. Había conocido a su compañero de comando hacía diez años, cuando jugaban al rugby. Aunque ambos negaron inicialmente cualquier relación con los hechos terminaron confesando su pertenencia al grupo y los motivos que les llevaron a ETA.

«Me afilié a ETA porque comprendí que en España no hay democracia, todo está dirigido todavía por los antiguos franquistas —señaló Esnal—. [...] La única solución para parar esta guerra es el reconocimiento de la autodeterminación, la liberación de los prisioneros políticos y la continuación de las negociaciones rotas en Argelia hace dos años.» [3]

Para Haramboure, la razón de su militancia en ETA había que buscarla en que «en España sigue habiendo un Rey y el Gobierno sigue coaccionado por los militares. Mientras éstos estén allí no habrá más solución que la lucha armada. Por lo tanto, me he visto obligado a elegir esta vía».

---

[3] Texto literal de la declaración prestada el 6 de abril de 1990 ante el inspector Jean Marc Abadie, del Servicio Regional de Policía Judicial de Burdeos, destacamento de Bayona.

Como su compañero, se declaraba desencantado por las conversaciones de Argel. «La ruptura me decepcionó mucho. Pensaba que las negociaciones de Argel podían poner término a los atentados y a la lucha armada.» [4]

Philippe Saez, que había participado en la creación del comando, lo dejó en 1979. Once años después era novicio de la Abadía Benedictina de Belloc. Jean Pierre Erremundeguy participó sólo en la campaña de 1978. Tras los primeros atentados decidió abandonar el grupo. Casado y con dos hijos de tres años y siete meses, en el momento de su detención trabajaba como calderero para la sociedad Galvasteel. Jean Parot, «Jon», hermano del jefe del comando, dejó el grupo en 1987, lo que provocó las iras de su responsable, Francisco Múgica. Casado con Amaya Aseguinolaza y con una hija de tres años y medio, continuaba con su negocio de importación y exportación y era uno de los dirigentes de Euskal Batasuna, una organización similar a Herri Batasuna con implantación en el sur de Francia. Finalmente, Jean Vicente García, el último en incorporarse al comando, en 1981, lo abandonó un año después alegando motivos familiares y miedo. Dejó su trabajo en Sokoa y se estableció como autónomo con un negocio de mecánico dentista. Vivía con su mujer y su suegra en una villa en Sare.

ETA perdía a su comando más cualificado, pero el nuevo proceso de diálogo sufría también un duro revés. La banda no tenía previsto dejar de matar y la Olimpiada de Barcelona y la Expo´92 de Sevilla se oteaban ya en el horizonte.

---

[4] Declaración ante el inspector Delaporte, de la Policía francesa, el 6 de abril de 1990.

CAPITULO SEIS

RIESGO DE RUPTURA

—¡Ya está bien! Lo que pretendían hacer en Sevilla es una burrada. ¡No nos tomen el pelo!

Rafael de Francisco parecía una furia desatada. Encadenaba un reproche tras otro ante un «Antxon» imperturbable. La detención del comando Itinerante de Henri Parot había encendido todas las luces de emergencia en el Ministerio y colocado entre la espada y la pared al equipo negociador.

—No tenéis ni puñetera idea del esfuerzo político que supone este paso para nosotros —continuó irritado De Francisco ante un interlocutor que aún no había tenido tiempo de abrir la boca—. No sabéis la capacidad que tenemos de arrasar. Es que podemos meter los tanques, y pese a ello os estamos tendiendo la mano. Hemos estado a punto de suspender este viaje y, desde luego, otro incidente como el de Sevilla y esto se rompe definitivamente[1].

El «botijero» llevaba bien aprendida la lección. El viaje, efectivamente, había estado a punto de suspenderse sin fecha. Tras el encuentro del 2 de abril habían dejado pasar veinte días en un intento de que las aguas volvieran a su cauce. Pero ni siquiera ese plazo fue suficiente. Tres días

[1] Como en anteriores capítulos, el contenido de este encuentro se ha reconstruido con el testimonio de Rafael de Francisco y documentos de ETA.

antes, el 19, un paquete-bomba enviado desde Vitoria al comisario general de la Expo, Manuel Olivencia, había amputado una mano y destrozado la otra a la secretaria Carmen de Felipe Corisco. Eran demasiados acontecimientos encadenados. La consigna que Rafael Vera le había transmitido fue que afrontara esa tercera entrevista «a cara de perro».

—El tema de que me habla no me incumbe. Es cosa de la organización —contestó por vez primera «Antxon»—. Como ya hemos convenido en anteriores encuentros, no admitimos exigencias previas y, en consecuencia, todos los frentes de lucha están abiertos. No sé de qué se sorprenden.

De Francisco abandonó el tono de admonición para sermonear al portavoz de ETA.

—Tienen que pensar en el futuro político de Euskadi, no le digo de España, sino de Euskadi, en las posibilidades que tiene su país de salir adelante. Si no son capaces de llegar a un acuerdo con nosotros lo van a tener muy difícil si alguna vez ganan los conservadores. Entonces sí que ETA se iba a enterar.

Habían agotado media hora de encuentro sin entrar en el fondo de la cuestión, en el tema que había llevado ya en tres ocasiones a la República Dominicana a un portavoz del Ministerio del Interior en el plazo de un mes y una semana. De Francisco encaró ya la entrevista en el punto en que la habían dejado en su segundo encuentro.

—Estoy en disposición de contestar a su propuesta de nuestra última entrevista. Esta es una oferta firme. Estamos dispuestos a trasladarle a usted y a sus dos compañeros de la mesa de Argel [se refería a Ignacio Aracama Mendía, «Macario», y a Belén González Peñalva] a otro país. En una fase posterior podría incorporarse «Txikierdi» [Juan Lorenzo Lasa Mitxelena, entonces preso en Francia] tal y como piden. «Mamarru» queda descartado después de lo de Sevilla. El jefe del comando le ha implicado directamente en sus actividades y eso impide que podamos sentarle en una mesa de negociación. Todo ello se haría por vía de acciones jurídico-diplomáticas. A cambio de ello le reitero la necesidad de que decreten una tregua tácita que comenzaría con su traslado de Santo Domingo.

La oferta oficial avanzaba un paso respecto de la anterior. Si antes sólo se había brindado el traslado de «Antxon» y se negaban los de «Macario» y Belén por tener delitos de sangre, ahora se volvía a dar validez a la mesa negociadora de Argel e incluso se aceptaba que ésta se incrementara con al menos un dirigente etarra preso en Francia. Interior estaba dispuesto a ampliar el número de interlocutores, acercándose a la «propuesta del 3+3», uno de los puntos insalvables de Argel.

La detención del comando Itinerante en Sevilla impedía que la oferta se acercara aún más a la propuesta etarra. Isidro Garalde Bedialauneta, «Mamarru», excarcelado unos meses antes, en enero, tras cumplir cinco de los siete años de prisión a los que había sido condenado en Francia, y confinado en la localidad de Douai, fue acusado por Henri Parot de haber aleccionado al grupo en el manejo de armas y explosivos. Una acusación suficiente para exigir su extradición a España.

Dichas declaraciones habían provocado su detención de nuevo el 12 de abril, diez días antes del tercer viaje de Rafael de Francisco. «Mamarru» fue detenido en el hotel de Douai, localidad fronteriza con Bélgica, donde permanecía confinado bajo la orden de asignación de residencia dictada por las autoridades francesas tras su puesta en libertad.

Su captura se produjo de noche, cuando se disponía a acostar a su hija de seis años. En ese momento le acompañaban varios familiares y otro destacado dirigente de ETA: Eloy Uriarte y Díaz de Guereño, «señor Robles». La orden había partido del titular del Juzgado Central de Instrucción número 4 de la Audiencia Nacional, Carlos Dívar, el mismo ante quien días antes Henri Parot había confirmado en su integridad la declaración prestada a la Guardia Civil.

—¿De qué país se trata? —inquirió «Antxon» en un intento de averiguar su destino y el de sus compañeros—. ¿Es de la Comunidad Económica Europea?

—No. No le voy a dar más datos hasta que sepa si aceptan nuestra propuesta.

—¿Cuándo se produciría la incorporación de mis compañeros de la mesa de Argel y del que permanece preso en

Francia? —continuó con sus preguntas «Antxon»—. ¿Sería de manera previa a las conversaciones o durante su desarrollo?

Rafael de Francisco no tenía respuesta para ello. Sencillamente, no lo sabía. Vera y él habían diseñado la oferta global, pero no habían ajustado ni plazos ni fechas concretas. Se limitó a dar una explicación tan amplia como inconexa. Que el traslado de «Antxon» y de sus dos compañeros de deportación se haría para preparar los encuentros. Que antes de que éstos se celebrasen deberían producirse contactos con otras personas que participarían en las conversaciones. Que sería necesario echar mano de los asesores a esta altura del proceso. Y así una sucesión de argumentos que no aclaraban nada. Sólo podía anticipar con claridad que tras este periodo de ajuste habría una entrevista con Rafael Vera para concretar el inicio de las conversaciones.

«Antxon» no incidió más en la cuestión. La oferta parecía asumible salvo la exigencia de una tregua. Interior no cejaba en su intento de que ETA silenciara las armas.

—Si traslado a la organización la propuesta de tregua la contestación parece clara. Es inasumible —adelantó el portavoz etarra—. La experiencia de Argel pesa para todos. No estamos dispuestos a entrar en una fase de treguas encadenadas. No se pueden poner condiciones. Le reitero que hay que encontrar otras fórmulas más discretas para esta fase previa en que nos encontramos.

Documentos internos de ETA[2] sostienen que Rafael de Francisco, al que se refieren como «el botijero» o «el español», concluyó su exposición asegurando que el país elegido para reanudar los contactos era de nuevo Argelia. Asimismo, dichos papeles aseguran que el interlocutor oficial ofreció también el traslado del resto de deportados en la República Dominicana y en otros países de América Latina al país magrebí «en calidad de residentes con el objetivo de mejorar su situación».

---

[2] «Memoria sobre los contactos mantenidos desde la ruptura de Argel», incautada por la Ertzaintza en septiembre de 1991. La información de este documento fue reproducida por el diario *Egin* el 21 de octubre del mismo año.

Esta versión contradice la del propio De Francisco, que no reconoce como ciertos ninguno de dichos extremos. Rafael Vera asegura también que nunca se planteó reanudar los contactos en Argelia, país con el que se habían deteriorado las relaciones tras la frustración generada por las primeras conversaciones, aunque sus autoridades intentaron volver a recuperarlos.

«Los argelinos hicieron por su cuenta un ensayo para recuperar el hilo de ETA —asegura Vera—. Mandaron a Santo Domingo a un capitán que estaba destinado en seguridad de su embajada en Madrid para que se entrevistara con "Antxon" y viera las posibilidades que había de recuperar la baza de la negociación y tener de nuevo el control de los etarras en su territorio. Pero las cosas no les salieron bien. Después de haberlos expulsado los recibieron con mucha frialdad. "Antxon" escuchó su propuesta pero les pidió contrapartidas a cambio, como el reconocimiento de estatus político. Lo consultaron conmigo antes de tomar una decisión y les contesté que la experiencia de Argel se había roto y no podía recuperarse. Entonces desistieron.»

La entrevista entre Rafael de Francisco y «Antxon» tocó a su fin. Las cartas estaban de nuevo sobre la mesa.

—Recojo su propuesta. Necesito un tiempo para madurarla. Es una sorpresa en algunas cuestiones. Déme diez días para contestarle —concluyó «Antxon».

Como en su anterior encuentro, otro imprevisto se cruzaba en su camino. Si antes había sido la detención del jefe del comando Itinerante, esta tercera entrevista coincidía con la publicación en el diario *Egin* de un comunicado de ETA. La banda anunciaba públicamente lo que estaba en mente de todos, que la Expo´92 sería objetivo de sus acciones armadas «en tanto en cuanto que es parte de los grandes intereses económicos del Estado». «ETA —recogía el comunicado— seguirá luchando con todas sus fuerzas y en todos los frentes mientras el Gobierno español no emprenda el verdadero camino de la paz», y adelantaba que «si bien ha fracasado la acción planeada contra la Dirección General de Policía en Sevilla, es probable que en la próxima ocasión no fallemos».

Era evidente que los reproches de Rafael de Francisco en Santo Domingo no llegaban a la dirección de la banda en Francia.

El 9 de junio Rafael de Francisco se vio obligado a viajar por cuarta vez a Santo Domingo. El verano se echaba encima y era imprescindible saber si ETA iba a respetar o no la tregua pedida desde Interior. Rafael Vera le había telefoneado dos días antes a THM para comunicarle que tenía que tomar de nuevo un avión. No lo encontró en su despacho. Había sufrido un cólico nefrítico que le tenía en cama. Pese a ello no hubo excusas.

«Viajé muy fastidiado —cuenta De Francisco—. Me acababa de dar un cólico nefrítico y me dio otro en el avión. La imagen era la de un hombre en un vuelo caribeño tapado con dos mantas y hecho una mierda. Me tragué un parto sin decir ni pío. Incluso una de las azafatas se asustó y me preguntó que si quería que avisara al comandante de la nave. Yo le decía: no, de verdad, sólo le pido que de vez en cuando me traiga un vaso de agua. Le decía que sólo me dolía el estómago, pero me parece que no me creyó. Todo el viaje lo pasé sudando y tiritando al mismo tiempo.»

El interlocutor oficial llegó a las cuatro de la madrugada al antiguo aeropuerto dominicano, situado a treinta kilómetros de la capital. Como era habitual, tuvo que coger un taxi que le trasladara hasta el hotel. Sólo en una ocasión las autoridades del país habían puesto un coche a su disposición, y fue para llevarle al aeropuerto de vuelta a España. Tras varias horas en las que intentó recuperar el aliento tuvo lugar un nuevo encuentro. Rafael de Francisco no estaba en condiciones de discutir nada; sólo de escuchar la respuesta a su oferta y de regresar de nuevo a casa. El problema del terrorismo le parecía por esta vez algo que podía esperar. Su cólico, no.

Documentos de ETA reconocen que el encuentro no aportó novedades dada la enfermedad del portavoz ministerial. «El español viene, al parecer, medio enfermo, siendo una reunión con poco tratamiento. Realmente estaba en malas condiciones o, por lo menos, lo aparentaba.»

—Estoy en disposición de darle una respuesta —dijo

«Antxon» ante el aparente desinterés del hombre que tenía frente a sí—. Aceptamos salir de Santo Domingo. Las personas a trasladar serán la mesa de Argel más «Josu Ternera», «Txikierdi» y «Mamarru». La incorporación deberá ser previa al inicio de las conversaciones.

Una vez más, ETA mantenía la «propuesta del 3+3», dispuesta a tensar un poco más la voluntad del enemigo. No cedía en su postura. Tan sólo en su disposición a viajar fuera de la República Dominicana, algo, por lo demás, lógico dada la escasa operatividad que los contactos tenían a tal distancia de España. «Antxon» concluyó su exposición sin esperar la respuesta de su interlocutor.

—Tregua previa, no. Es un error tal planteamiento. Ya se lo he reiterado en todos nuestros encuentros.

Rafael de Francisco no pudo ni quejarse de la postura inmovilista del portavoz etarra. Se limitó a señalar que el traslado de los nuevos negociadores podría justificarse por la inestabilidad que vivía en ese momento el país. El Presidente dominicano, el octogenario Joaquín Balaguer, candidato del Partido Reformista Social Cristiano (PRSC), acababa de vencer al candidato izquierdista del Partido de la Liberación Dominicana (PLD), el también octogenario Juan Bosch, por un margen de veinticinco mil votos en las elecciones presidenciales celebradas el 16 de mayo. Se trataba de su sexta victoria electoral y la segunda consecutiva tras la de 1986, en unos comicios en los que no partía como favorito. De hecho, Bosch había denunciado un «fraude colosal» y había animado a sus partidarios a salir a las calles para defender por la fuerza su triunfo. El ex presidente norteamericano Jimmy Carter había actuado como observador del proceso y terminó como mediador del conflicto. Un panorama idóneo para el traslado de los etarras sin que levantara sospechas.

No hubo margen para nada más. Esa misma tarde, Rafael de Francisco tomó un vuelo de regreso a España y dio por concluido su viaje más corto a Santo Domingo. Un vuelo transcontinental para apenas una hora de entrevista. «La reunión no da más de sí —señala ETA en un documento interno—. Dura, pues, muy poco. Contestación y poco más.»

CAPITULO SIETE

SUECIA COMO ESCENARIO

La respuesta de «Antxon» obligaba a dar un paso adelante. Había acuerdo entre ambas partes en que los tres interlocutores de la mesa de Argel («Macario», Belén y el propio «Antxon») fueran trasladados al nuevo escenario de los contactos. Rafael de Francisco no les había adelantado el destino porque lo desconocía. También Rafael Vera. Los dos interlocutores oficiales caminaban sobre el vacío, improvisaban sobre la marcha y avanzaban propuestas que no tenían cerradas. Vera estaba dispuesto a sentarse de nuevo frente a «Antxon» pero, sobre todo, intentaba que la banda declarase una tregua sin plazos para reforzar sus posturas en el departamento. Ahora se encontraba en un aprieto.

Rafael Vera pensó en Suecia. El Ministerio había firmado el año anterior con su homónimo sueco un acuerdo de colaboración policial y las relaciones con los socialdemócratas de dicho país eran excelentes. Ingvar Carlsson había sido reelegido primer ministro el año anterior. Se había hecho cargo de la jefatura del Gobierno y de la presidencia del Partido Social Demócrata Laborista en 1986, tras el asesinato de Olof Palme. Su apoyo en el tema terrorista no ofrecía resquicios. Consideraban a ETA una banda armada integrada en una red internacional. Así se lo habían transmitido a los dirigentes de HB que en 1988 iniciaron una ronda de conversaciones con embajadores para recabar su apoyo a la solución negociada del problema de la violencia etarra. Tenían también fama de intermediarios discretos y neutrales y eran candidatos al ingreso en la Comunidad Europea. Si aceptaban, Vera conseguiría trasladar el escenario de los contactos a Europa. En Argelia había tenido la sensación de jugar en campo contrario, y Santo Domingo había sido una solución de compromiso para acoger a los expulsados tras la ruptura. No era el marco adecuado para una etapa de conversaciones.

Telefoneó al embajador sueco en Madrid y al día siguiente acudió a su despacho. Tras el usual intercambio de saludos, Vera fue directamente al grano. ¿Qué actitud adoptarían si el Gobierno español propusiera a ETA conversar en su territorio?

Sorprendido, el diplomático optó por no desagradar a su interlocutor. Era una pregunta directa. En un análisis somero, ser los anfitriones de un proceso como el que le planteaba el secretario de Estado no podía reportarles más que beneficios: un buen cartel internacional. El embajador contestó con firmeza que la actitud de su Gobierno sería la de ayudar.

«No hubo ningún compromiso por su parte —asegura Vera—. Simplemente planteé el tema y el embajador adelantó que aceptarían y que, además, harían esfuerzos para que saliese bien. No hubo nada más.» Pese a ello, el número dos del Ministerio concluyó que ya tenía una oferta concreta que trasladar a «Antxon». Una oferta que también daría consistencia a sus posiciones y demostraría a la banda que había una voluntad real de avanzar. Un argumento más para conseguir la tregua que tanto deseaba y que le permitiría oficializar los contactos en el departamento con un objetivo logrado de antemano: que ETA dejase de matar. A diferencia del proceso de Argel, ahora comenzarían a dialogar sin atentados. Una premisa imprescindible tras el fracaso del anterior proyecto.

Rafael Vera sostiene que el plan que diseñó «pasaba por contactos entre el Gobierno y ETA en Suecia. Previamente la banda debía anunciar una tregua indefinida. Los encuentros serían en un principio con "Antxon", "Macario" y Belén, con la posibilidad de incorporar en una segunda fase a otros etarras. A partir de ahí teníamos que reactivar con los firmantes del pacto de Ajuria Enea la creación de un mesa con todos los partidos políticos en la que estuviese presente HB. En Suecia discutiríamos aspectos logísticos, técnicos, sobre ETA y su futuro, y en la mesa del País Vasco los aspectos políticos. Si en esta mesa se planteaba algún problema de difícil solución pública se abordaría de forma secreta con ETA y con HB».

El 20 de junio, once días después de su último viaje relámpago, un Rafael de Francisco ya recuperado del cólico nefrítico emprendió de nuevo rumbo al país caribeño. Además de la oferta de Suecia como país anfitrión, guardaba en la manga otras propuestas que, como tantas otras veces, sólo existían en los planteamientos teóricos que hacía con Vera. No había nada concreto. Todo estaba por andar. Pero si se conseguía fijar un nuevo escenario, lo demás vendría rodado.

«En esta etapa muchas historias eran faroles por nuestra parte. Ni siquiera se tenían amarrados los temas —reconoce De Francisco—. Si hubiesen dicho que sí a todo nos habrían puesto en más de un compromiso. Lo que nos interesaba por encima de todo era la tregua. El objetivo prioritario era táctico. Teníamos la mirada puesta en 1992.» A pesar de este doble juego, De Francisco sostiene que «por parte de Vera creo que había una voluntad real de dialogar. Ha sido una de las personas que más ha creído en una solución dialogada para el problema de ETA. Otra cosa es que al hilo de esta estrategia de fondo se haya apostado también por obtener resultados concretos».

—Hoy vengo a exponerle la propuesta definitiva del Gobierno español para abordar un nuevo proceso de conversaciones —dijo De Francisco con tono solemne al portavoz de ETA—. Belén, «Macario» y usted serán trasladados a través de vías jurídico-diplomáticas a Suecia. El tema ya está hablado con el Gobierno sueco. Una vez allí se convertirán ustedes en la punta de lanza para una fase de contactos cuya culminación sería fijada en una reunión con Rafael Vera. De forma paulatina se produciría la incorporación de otras personas a esa mesa, aunque aún debemos fijar fechas y el momento concreto. —Sin esperar respuesta, lanzó el envite que llevaba preparado—: El resto de deportados en la República Dominicana continuarían aquí a expensas de un posible reagrupamiento de todos los deportados en un solo país que, aunque no está aún decidido, podría ser Chile. —Tomó entonces aire y soltó de nuevo su exigencia de tregua—: A cambio de todo ello pedimos una tregua tácita que nos sirva para comprobar si la organización tiene realmente voluntad de acometer una nueva fase de conversaciones. Quiero advertirle también —concluyó— que pueden existir intentos saboteadores por ambas partes para que este proceso no llegue a buen puerto.

De Francisco volvió a sondear a su contrincante. Le habló de que algunas personas en el Ministerio intentaban poner zancadillas al proceso, pero también de que el número uno de la banda, Francisco Múgica Garmendia, parecía liderar un sector de la organización contrario a los contactos. El «botijero» pretendía que, a la vista del ya inminente traslado, «Antxon» tomara la iniciativa y forzara a la dirección de ETA en Francia a decretar la tregua. Sólo así podrían calibrar también si el portavoz de la banda mantenía su influencia en ella.

«Antxon» tomó cumplida nota de todo pero no respondió. Ni siquiera puso pegas a la nueva petición de tregua. A cambio exigió facilidades para poder trasladar la oferta a la dirección de la organización. Le aseguró que carecían de libertad de movimientos y de comunicaciones. No era del todo cierto. El Ministerio del Interior sabía por los servicios de inteligencia dominicanos que los deportados recibían visitas periódicas no sólo de sus familiares directos, sino también de algunos dirigentes de HB, a quienes, sin duda, informaban de las ofertas del «botijero». Entraban en el país como turistas y se encontraban en alguno de los restaurantes del centro de la ciudad. De Francisco respondió por una vez con voz propia. No habría problemas para que en lo sucesivo esos encuentros fueran permitidos por las autoridades del país, además de facilitar otros medios para que «Antxon» pudiera comunicarse con el sur de Francia.

Ambos interlocutores se emplazaron para un nuevo encuentro. No se puso ningún plazo fijo, tan sólo el compromiso de la discreción. Los nuevos asesores de «Antxon» comenzaron a desfilar por Santo Domingo sin necesidad de esconderse. Entre los primeros que viajaron a la capital dominicana se encontraban José Luis Elkoro, senador y alcalde de Bergara (Guipúzcoa); el diputado Rafael Díez Usabiaga, que había sustituido en su escaño en el Congreso de los Diputados a Iñaki Esnaola; el hombre fuerte de la coalición en Navarra, Iñaki Aldekoa, y Luis Núñez, periodista de *Egin* que participó en la redacción de algunos de los comunicados de la banda en Argel. Posteriormente se sumaría el eurodiputado Karmelo Landa.

Desde la sombra, un hombre permanecía puntualmente informado del contenido de estos encuentros: el abogado Iñigo Iruin, que ya había participado como asesor en las conversaciones de Argel. Iruin era, además, amigo personal de «Antxon» y una de las personas con quien el portavoz etarra hablaba por teléfono desde su confinamiento. La banda prescindía en esta fase de tres de sus asesores en el anterior proceso: los abogados Txema Montero, Iñaki Esnaola y Christianne Fando, todos ellos amigos del que fuera hasta su muerte líder de la organización, Domingo Iturbe Abásolo, «Txomin».

El ritmo era vertiginoso. Cinco encuentros en dos meses. Pese a ello, los resultados no eran tan claros. Había acuerdo sobre el escenario. También sobre la participación de la mesa de ETA en Argel, a la que se sumaría alguno de sus dirigentes presos en Francia. Para afianzar esta posición, Vera se comprometía a un encuentro previo en Suecia para concretar la nueva fase de contactos. La tregua seguía siendo el punto de desencuentro: condición indispensable para el Ministerio del Interior y exigencia inaceptable para ETA.

Los encuentros habían servido también para que desde Interior se dudara de la capacidad de influencia de «Antxon» sobre la dirección en Francia y, en consecuencia, para liderar el nuevo proceso. ETA, por su parte, también dudaba de que la voluntad real de sus interlocutores fuese abrir ese nuevo proceso y no encadenar un periodo de tregua que dejara a la organización inerte. Además, comenzaba a sospechar que tras todo ello se escondía un intento de dividirlos.

«Da la impresión —recoge un documento interno sobre el proceso de diálogo— de que creen a pies juntillas la existencia de dos sectores en la organización. Uno dialogante y otro que mantiene una dinámica de inercia casi pura sin más perspectiva. Piensan que la dirección está llevada por estos últimos, apareciendo "Pakito" como elemento nuclear de la misma. El otro sector estaría centrado en históricos encarcelados o deportados.»

Durante dos meses, la dirección de ETA en Francia, sus portavoces en Santo Domingo y los asesores de HB sopesaron la respuesta a la oferta final del Ministerio.

CAPITULO OCHO

LA TREGUA

Fumata blanca. La dirección de ETA en Francia había tomado una decisión: estaba dispuesta a decretar una tregua de corta duración. La banda dudaba de los propósitos de Interior, y de esta manera podría comprobar su voluntad negociadora. Tendrían la tregua que tanto exigían. La decisión había sido consultada con los miembros de la organización, a quienes se remitió un documento con la postura de la cúpula sobre el nuevo proceso de contactos. El mes de agosto fue el elegido para transmitir la respuesta al Gobierno. Era el sexto encuentro entre Rafael de Francisco y «Antxon» [1].

—La organización está decidida a observar una tregua de quince días de duración. La haremos pública cuando se produzca nuestro traslado desde la República Dominicana al país donde se vayan a desarrollar los contactos y la excarcelación e incorporación a la mesa negociadora de «Txikierdi»

[1] El contenido de este encuentro aparece recogido en el *Barne Buletina* de agosto de 1991. También aparecen referencias a él en un documento incautado a la dirigente etarra Carmen Guisasola tras su detención el 17 de noviembre de 1990 en Francia. Otro texto, intervenido al también jefe etarra José Javier Zabaleta, «Baldo», detenido el 23 de septiembre de 1990, contiene referencias a la propuesta hecha por ETA y recogida en este capítulo.

y «Mamarru». En cuanto al compañero «Josu Ternera», que tantos problemas les plantea, estamos dispuestos a demorar su integración en el grupo de interlocución, siempre que haya garantías de su futuro traslado. Cuando éste se consume, ETA decretará una tregua de dos meses.

Con el mismo tono de quien lee un telegrama, «Antxon» concluyó su mensaje.

—Rafael Vera se trasladará al país elegido para mantener un encuentro previo al inicio de los contactos.

El portavoz etarra desconocía que el secretario de Estado para la Seguridad había estado a punto de viajar a Santo Domingo para desatascar el proceso y forzar los dos meses de tregua. El propio De Francisco le había convencido de lo inoportuno de la decisión: «No puedes meter a un general en una discusión entre capitanes», le había dicho para persuadirlo. «Tienes que verte con "Antxon" después de los traslados, no antes.» Vera aceptó.

—Su propuesta es maximalista y no realista —respondió De Francisco al portavoz de ETA—. Una tregua de quince días es demasiado reducida. Además, es imposible conseguir la excarcelación de los presos que me indica. Le reitero el compromiso de trasladarles a «Macario», a Belén y a usted a cambio de una tregua de dos meses. Transcurrido ese periodo de tiempo sin atentados sería más fácil plantear la incorporación progresiva de las personas que me dice, pero no antes. Quizás en seis, ocho meses o un año el tema estaría lo suficientemente maduro para que se pudiera realizar su traslado. Antes nos parece muy difícil.

La propuesta de ETA pilló por sorpresa al portavoz oficial. La banda aceptaba la tregua, pero con una duración mínima y, a cambio, exigía que el Gobierno cumpliera sus peticiones antes de ampliar el periodo sin atentados. Los traslados de «Txikierdi», «Josu Ternera» y «Mamarru», con los que tanto se había especulado en ocasiones anteriores, se demostraban ahora muy difíciles a corto plazo.

—Ustedes no quieren negociar —respondió un molesto «Antxon» ante el recorte de promesas que suponía la nueva postura de su interlocutor—. Lo que me plantea es una marcha atrás con respecto a nuestra reunión del mes de junio. Si no hay un cambio de actitud por su parte no será posible llegar a ningún acuerdo.

La conversación se encontraba en un callejón sin salida y De Francisco pidió un receso para telefonear a Madrid y consultar la oferta de ETA. Volvió a los pocos minutos.

—Mantenemos nuestro planteamiento. Es posible su traslado y el de «Macario» y Belén de forma inmediata, y le doy garantías de que cumpliremos nuestra promesa de incorporación de sus compañeros presos en Francia si abren una tregua de dos meses.

El portavoz introdujo un nuevo elemento para convencer a su interlocutor de la bondad de sus palabras:

—Rafael Vera está dispuesto a entrevistarse con sus compañeros presos en Francia para comprobar su disposición a iniciar el proceso e ir avanzando en él. Mientras se produce su incorporación a la mesa, y a modo de sustitución, pueden rodearse de asesores como Iñaki Esnaola, Txema Montero o Christianne Fando.

De Francisco no ofrecía grandes cambios y, además, citaba la soga en casa del ahorcado: proponía como asesores al grupo de abogados a los que ETA consideraba ya enemigos.

—No tenemos nada más que hablar. Con esas premisas no puede haber acuerdo —zanjó la entrevista «Antxon».

Ambos acordaron mantener otro encuentro a finales del mes de septiembre, sin fecha fija, al que deberían acudir con una propuesta de consenso.

—Si no hay avances, si no hay madurez en el proceso, es mejor paralizar los contactos antes que provocar su ruptura traumática, como ocurrió en Argel —concluyó «Antxon» antes de despedirse.

El resumen de seis encuentros en cinco meses arrojaba un escueto margen de acuerdo, que rebajaba las expectativas abiertas. ETA no se fiaba y así quedó reflejado en un documento interno que analizaba los contactos mantenidos hasta ese momento en la capital dominicana: «Se denota con total claridad que el núcleo central de sus movimientos está polarizado en la búsqueda de contradicciones, en la apertura de líneas corrosivas en ETA y HB siguiendo la estela informativa directa o indirecta que disponen de la movida de "Puchades" [en alusión a Iñaki Esnaola], "Sorgiña" [bruja en euskera, para referirse a Christianne Fando]... Quieren de forma clara crear un embrión de personas en esa línea, pensando que "Antxon" puede caer o ir cayendo —piensan que está maduro por la forma que los trabaja el propio "Antxon"— como parte de esa maniobra [...]. Pretenderían dar pasos en líneas de interlocución adecuadas para luego avanzar rápidamente en línea negociadora de orden técnico (presos, refugiados...) que se complementen con algún sucedáneo asqueroso de alternativa KAS.»

La desconfianza era mutua. A su vuelta a Madrid, Rafael de Francisco se encontró con un cambio radical en la actitud de Rafael Vera. «Antxon» dejaba de interesar. El número dos de Interior sostenía que su comportamiento y su última oferta demostraban que no tenía capacidad para influir sobre la banda y conseguir una tregua prolongada. Era una alternativa muy lenta y se necesitaban resultados rápidos.

Jacinto Angel Guerrero Lucas, el hombre que había quedado desplazado de los contactos de Santo Domingo, y su buen amigo el comisario francés Joël Cathalá llevaban tiempo moviendo hilos para encontrar un nuevo interlocutor. Creían haberlo encontrado en José Luis Arrieta Zubimendi, «Azkoiti», antiguo responsable de finanzas de la banda, que cumplía condena en el país vecino. Su opción se veía reforzada por las fluidas relaciones entre el comisario Manuel Ballesteros y los abogados Iñaki Esnaola y Christianne Fando, letrada del etarra. La «operación Azkoiti» comenzaba a cobrar cuerpo, aunque aún habría de pasar algún tiempo antes de que se pusiera definitivamente en marcha.

«Vera me dio las gracias por mi labor y me adelantó que ya no volvería a viajar —recuerda De Francisco—. Tuve la sensación de que había tenido una reunión de alto nivel con el ministro y con alguien más que le había hecho cambiar de opinión. Decía que "Antxon" no pintaba nada, que era un "piernas" sin capacidad de liderazgo y que lo de Santo Domingo había sido una pérdida de tiempo. Le dije que eso no era así y defendí mi línea de trabajo. Intenté convencerle de que "Antxon" era un corredor de fondo, que quizá no tuviera poder sobre un núcleo de la banda, pero que era un interlocutor estratégico y un líder del conglomerado abertzale que podía surgir cuando ETA abandonara las armas. Pero ya no era el momento, había aparecido un nuevo novio y Vera se iba con él. Yo creo que le engañaron. El Ministerio y la propia ETA arrinconaron a "Antxon" y fue un gran error, quizá motivado por la urgencia de obtener resultados de cara al 92. Mezclaron el objetivo estratégico con pequeñas minucias, con el agravante de que ETA se sintió engañada.»

El «botijero» daba así por terminada su labor ocho meses después de iniciada. «Para mí fue un esfuerzo tremendo compaginar los contactos con el trabajo en la empresa. Hasta mi compañera llegó a pensar que tenía una querida.» El cambio de rumbo sólo lo conocían en Interior, aunque ETA no tardaría en darse cuenta de que algo había variado.

CAPITULO NUEVE

CERCO A LA DIRECCION

Siete horas y diez minutos de la mañana del 24 de septiembre de 1990. José Javier Zabaleta Elósegui, «Baldo», responsable de los comandos legales (no fichados por la Policía) de ETA abandona un bloque de apartamentos de la calle Marechal Juin, en las proximidades del aeropuerto de Biarritz. Monta en un Renault-5 de color negro y emprende la marcha. A distancia le siguen dos vehículos de la Policía francesa. La escena es observada por varios agentes de la Guardia Civil que meses atrás han alertado a sus colegas del paradero del dirigente etarra. «Baldo» desconoce que es seguido desde hace semanas, a la espera de que entre en contacto con el máximo responsable de la banda, Francisco Múgica, «Pakito».

Esa mañana se ha dado por terminada la espera. Una filtración sobre la operación de seguimiento puede poner al jefe etarra en alerta y frustrar su captura. Aunque aún no les ha llevado hasta «Pakito», la decisión es detenerlo ya. Para llevar a cabo la operación, un grupo de agentes del cuerpo de élite RAID, similares a los GEO españoles, se ha desplazado desde París. «Baldo» detiene su coche en un semáforo y, cuando se dispone a emprender la marcha, es interceptado por uno de los automóviles que le persigue. El dirigente etarra no ofrece ninguna resistencia y entrega a los policías la pistola Browning 9 mm que lleva en la cintura.

Media docena de órdenes de busca y captura daban cuenta de la importancia del hombre de cuarenta años que acababa de caer en manos de la Policía. Robo, tenencia y depósito de armas y explosivos, pertenencia a banda armada, estragos y asesinato. La Audiencia Nacional había solicitado su entrega a España a raíz del atentado con coche-bomba perpetrado contra la Dirección General de la Guardia Civil el 22 de diciembre de 1988. En el atentado fallecieron Jaime Bilbao Iglesias, empleado de Televisión Española, y el niño de dos años Luis Delgado Villalonga [1].

«Baldo», nacido el 5 de diciembre de 1950 en Hernani, figuraba en los archivos de la Policía española desde que en 1967, con tan sólo diecisiete años, fue detenido por su relación con la banda. Nueve años después cruzó la frontera y pidió asilo político en Francia. En 1977 regresó de nuevo a la actividad terrorista. Desde entonces había ido ascendiendo peldaño a peldaño en el organigrama del terror, hasta incorporarse a la dirección de ETA a principios de los ochenta. El análisis caligráfico de varios escritos encontrados en poder de comandos legales desarticulados demostraba que era la persona que les daba las órdenes, apoyado por su lugarteniente Jesús Arcauz Arana, «Josu de Mondragón».

Minutos después de su detención, el jefe etarra fue trasladado a la Comisaría de Policía de Bayona. Una mujer de sesenta años, Lucie Hitta, propietaria del apartamento del que había salido el etarra momentos antes de su arresto, era capturada más tarde. En el domicilio se encontraron importantes documentos, entre ellos la última oferta negociadora de la banda en Santo Domingo: la tregua de quince días. Las autoridades francesas tenían acceso así a información de primera mano sobre los nuevos contactos. También la Guardia Civil y su director, Luis Roldán, a quienes hasta ese momento se les había hurtado cualquier dato al respecto. La etapa del «botijero» dejaba de ser un secreto conocido por

[1] Su padre, el médico Luis Delgado, que resultó herido en el atentado, se convertiría con el tiempo en secretario general de la Asociación de Víctimas del Terrorismo (AVT).

muy pocos. La detención era una casualidad sin relación con el proceso negociador, del que la Guardia Civil no estaba al tanto, pero coincidía en el tiempo con el momento en que debía haberse llevado a cabo un nuevo encuentro en Santo Domingo que desde Interior se había decidido abortar.

Dos días después se producía otro acontecimiento que ponía aún más difícil el proceso de contactos. Un tribunal de Limoges concedía la extradición a España de Juan Lorenzo Lasa Mitxelena, «Txikierdi», uno de los etarras presos en Francia cuya incorporación a la nueva mesa negociadora había sido exigida por «Antxon» a Rafael de Francisco en Santo Domingo. El motivo: los atentados contra los generales Fernando Esquivias y Luis Rosón en 1980 y 1984, respectivamente, ambos perpetrados por el comando Itinerante, cuyo responsable había declarado que fueron ordenados por este dirigente.

Un tribunal de Toulouse ya había sentenciado favorablemente una primera petición de la justicia española en septiembre de 1989 por el secuestro de Diego Prado y Colón de Carvajal, aunque no se había ejecutado. «Txikierdi» llevaba en prisión cinco de los siete años a que había sido condenado tras su detención en 1985 por su relación con un arsenal de armas de ETA descubierto en Anglet.

Por su parte, el Tribunal de Apelación de Douai anunciaba que en unos días se pronunciaría sobre las tres demandas de extradición presentadas por el Gobierno español contra Isidro Garalde, «Mamarru», otro de los etarras cuya presencia exigía ETA en la nueva ronda de contactos. Las tres peticiones correspondían también a otros tantos sumarios abiertos en nuestro país tras las declaraciones de Henri Parot. ETA acababa de perder no sólo a su número dos, sino que dos de sus interlocutores podían emprender rumbo a España tan pronto como el Gobierno francés quisiera. De él dependía la última decisión sobre sus entregas, y también de las sugerencias que en ese sentido le hiciera su homólogo español para agilizarlas o demorarlas.

El cerco policial y el inesperado aplazamiento de los encuentros en la República Dominicana propiciaron un debate entre los etarras deportados en Santo Domingo y la dirección en Francia. Los dirigentes de HB que viajaban al país caribeño como asesores hicieron de correo entre ambas partes. «Antxon», «Macario» y Belén eran partidarios de aceptar la última propuesta oficial, aunque supusiera un paso atrás. Es decir, aceptaban su traslado a otro país y la declaración por parte de ETA de una tregua de dos meses para tratar a continuación de elevar la interlocución con la mesa en marcha. La dirección en Francia, sin embargo, prefería presentar una nueva contrapropuesta[2] y aseguraba que la de sus portavoces era «muy arriesgada y peligrosa».

Francisco Múgica, «Pakito»; José Luis Alvarez Santacristina, «Txelis», y Joseba Arregui Erostarbe, «Fitti», que componían la dirección de ETA, estaban convencidos de que los contactos mantenidos hasta ese momento en Santo Domingo no buscaban sólo reabrir el diálogo. Así se lo hicieron ver a sus interlocutores en un amplio documento remitido en octubre de 1990[3].

«Por un lado intentan convertir los contactos en maniobras de intoxicación y división del Movimiento de Liberación Nacional Vasco (MLNV). Por otro, intentan tomar la temperatura y pulso del mismo, en particular a través de nuestros propios interlocutores, así como palpar el grado de relación existente entre vosotros y la organización, de cara sobre todo a efectuar seguimientos con vistas a detener a la dirección.

---

[2] El debate aparece recogido en un documento de ETA titulado «Reflexiones y orientaciones transmitidas a nuestros interlocutores y a la oficina de asesores en otoño de 1990». El original es obra de José Luis Alvarez Santacristina, «Txelis», responsable de la Oficina Política de ETA, a quien le fue intervenido tras su detención en Bidart en marzo de 1992. El documento fue difundido para conocimiento de la militancia de la banda en su publicación *Barne Buletina* de agosto de 1991. La caída del comando Vizcaya en septiembre de ese mismo año hizo que un ejemplar llegara a manos del Ministerio del Interior, que tuvo así conocimiento por primera vez de su existencia. El diario *Egin* lo difundió en octubre de 1991.

[3] Se trata del documento antes citado. Los entrecomillados son reproducción literal del texto.

90eko Urriaren bukaeran Antxon eta Ciari-rekin hartutako komunikazioaren transkribapena.

1. eta 2. ATALAK

-Respuesta a botijeros:

• Hay que volver a recordarles el espíritu de nuestra contrapropuesta y paralelamente hace ver que su actitud en las últimas reuniones ha sido negativa, echando marcha atrás en relación con su actitud inicial; es decir, que en su seno se observa una falta clara de consenso coherencia. Seguimos entendiendo que para retomar los contactos y, sobre todo, para que llegue a puerto, es imprescindible un compromiso previo de que los otros tres compañeros (T., Tern., Mam.) se incorporarán a la mesa.

• -Por parte de la clase política se ha observado asimismo una neta actitud de prepotencia filtraciones, a nuestro juicio intolerables, ante la cual la O. ha decidido un reconocimiento de existencia de dichos contactos (ni más, ni menos que reconocer su existencia). Con todo, no nuestra voluntad el romper estos contactos, y debe hacérseles saber que esperamos que cons el consenso que hoy no tienen, en aras de oficializar dichos contactos.

• Entendemos que las críticas de maximalismo a nuestra propuesta son carentes de fundamento pues la contrapropuesta (como tal e independientemente de posibles matizaciones o nuevas formulaciones que pudieran hacérseles) no hace sino pivotar en los acuerdos de que no pretenden otra cosa que aumentar el nivel de la interlocución, el de las conversaciones el del país anfitrión. Por otro lado, la O. siempre ha hecho un esfuerzo por evitarles a botijeros el bochorno a nivel de imagen. En este sentido, no solo se ha obviado la frase aparecía en Argel, sino que además no aparece como punto de la contrapropuesta. En cuanto caso, el nivel de la interlocución, que entendemos debe elevarse, es algo de lo que no esta dispuestos a hacer dejación.

• Con respecto a las tres alternativas posibles que permitía la situación creada por la respu de los botijeros (a- replantear nuestra contrapropuesta, b- aceptar bajo condiciones propuesta de la contraparte y tratar de elevar la interlocución con la mesa en marcha. vuestra- ; c- congelar coyunturalmente el proceso), decir que nos inclinamos por la pr Es decir, habrá que replantear la contrapropuesta que en su día se les planteó, pues es, a nu juicio, la más correcta y factible en estos momentos.

• En efecto, no hay que olvidar que estos contactos no han sido iniciativa exclusiva de botijeros a la que presuntamente hubiéramos respondido (tesis vuestra), sino que obede diversas razones (que asimismo apuntásteis y siguen vigentes con matizaciones), reconduc a dos. Por un lado, convertir los contactos en maniobra de intoxicación o/y división del M (en connivencia con las maniobras de Arzallus y Putxades, pero fundamentalmente diseña dirigida por y desde el propio Estado). Por otro, tomar la temperatura y pulso del MLN particular a través de nuestros propios interlocutores, así como palpar el grado de relac comunicación existente entre vosotros y la O., de cara sobre todo a efectuar seguimientos de a detener a la dirección de la O. Nos hallamos, pues, ante una maniobra político-policial. ello resulta a todas luces inviable ofrecer mayor flexibilidad en nuestras posiciones (al ma de que no se trata tanto de flexibilidad sí/flexibilidad no, cuanto del riesgo que supo introducirnos en una tela de araña semejante con las consiguientes y mayores dificultades salir después de ella).

• Ofrecer cualquier otra alternativa no sólo, pues, sería erróneo, sino que iría incluso en de lo que el MLNV necesita en estos momentos y en esta coyuntura. Si alguien puede o debe otra alternativa distinta, es precisamente la contraparte. Por consiguiente, y a la vista de las objeciones que hacen los botijeros a nuestras propuestas, conviene remarcarles que seriedad exige una serie de mínimos cuyos límites no deben sobrepasarse: si no se nos garantías ante dichos límites, no cabe otra alternativa distinta que la que proponemos. Tam se trata, en otro sentido, de esperar de brazos cruzados a que vengan tiempos mejores

Documento de la dirección de ETA remitido a sus portavoces en Santo Domingo en octubre de 1990, con un análisis sobre los contactos mantenidos hasta ese momento e instrucciones para futuras entrevistas.

Nos hallamos, pues, ante una maniobra político-policial, y por ello resulta a todas luces inviable ofrecer mayor flexibilidad en nuestras posiciones.»

La dirección pedía a «Antxon» que hiciera ver a su interlocutor que «su actitud en las últimas reuniones ha sido negativa, echando marcha atrás en relación con su actitud inicial. Es decir, que en su seno se observa una falta clara de consenso y coherencia [...]. Con todo, no es nuestra voluntad el romper estos contactos, y se les debe hacer saber que esperamos que consigan el consenso que hoy no tienen, en aras a oficializar dichos contactos». Finalmente, la cúpula etarra mantenía la necesidad de que el rango de los interlocutores se elevase. Rafael de Francisco, para ellos un desconocido, era ya insuficiente. Rafael Vera debía viajar a Santo Domingo para desbloquear la situación.

La oferta trasladada por la dirección a «Antxon» con vistas a un futuro encuentro presentaba importantes modificaciones. La más notable era su disposición a ampliar el periodo de tregua, tal y como exigía Vera. Para ello pedían que «ellos se comprometan en una primera fase al traslado de los tres interlocutores de Argel, pero que también se comprometan y avalen que al inicio de la tregua se anunciará de una manera pública la incorporación de los otros tres en un plazo fijo».

ETA planteaba a «Antxon» que no hiciera esta oferta de manera directa, sino en función de cómo discurriese un futuro encuentro. «Aparte de este tema no se ven muchas más vías de flexibilidad.» Pese a este comentario, ETA tenía previstos también otros contratiempos, como la posibilidad de que la otra parte continuara negando la incorporación a la mesa negociadora de los tres dirigentes presos en Francia.

«Si ellos aducen que "Josu" o "Txikierdi" o "Mamarru" tienen una situación jurídica insalvable, pero que con un tercero sería posible, intentando así quizá rebajar los presupuestos de Argel para luego presentarlos delante de la opinión pública como una bajada de pantalones de la organización, nosotros podríamos plantear que, si el problema es el Gobierno francés, ahí hay una persona que está bajo su jurisdicción y que pueden excarcelar al día siguiente si verdaderamente tienen voluntad. Las condiciones serían a discutir, no, por supuesto, su hipotética vuelta a la cárcel.»

La persona en la que ETA estaba pensando era uno de sus más cualificados militantes preso en España: José Antonio López Ruiz, «Kubati», encarcelado desde noviembre de 1987. Antiguo miembro del comando Gohierri Costa, su papel más importante en ETA había sido el asesinato en Villafranca de Ordizia de la ex dirigente de la banda María Dolores González Catarain, «Yoyes», que había regresado a España desde México tras desvincularse de la banda. La ya clásica «propuesta del 3+3» se convertía en la «propuesta del 3+2+1».

ETA justificaba así la elección de «Kubati»: «En primer lugar, porque es un militante cualificado que, como otros muchos, ha dado muestras de entereza, de seriedad, de capacidad política y de trabajo muy importantes. Respetado y representativo, goza de la confianza tanto de la dirección como del conjunto de la militancia. Y, por otra parte, [...] se demostraría que la organización no tiene en cuenta únicamente a las personas de la dirección como únicos posibles interlocutores, sino que hay muchos militantes, que si bien por el tipo de estructura clandestina y compartimentada que tiene la organización no se encuentran formalmente en su dirección, sí pueden estar en cualquier momento en una mesa de interlocución y de negociación, tal y como de hecho ya se ha comprobado en anteriores ocasiones, caso, por ejemplo, de "Macario" y Belén.»

La propuesta de la dirección de ETA recogía, por último, la necesidad de exigir para todos sus interlocutores unas mínimas garantías diplomático-jurídicas que les otorgasen inmunidad en caso de ruptura de los contactos. Estas eran las condiciones mínimas para ampliar la tregua de quince días a dos meses. «De optar por cualquier otra alternativa distinta de la que os hemos planteado —decía la dirección de ETA a sus portavoces acabaríamos inevitablemente en una nueva ruptura. [...] Creemos que la línea de estrategia negociadora que planteáis, con ser muy interesante, trabajada y argumentada, es muy arriesgada y peligrosa.» En definitiva, la dirección vetaba las propuestas que venían de Santo Domingo. El papel de «Antxon», como el de Rafael de Francisco, quedaba reducido al de simple «botijero».

La cúpula etarra hacía también en su escrito una crítica de la tregua sin condiciones que sus portavoces proponían: «Aceptar en estos momentos el planteamiento del Gobierno español sería, hoy por hoy, de consecuencias imprevisibles. ¿Qué diríamos al cabo de la tregua si los españoles no cumpliesen los compromisos que teóricamente debieran cumplir en ese periodo, pero cuyas garantías no hubieran sido convenientemente explicitadas y publicitadas? [...] A cada paso que se le exija a la parte española le corresponderá de forma inmediata por su parte la exigencia de un periodo de tregua, de distensión. Si el ritmo que se plantea es lo suficientemente lento como para que ellos nos arrastren a una situación o dinámica de concatenación de treguas durante un periodo medianamente largo (ocho meses a un año) sin actividad armada, puede darse una situación en la que la sociedad vasca entre en una dinámica de pérdida de *punch*, de fuerza, donde retomar la actividad operativa puede tener unos costes importantísimos.» En definitiva, ETA tenía miedo de que un ciclo de treguas dejara definitivamente desarmada a la organización.

José Luis Alvarez Santacristina, «Txelis», el ideólogo de la banda, marcaba finalmente los pasos del nuevo proceso. En primer lugar, sostenía que los contactos en Santo Domingo no debían de prolongarse más de un año. Ese tiempo era considerado suficiente para constatar la voluntad del Gobierno de abordar la negociación política y debía plasmarse en un acuerdo marco que diera paso al inicio de las mismas. Una vez abierta la negociación, ETA optaba por evitar en un primer momento lo que llamaba «contenidos técnicos». Es decir, no quería hablar de la situación de sus presos y deportados, sino de contenidos políticos. Para ello habría de constituirse también una mesa complementaria a la de ETA-Gobierno.

De manera paralela al debate interno, la dirección de ETA concedió una entrevista al diario *Egin* en la que hizo públicos los contactos con el Gobierno, aunque sin dar datos concretos. Lanzaba también el mensaje de que la detención de su dirigente «Baldo» no alteraba su disposición al diálogo, se ofrecía a «silenciar las armas por completo» si se reunía «en un estado adecuado» a sus interlocutores, y abría el proceso a los partidos políticos a través de una mesa paralela[4]. ETA se situaba a la espera de noticias.

---

[4] Diario *Egin* del 12 de octubre de 1990.

CAPITULO DIEZ

SE SUSPENDEN LOS CONTACTOS

El coche oficial de los Servicios de Información apareció de nuevo a la puerta de la casa. Era el mismo, viejo y destartalado, que en otras ocasiones había ido a recoger a «Antxon» para trasladarlo hasta el hotel de encuentro con el «botijero». Hacía tan sólo unos días que el portavoz de ETA había pedido a las autoridades dominicanas que se pusieran en contacto con el intermediario Fernando Vidal (nombre con el que se identificaba Rafael de Francisco) para organizar una nueva reunión. El paréntesis marcado desde su última entrevista en agosto se había prolongado hasta ese 5 de diciembre. Por eso el portavoz etarra intuyó que se había desbloqueado la situación y que su interlocutor había viajado de nuevo a la capital dominicana.

El tiempo transcurrido desde su último encuentro era ya más que suficiente. Entonces habían acordado una nueva entrevista sin fecha determinada, pero no más allá de mes o mes y medio, en septiembre. El «botijero» estuvo de acuerdo. El mismo le dijo que estaba cansado de viajar a Santo Domingo, que necesitaba unas vacaciones.

El policía, convertido ya en un viejo conocido, comentó que en esa ocasión debían acompañarle todos. La sorpresa se dibujó en su rostro. «Antxon», Belén y «Macario», por un lado, y Juan Manuel Soares Gamboa, José María Gantxegui y Angel Iturbe, por otro, emprendieron rumbo a la sede del

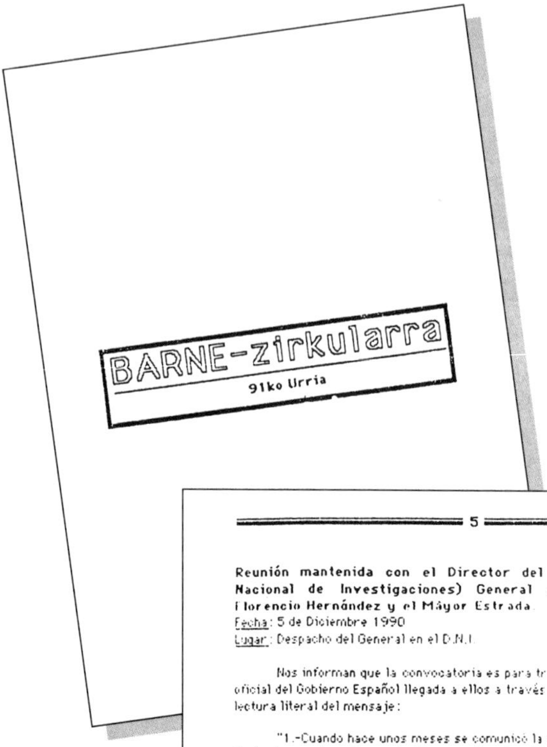

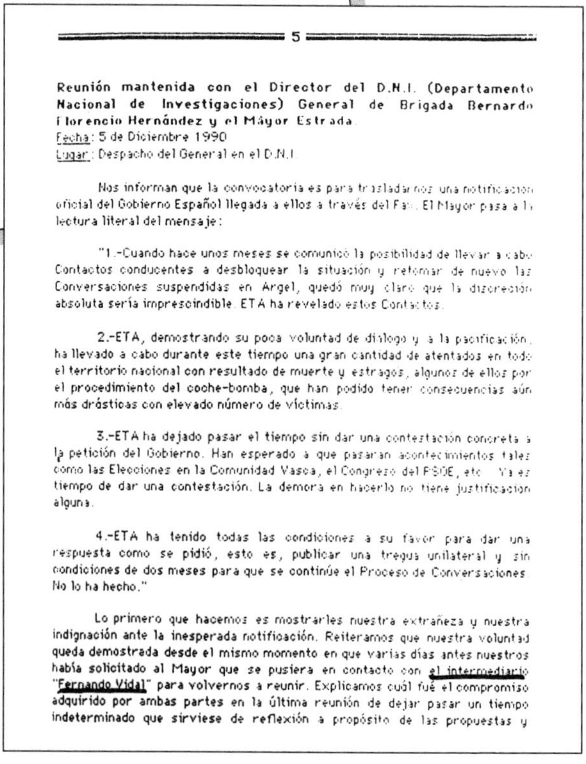

5

Reunión mantenida con el Director del D.N.I. (Departamento Nacional de Investigaciones) General de Brigada Bernardo Florencio Hernández y el Mayor Estrada.

Fecha: 5 de Diciembre 1990

Lugar: Despacho del General en el D.N.I.

Nos informan que la convocatoria es para trasladarnos una notificación oficial del Gobierno Español llegada a ellos a través del Fax. El Mayor pasa a la lectura literal del mensaje:

"1.-Cuando hace unos meses se comunicó la posibilidad de llevar a cabo Contactos conducentes a desbloquear la situación y retomar de nuevo las Conversaciones suspendidas en Argel, quedó muy claro que la discreción absoluta sería imprescindible. ETA ha revelado estos Contactos.

2.-ETA, demostrando su poca voluntad de dialogo y a la pacificación, ha llevado a cabo durante este tiempo una gran cantidad de atentados en todo el territorio nacional con resultado de muerte y estragos, algunos de ellos por el procedimiento del coche-bomba, que han podido tener consecuencias aún más drásticas con elevado número de víctimas.

3.-ETA ha dejado pasar el tiempo sin dar una contestación concreta a la petición del Gobierno. Han esperado a que pasaran acontecimientos tales como las Elecciones en la Comunidad Vasca, el Congreso del PSOE, etc. Ya es tiempo de dar una contestación. La demora en hacerlo no tiene justificación alguna.

4.-ETA ha tenido todas las condiciones a su favor para dar una respuesta como se pidió, esto es, publicar una tregua unilateral y sin condiciones de dos meses para que se continúe el Proceso de Conversaciones. No lo ha hecho."

Lo primero que hacemos es mostrarles nuestra extrañeza y nuestra indignación ante la inesperada notificación. Reiteramos que nuestra voluntad queda demostrada desde el mismo momento en que varias días antes nuestros había solicitado al Mayor que se pusiera en contacto con el intermediario "Fernando Vidal" para volvernos a reunir. Explicamos cuál fué el compromiso adquirido por ambas partes en la última reunión de dejar pasar un tiempo indeterminado que sirviese de reflexión a propósito de las propuestas y

Portada y página interior del Barne Zirkularra *de octubre de 1991.*

DNI. Allí esperaban los dos hombres que durante meses habían ejercido de anfitriones en los encuentros con Rafael de Francisco: el general de brigada Bernando Florentino Hernández y el mayor Fredy Estrada. «Antxon» se dio cuenta de que algo no marchaba. En tono seco, marcial, el mayor comenzó lo que parecía casi un discurso.

—El objeto de esta convocatoria es trasladarles una notificación oficial del Gobierno español remitida por fax. —Hizo una pequeña pausa mientras buscaba el original en su portafolios. Sin abandonar su papel de simple mediador, comenzó la lectura del documento [1]—: Cuando hace unos meses se comunicó la posibilidad de llevar a cabo contactos conducentes a desbloquear la situación y retomar de nuevo las conversaciones suspendidas en Argel quedó muy claro que la discreción absoluta sería imprescindible. ETA ha revelado estos contactos.

El documento se refería en este primer punto a la entrevista con la dirección de la banda publicada en el diario *Egin* el 12 de octubre.

—ETA, demostrando su poca voluntad de diálogo —continuó leyendo—, ha llevado a cabo durante este tiempo una gran cantidad de atentados en todo el territorio nacional con resultado de muerte y estragos, algunos de ellos por el procedimiento del coche-bomba, que han podido tener consecuencias aún más drásticas con elevado número de víctimas. En tercer lugar, ETA ha dejado pasar el tiempo sin dar una contestación concreta a la petición del Gobierno. Han esperado a que pasaran acontecimientos tales como las elecciones en la comunidad vasca y el congreso del PSOE. Ya es tiempo de dar una contestación. La demora en hacerlo no tiene justificación alguna. Por último, ETA ha tenido todas las condiciones a su favor para dar una respuesta como se pidió, esto es, publicar una tregua unilateral y sin condicio-

[1] El contenido del fax aparece recogido en el *Barne Zirkularra* de octubre de 1991. El encuentro entre los etarras y los agentes dominicanos ha sido reconstruido también sobre la información contenida en dicho documento.

nes de dos meses para que se continúe el proceso de conversaciones. No lo ha hecho.

La cara de sorpresa entre los etarras había ido en aumento a medida que el mayor leía el fax del Gobierno español. No había dudas. Daban por rotos los contactos y, en consecuencia, no habría ocasión de plantear las novedades que ETA y su grupo de asesores habían diseñado durante el verano: los dos meses de tregua y la incorporación de «Kubati». «Antxon» tomó la palabra para rebatir los argumentos contenidos en la comunicación oficial.

—Saben ustedes que lo que dice ese documento es falso —dijo, dirigiéndose al mayor Estrada—. En primer lugar, es mentira que hayamos roto la discreción de los contactos. En la entrevista de la dirección a la que alude el fax no se desvela en absoluto el más mínimo detalle o concreción que suponga un descrédito a la total reserva con que hasta la fecha se han llevado los contactos. Si a alguien se pueden exigir responsabilidades por faltar a ese compromiso de discreción es al Gobierno español y a su Ministerio del Interior.

«Antxon» se refería a una información publicada por el diario *El Sol* el 10 de octubre, dos días antes de la entrevista en *Egin*, en la que se daba cuenta de los contactos en Santo Domingo. ETA sostenía que había sido una filtración oficial para romper dichos contactos y lo justificaba en el hecho de que el jefe de nacional de dicho diario era el periodista Alberto Pozas, que hasta hacía unos meses había sido asesor de Rafael Vera.

—En cuanto a los atentados —continuó su reflexión—, insistimos en que siempre, a lo largo de los contactos, ha quedado claro por nuestra parte que la actividad armada continuaría hasta que se alcanzasen unos acuerdos mínimos que implicasen el cese de las hostilidades. Por último, y con relación a esa respuesta de nuestra parte tan esperada por el Gobierno, tenemos que decirles que ése era el objetivo de la cita que les solicitamos hace unos días.

No hubo ningún comentario por parte de los militares dominicanos. Asistían mudos a los reproches de los etarras.

—Consideramos una falta gravísima de seriedad ese fax. Entendemos que el Gobierno español vuelve a reproducir la estrategia de Argel, de cargar sobre nuestras espaldas las diferencias que ellos mantienen sobre la conveniencia del proceso de diálogo. Es un método inaceptable de romper los contactos sin dar la cara. Desmentimos las afirmaciones recogidas en la nota que nos acaba de leer y solicitamos la presencia del intermediario español para que tenga la decencia de decirnos todas esas mentiras a la cara.

El general Bernardo Florentino Hernández tomó la palabra con tono pausado para calmar a los etarras:

—¿Cuál es su postura sobre la tregua de dos meses que exigen los españoles para reiniciar los contactos?

—Si se cumplen —intervino el mayor Estrada—, se mantendrán las otras condiciones impuestas por ustedes.

—Le reitero que no aceptamos el método en que ha desembocado el proceso —respondió «Antxon» para no verse obligado a dar una respuesta sobre la marcha—. Cualquier decisión debe tomarse con la presencia del intermediario español. Esta es nuestra opinión particular y es preciso que traslademos a la organización el contenido de la notificación del Gobierno para que podamos dar una respuesta colegiada y oficial a la misma.

«Antxon» volvía a quedar en evidencia. No tenía capacidad de respuesta. Era tan sólo un portavoz.

—Voy a telefonear al Ministerio del Interior español para transmitirles su respuesta —dijo el mayor Estrada—. Nuestra labor es puramente de buenos oficios, en un sentido estricto de neutralidad hacia ambas partes.

Los seis etarras se quedaron a solas con el general mientras el mayor abandonaba el despacho para efectuar la llamada. Fueron veinte minutos en los que ambas partes intentaron suavizar el tono en el que había transcurrido el encuentro. «El general nos comentó que tenían grandes deseos de contribuir a que la Madre España [¡*sic*!] arreglase sus problemas, que le gustaría mucho visitar España y México, así como Israel, Londres [...]. Nosotros aprovechamos también para reiterarle nuestra voluntad de favorecer el clima de diálogo y comprensión en la guerra que enfrentaba al Estado español y al pueblo vasco desde hacía quinientos años, explicándole los acontecimientos más relevantes de la misma. Hicimos hincapié en que nuestras actuales posiciones no eran en modo alguno maximalistas sino, por el contrario, las mínimas que podía requerir la reapertura de un proceso de diálogo honesto y responsable. Que nuestra voluntad de alcanzar un acuerdo venía patentizada a la hora de soslayar en esta fase aspectos de fuerte calado político, relegando nuestras diferencias únicamente a cuestiones de carácter técnico a propósito del nivel de interlocución y territorio para reiniciar las conversaciones. De ahí nuestra extrañeza y nuestra decepción al encontrarnos con una postura tan intransigente como la que nos habían notificado. Le expusimos que inclusive al intermediario español le habíamos expresado en los últimos contactos nuestro parecer de que, si en algún momento llegábamos a un callejón sin salida para resolver los desacuerdos, sería preferible un congelamiento de los encuentros durante un cierto tiempo, para evitar sobre todo el tipo de rupturas traumáticas como la que ahora se anunciaba» [2].

El mayor Estrada regresó al despacho e interrumpió el tono de confesión mutua en el que se movía la conversación. El encuentro volvió a recuperar el aire de un acto oficial.

—La respuesta del Gobierno español es que deben ustedes mantener una tregua de dos meses para reanudar los contactos. Mientras dicha tregua no sea declarada no volverá a haber ningún contacto.

«Antxon» volvió a tomar la palabra para reiterar los argumentos que ya había esgrimido con anterioridad antes de dar una respuesta.

—Nuestro único compromiso es hacer llegar a la organización la notificación oficial a través de nuestros asesores —el portavoz etarra se refería a los dirigentes de HB—. Para

---

[2] El entrecomillado es una cita literal del *Barne Zirkularra* de octubre de 1991.

ello les pedimos que se mantengan las facilidades que hemos tenido hasta la fecha para entrevistarnos con ellos.

—Por nuestra parte no habrá ningún inconveniente. La República Dominicana no tiene ningún interés en este asunto, fuera del puramente técnico-mediador —respondió el general—. Y recuerden que nosotros no tomamos partido a favor ni en contra de ninguna de las dos partes.

—Le agradezco sus palabras, pero ya conocemos las argucias del Gobierno español y los chantajes a los que suele recurrir en estas circunstancias, y no nos extrañaría que una ruptura definitiva de los contactos provocase una nueva ola de presiones para forzar nuestra extradición.

«Antxon» le recordaba a su interlocutor los muchos mensajes que en ese sentido les habían transmitido desde su llegada a la República Dominicana en abril de 1989: o negociaban o emprendían camino de regreso a España. El general recogió el guante.

—Estén tranquilos, nuestro presidente los tiene bien plantados y no se deja amilanar por este tipo de cosas. Cuando llegaron ustedes aquí ya dejó bien clara su posición al respecto.

—Confiamos en que así sea.

Un apretón de manos selló el fin del encuentro.

Los acontecimientos seguían siendo esquivos. Como ya había ocurrido en otras ocasiones, se encadenaban los sucesos, empeñados en impedir que el proceso discurriese en un ambiente más propicio. Tres días después, el 8 de diciembre, un comando de ETA asesinaba en Sabadell a seis policías y hería a dos más y a ocho transeúntes al hacer estallar un coche-bomba cargado con treinta kilos de amonal y setenta de tornillería al paso de un furgón que se dirigía al campo de fútbol de la ciudad. La policía identificó a Joan Carles Monteagudo Povo y Juan Félix Erezuma, miembros del comando Barcelona, como los autores del atentado.

Diez días más tarde, el 18 de diciembre, Rafael Vera envió de nuevo a un interlocutor a Santo Domingo. En esta ocasión, sin embargo, no fue Rafael de Francisco, que había quedado relegado ya de esa labor, sino el comandante de la Guardia Civil Félix Hernando, la persona que, sin duda, había viajado en más ocasiones a la capital dominicana. Hernando se había limitado hasta ese momento a grabar las conversaciones de los etarras y a servir de enlace con los mandos del DNI con los que hacía de correo. Su desplazamiento obedecía exclusivamente al deseo de Vera de trasladar un mensaje claro e inequívoco: con atentados no hay diálogo, y tras el coche-bomba de Sabadell ya no bastaba con el anuncio de una tregua de dos meses, era necesario un largo periodo sin asesinatos. Vera elevaba el listón de sus exigencias.

Habría de transcurrir un mes sin novedades antes de que el Gobierno dominicano, a instancias del español, volviera a recabar la opinión de los etarras deportados. Una vez más, fue el mayor Estrada el hombre encargado de ello. A las seis de la tarde del 22 de enero de 1991, el jefe del DNI se desplazó hasta la vivienda que ocupaban los seis miembros de ETA para preguntarles si tenían ya una contestación a la última oferta del Gobierno español. «Antxon» le contestó que sí y le solicitó una cita con el general para transmitir el contenido de la misma. Los dirigentes de HB Karmelo Landa e Iñaki Aldekoa habían sido los encargados de trasladar la propuesta y de recibir la contestación de la cúpula de ETA que ahora se disponían a hacer pública los deportados.

El encuentro se celebró al día siguiente. ETA sostiene en documentos internos que a la reunión asistió, además de los dos militares que hacían habitualmente de interlocutores, «un hombre de facciones europeas cubierto con gafas negras, portando un *walkie-talkie* y una pistola sofisticada en su correspondiente sobaquera».

Tras los saludos de rigor, «Antxon» comenzó a desgranar lo que habían sido los contactos con el intermediario español desde marzo de 1990 en tono académico, como si se encontrase ante un tribunal examinador al que intentara convencer de sus planteamientos. Una vez más, el portavoz etarra habló de que los contactos habían intentado hasta ese momento establecer el marco adecuado para iniciar las conversaciones políticas. Tan sólo habían intentado llegar a un acuerdo sobre los componentes de la nueva mesa y el nuevo escenario, y, pese a su buena voluntad, el Gobierno español se empeñaba en romper el proceso de forma unilateral.

—Denunciamos y declaramos inaceptable la ruptura del contacto con el intermediario y el traslado a la República Dominicana del problema generado por dicha arbitraria actitud —dijo «Antxon» a punto ya de concluir su exposición—. La respuesta oficial de la organización es no aceptar la medida injustificada de ruptura unilateral de los contactos oficiosos y reclamar la presencia física del intermediario como único cauce válido para dirimir nuestras diferencias y malinterpretaciones y proseguir los esfuerzos hacia la búsqueda de las soluciones que permitan la apertura del diálogo político.

En definitiva, ETA no aceptaba ninguna propuesta que no llegara a través del cauce utilizado hasta ese momento: el «botijero».

El general Bernando Florentino Hernández, que había permanecido con las manos cruzadas sobre el rostro sin decir ninguna palabra, pidió a sus acompañantes que le siguieran fuera del despacho un momento. Transcurridos unos minutos, los tres regresaron de nuevo.

—Señores, demos por concluida la reunión —dijo el general antes de dirigirse a «Antxon»—. Le mantendré al corriente en caso de surgir novedades.

CAPITULO ONCE

ACERCAMIENTO A HB

La presión sobre los etarras deportados en Santo Domingo comenzaba a dar resultados. Los emisarios de Herri Batasuna (HB) sabían por «Antxon» que Rafael Vera había decidido romper los contactos mientras ETA no decretara una tregua de dos meses. El proceso se encontraba en un callejón sin salida y el secretario de Estado para la Seguridad decidió en enero de 1991 abrir una nueva vía con el abogado Iñigo Iruin, uno de los hombres fuertes de la coalición abertzale, que estaba puntualmente informado del contenido de los contactos con «Antxon». De hecho, había hablado por teléfono en alguna ocasión con el portavoz etarra, al que le unía una relación de amistad, para conocer sus impresiones de primera mano.

El método elegido para contactar con el letrado no pudo ser más original. Vera telefoneó a Baltasar Garzón, titular del Juzgado Central de Instrucción número 5 de la Audiencia Nacional, y le preguntó si conocía a Iruin y podía comentarle que quería hablar con él. El magistrado aceptó. Personas de su entorno aseguran que no dio ninguna trascendencia a la petición, porque, aunque Vera e Iruin habían participado en las conversaciones de Argel, entendía que las relaciones entre Interior y los abogados de HB no fueran buenas. Garzón, por el contrario, tenía un trato habitual con ellos. Iruin llevaba por aquellas fechas la defensa de numerosos presos de ETA, lo que le obligaba a desplazarse a Madrid con cierta frecuencia para asistir a sus clientes. Además, los contactos del juez con él y con Iñaki Esnaola se habían hecho más frecuentes tras el asesinato, unos meses antes, en el hotel Alcalá de Madrid, del diputado de la coalición Josu Muguruza, cuyo sumario instruía. Garzón cumplió con el compromiso y su interlocutor aceptó.

Rafael Vera mantiene, sin embargo, la versión contraria: que fue Iruin quien propuso tener un encuentro a través del juez. «Se lo comenté al ministro y me dijo que no perdíamos nada si lo habían pedido ellos, así que a partir de aquella fecha mantuvimos dos encuentros, dos comidas.» Documentos de ETA[1] avalan la primera versión y refieren que las entrevistas tenían por objeto tratar la evolución de los contactos y transmitir una oferta.

La primera comida se celebró el 7 de febrero. El lugar elegido por Vera fue el restaurante Araceli, en la localidad madrileña de San Agustín de Guadalix, a cuarenta kilómetros de la capital. Se trata de un establecimiento en el que el secretario de Estado era sobradamente conocido. Muy frecuentado en verano, la fecha y la distancia con Madrid les garantizaban que no iban a tener ningún encuentro inesperado. Un reservado les daría también la discreción que se buscaba ante las miradas curiosas de los comensales que pudieran reconocerles.

Iñigo Iruin e Iñaki Aldekoa llegaron puntuales a la cita, a las dos y media de la tarde. Rafael Vera llegó quince minutos más tarde acompañado del comisario Manuel Ballesteros, el jefe de su Gabinete de Información. Aunque con fama de policía a la vieja usanza, Ballesteros había desarrollado ciertas cualidades negociadoras. El proceso de Argel, que tantos viajes a la capital magrebí le había acarreado, terminó calando en él. Pese a ello, en privado aseguraba que iba allí donde le decían porque ése era su trabajo, obedecer, pero que sentía náuseas de sentarse en una mesa con los criminales de ETA.

---

[1] *Barne Buletina* de agosto de 1991.

Los cuatro comensales comenzaron la conversación con un tema baladí: el reciente viaje de Vera a Estados Unidos. El comentario derivó hacia la Guerra del Golfo que había estallado el mes anterior, argumento que el número dos de Interior aprovechó para analizar su desarrollo y el desgaste que suponía para el Gobierno español la autorización para que los B-52 americanos aterrizaran y despegaran de la base de Morón, en Sevilla. Tras el preámbulo, Vera abordó el tema que les había llevado allí [2]:

—Yo distingo entre los terroristas y los miembros de HB —comenzó diciendo Vera— y tengo interés en intentar el diálogo con todos. Mi único objetivo es buscar el final del conflicto. Creo en una solución dialogada, que no resulta fácil por las dificultades creadas por la ruptura de Argel y por los continuos atentados de ETA. Y quiero asegurarles que no vamos a ir al diálogo por la presión de los cadáveres, sino porque creemos que existe un problema político que hay que resolver. —Vera continuó su exposición con un recordatorio, precisamente, para el proceso de Argel—: Le dije al presidente González que creía que las condiciones no estaban dadas todavía, pero se tiró adelante y luego resultó ser una gran oportunidad que lamentablemente se perdió. Pese a ello, creo que en este momento se dan mejores condiciones que nunca para acometer con garantías el proceso, entre otras razones porque se ha constituido un gobierno nacionalista en Vitoria.

Las elecciones del 28 de octubre de 1990 habían dado la victoria al Partido Nacionalista Vasco (PNV), que había pasado de diecisiete a veinte escaños venciendo a los socialistas, que perdían tres y se quedaban en dieciséis. Herri Batasuna

---

[2] Iñaki Aldekoa elaboró un informe con el contenido de este primer encuentro una semana después de celebrado, el 14 de febrero. El documento le fue incautado el 6 de junio de 1992 en París al dirigente de ETA Miguel Angel Gil Cervera, «Kurika». La reconstrucción del encuentro está efectuada sobre dicho documento, los datos que en torno a él ETA publicó en el *Barne Buletina* de agosto de 1991 y el testimonio de Rafael Vera.

se mantenía como tercera fuerza política vasca, con trece diputados, los mismos que ya tenía. El Partido Popular triplicaba su representación y pasaba de dos a seis escaños, y las otras dos fuerzas nacionalistas, Euskadiko Ezkerra (EE) y Eusko Alkartasuna (EA), perdían apoyo popular y se quedaban en seis y nueve escaños, respectivamente, cuando antes contaban con nueve y trece. Pese a ello no fue posible revalidar el gobierno de coalición entre socialistas y peneuvistas y, tras muchas semanas de negociación, a comienzos de febrero se formó el primer gobierno íntegramente nacionalista de Euskadi entre PNV, EE y EA. Vera estaba convencido de que este nuevo escenario político en el País Vasco ayudaría a resolver la situación.

Los diputados de HB le hicieron ver que dudaban de su verdadera voluntad. Como ejemplo pusieron las conversaciones que sabían había mantenido con los abogados Iñaki Esnaola y Christianne Fando. Amigos ambos del dirigente etarra fallecido en Argel, Domingo Iturbe Abásolo, «Txomin», habían participado en las conversaciones en el país magrebí, pero el rumbo de los acontecimientos les había situado fuera de la órbita de ETA. De hecho, habían sido apartados de la defensa de muchos etarras presos en España y Francia y ETA los había tildado de «cáncer liquidacionista» por lo que entendían como maniobras negociadoras contrarias a la ortodoxia de la organización. Por ellos pasaba la «operación Azkoiti» que Vera había comenzado a explorar de manera simultánea al proceso de Santo Domingo.

La dirección de ETA, que había sido informada previamente de la celebración de la comida por los miembros de HB, estaba convencida de que el encuentro formaba parte de la misma estrategia de división interna. En un documento de la cúpula etarra[3] se interpreta así la cita en San Agustín de Guadalix: «Estaba claro el doble juego del Gobierno: intentar

[3] «Memoria sobre los contactos mantenidos desde julio de 1990 hasta marzo de 1991», fechado el 16 de marzo de 1991, anexo 2 del *Barne Buletina* de agosto de 1991.

puentear a nuestra representación oficial en la República Dominicana, por un lado, y, por otro, tomar directamente la temperatura de HB y aprovechar para achacar a la organización la responsabilidad del *impasse* en que se encuentran los contactos.»

Rafael Vera respondió con firmeza a los reproches de sus interlocutores. «Mi obligación es hablar con todas las personas que, entiendo, tienen algo que decir en este proceso. Hoy lo hago con ustedes y en otras ocasiones lo he hecho con Esnaola y Fando, y así lo seguiré haciendo, pero con ello no pretendo ninguna ruptura, ningún fraccionamiento.»

Tras dos horas de intercambio de opiniones, Vera lanzó su oferta. Mantenía intacta su voluntad negociadora, pero era condición inexcusable que ETA declarase una tregua de dos meses. En ese periodo de tiempo se retomarían los contactos y se haría un diseño completo del proceso: los interlocutores que participarían, el país anfitrión, que podría ser Suecia u otro a acordar, los asesores... En definitiva, los aspectos técnicos. Pasados los dos meses se entraría en la fase de conversaciones políticas, que tendrían dos niveles: por un lado el Gobierno y ETA, y por otro los partidos políticos en Euskadi.

El número dos de Interior matizó aún más su propuesta. En el tema de los intermediarios, uno de los puntos de fricción en los contactos de Santo Domingo, se mostró dispuesto a trabajar para conseguir la incorporación a la mesa de José Antonio Urruticoechea, «Josu Ternera».

—Existen dificultades —señaló— por estar encarcelado en Francia, pero a mí también me interesa que en la futura mesa estén los que mandan de verdad[4].

Y una última promesa: estaba dispuesto a desplazarse a

[4] José Antonio Urruticoechea, «Josu Ternera», había sido condenado el 26 de noviembre de 1990 a diez años de cárcel por un tribunal de París. Se trataba de la segunda mayor condena impuesta a un etarra en Francia. El 4 de julio del mismo año otro dirigente etarra, Santiago Arróspide, «Santi Potros», había sido condenado también a diez años de reclusión.

Santo Domingo para entrevistarse con «Antxon» y concretar todos los pasos del proceso con la sola condición de que se le hiciera llegar la intención de acceder a la tregua de dos meses que pedía.

Pese a las promesas, Iruin y Aldekoa no lo veían claro y le hicieron ver que tal vez él creyera en todo lo que decía, pero otras personas en el Ministerio se empeñaban en que las cosas caminasen con otro rumbo.

—Notamos una falta de respaldo a sus propuestas en el Ministerio —dijo Iruin antes de referirse al atentado que el 20 de noviembre de 1989 había costado la vida al recién elegido diputado por HB Josu Muguruza—. ¿Hasta qué punto el Gobierno controla sus servicios de información? —inquirió en una clara acusación de que el asesinato había sido diseñado por éstos.

Vera se irritó por primera vez. La acusación era directa. Golpeó con su puño en la mesa y elevando el tono de voz se dirigió a los dos representantes de HB.

—Yo controlo mis servicios de información, aunque no puedo impedir que haya hijos de puta que hagan lo de Josu, a quienes, en cuanto se puede, se les controla y después se les liquida.

El ultraderechista Ricardo Sáenz de Ynestrillas, luego absuelto, y el policía Angel Duce habían sido detenidos el 29 de julio de 1990 como presuntos autores materiales del atentado, pese a lo cual HB seguía manteniendo la teoría del crimen de Estado esgrimida desde el mismo momento del asesinato.

Iñigo Iruin tomó la palabra para dar por recibido el mensaje y trasladar a su vez el que ETA le había comunicado a él y que se sustentaba en tres puntos. En primer lugar, que la delegación deportada en la República Dominicana era la única representación habilitada para mantener contactos oficiales. En segundo lugar, que la organización no estaba dispuesta a comunicar oficialmente nada al Gobierno si no era a través de dicha representación y, finalmente, que no se respondería a ninguna oferta mientras no se retomasen los contactos directos. En resumen, ETA dejaba claro que no iba a delegar en HB el protagonismo de los contactos y que éstos pasaban por Santo Domingo.

La comida se dio por finalizada a las dos horas y cuarto de iniciada. Aunque entonces aún no lo sabía, Vera había conseguido calar en sus interlocutores. Una semana después, Iñaki Aldekoa elaboró un informe sobre la reunión que dejaba constancia de ello: «Tiene interés en buscar salidas, dialogar con todos y también con nosotros, y dice que lo que le mueve es lograr el final del conflicto.» Algo que el secretario de Estado había repetido en varias ocasiones a sus compañeros de mantel: «Hay que acometer el proceso con pretensión de que sea definitivo. Hay que ponerlo en marcha, pero para terminar definitivamente.»

CAPITULO DOCE

SIN NOTICIAS DE VERA

«Antxon» descolgó el teléfono y llamó al mayor Estrada para solicitar una entrevista urgente. Ya tenía la respuesta oficial de la organización al fax enviado por el Gobierno a finales de enero. Habían transcurrido dos meses. En ese tiempo los asesores de HB habían desbloqueado aparentemente la situación en la comida mantenida con Rafael Vera en San Agustín de Guadalix, de la que la dirección de ETA tenía también cumplida cuenta.

El encuentro quedó demorado hasta el día siguiente, 3 de abril de 1991, debido a la reestructuración del DNI acometida por esas fechas. El general Fernando A. Sánchez Aybar acababa de ser nombrado nuevo director de ese organismo en sustitución del también general Bernardo Florentino Hernández. «Antxon» explicó a su interlocutor que la urgencia de la reunión se debía a que ya disponían de un mensaje de la dirección para que lo transmitiera al secretario de Estado para la Seguridad, Rafael Vera. El mensaje era el siguiente: «ETA le expresa su voluntad de entrar a desarrollar la propuesta de dos meses, y entiende que ello requiere una entrevista directa entre los interlocutores de ambas partes en Santo Domingo.»

Era el anuncio previo que Vera había solicitado a Iñigo Iruin e Iñaki Aldekoa para desplazarse al país caribeño, aunque con una salvedad: la organización no se comprometía en firme a nada. El número dos de Interior debía viajar a la República Dominicana y una vez allí abordar el tema de la tregua. ETA quería forzar el viaje del secretario de Estado tan sólo con su disposición a un acuerdo.

El mayor Estrada no pudo ocultar su satisfacción. Un año de trabajo comenzaba a dar resultados. Minutos después los invitó a pasar al despacho del nuevo director para que se conocieran. El encuentro fue frío. El general desconocía el entramado de contactos que se venían tejiendo en su país e incluso las razones por las que los etarras se encontraban en la República Dominicana. El mayor Estrada y el propio «Antxon» tuvieron que ejercer de maestros de ceremonia para explicar todo el proceso. La etapa inicial de contactos, los malentendidos, el deseo de ETA de que el Gobierno dominicano mantuviera una posición neutral, su voluntad para encontrar vías políticas de solución al conflicto.

—Desconozco todo de lo que me hablan. En cuanto al mensaje que me dicen debemos transmitir a los españoles, yo tengo que informar y recabar la autorización previa del Presidente para seguir adelante. Espero que lo entiendan.

La situación resultaba nueva. Frenaba la velocidad de crucero que daba ya a todas las gestiones el trato prolongado de los interlocutores. Pese a ello, todos estuvieron de acuerdo. Los etarras aprovecharon la ocasión para anunciar al general la próxima llegada de una delegación de asesores de HB y pedirle que se mantuvieran las facilidades prestadas hasta ese momento.

Los seis etarras deportados valoraron así el contenido de esta primera reunión con el general: «Es el antiguo jefe de la Policía en la etapa de doce años del Gobierno Balaguer [en referencia al periodo entre 1966 y 1978]. Hemos observado que no estaba al tanto de lo concerniente a nuestro asunto, cosa que ya sucediera con su antecesor, Bernardo Florentino Hernández, en los primeros momentos. Aunque nos parece un signo de desidia por su parte la celebración de esta reunión sin un mínimo de información, lo achacamos al modo de ser y de actuar dominicano, sin más. El trato ha sido correcto, sin ninguna concesión fuera del protocolo formal.»[1]

Días después, tal y como había anunciado «Antxon» al nuevo responsable del DNI, llegaban a Santo Domingo los asesores de ETA. Su misión era preparar el encuentro con Rafael Vera, que consideraban inminente a la vista del mensaje transmitido por la organización a las autoridades dominicanas sobre su disposición a abordar la tregua de dos meses. El resultado fue un amplio documento titulado «Diseño de la entrevista prevista a mantener con Rafael Vera», en el que ETA establecía un guión de cómo debía desarrollarse la reunión más esperada desde la ruptura de Argel y concluía con una propuesta sobre las nuevas conversaciones con el Gobierno.

El documento señala que el encuentro debía inscribirse como un gesto recíproco de buena voluntad. Rafael Vera aceptaba trasladarse a Santo Domingo y la mesa negociadora de ETA admitía recibirle «en territorio de deportación y castigo». Esta aproximación suponía para la banda un primer paso para profundizar en una política de gestos mutuos que sirvieran para reabrir el diálogo.

Los encuentros, al igual que los precedentes con el «botijero», seguían siendo para ETA «contactos oficiosos, no contactos oficiales secretos». Esto suponía que no obligaban a nada a ninguna de las partes («el hostigamiento recíproco continúa») hasta que se llegase a un acuerdo previo que se tradujera en la declaración de una tregua. Por ello, la banda sostenía que del encuentro con Vera debía surgir una alternativa que supusiera un avance cualitativo de los contactos que mantenían desde 1990, y que si esto no fuera posible había que dar por terminada la larga etapa de contactos oficiosos y «replegarnos temporalmente hacia una actitud de observancia de los acontecimientos en el área del enfrentamiento, sin que ello suponga cierre definitivo alguno a nuestra auténtica e inequívoca voluntad de recurrir a la vía nego-

[1] *Barne Zirkularra* de octubre de 1991.

ciadora para dirimir el contencioso. Lo que no podemos es seguir generando falsas expectativas y mucho menos cerrar los ojos ante la evidencia de una política agonizante de contactos infructuosos y frustrantes para el Pueblo Vasco y la opinión pública del Estado e internacional».

Tras estas premisas, «Antxon» debía transmitir a Vera que la organización consideraba que los contactos mantenidos desde marzo del año anterior respondían «a una mera política de sondeos, en perfecto maridaje con una trama represivo-policial». ETA acertaba de lleno en el diseño elaborado inicialmente por el número dos de Interior: diálogo sin renunciar a resultados operativos como consecuencia de aquél. La banda apoyaba su deducción en múltiples ejemplos, desde los seguimientos a los que sabía eran sometidos los intermediarios, hasta las detenciones de algunos cabecillas como «Baldo». Estas circunstancias hacían dudar a la organización de la verdadera voluntad negociadora de Vera, a quien «Antxon» debía plantear como dos puntos irrenunciables «la elevación de la interlocución a seis personas por parte de ETA ("la propuesta del 3+3" o "la del 3+2+1") y la creación de una mesa complementaria».

Pese a todos estos resquemores y suspicacias, el documento elaborado por ETA y sus asesores de HB recogía una propuesta firme que «Antxon» tenía que trasladar a Rafael Vera. La oferta era la siguiente: «ETA se halla dispuesta a realizar un gesto de voluntad política que conllevaría la apertura de un periodo de distensión de dos meses en todo el ámbito territorial que abarca el Estado español, sedes diplomático-militares e intereses económicos en el extranjero incluidos. Este gesto vendría avalado por un comunicado público de ETA donde se concretaría breve y concisamente el contexto y contenido del acuerdo alcanzado por ambas partes durante la etapa de contactos oficiosos. Previo a su traslado a los medios publicitarios, dicho comunicado sería presentado al Gobierno español para recabar su conformidad.»

A cambio de todo ello, la banda exigía al Gobierno que avalara su comunicado con una nota pública del portavoz del Gobierno o del Ministerio del Interior manifestando su acuerdo a la apertura del proceso, o bien manteniendo un mutismo absoluto, sin efectuar ningún tipo de desmentido del mismo. Además, el Gobierno debería responder a la tregua de dos meses con otro gesto de buena voluntad, que ETA concretaba en la apertura de otro periodo similar sin detenciones y el traslado de los tres interlocutores oficiales de ETA desde Santo Domingo al país establecido para reiniciar los contactos. Durante los dos meses de tregua se incorporarían a la mesa los otros tres interlocutores propuestos por la organización. Todos ellos tendrían libertad de movimientos, incluso de desplazamiento a otros países distintos de donde tuvieran lugar los encuentros para realizar su labor, además de garantizarles que no se tomarían represalias contra ellos fuese cual fuese el resultado de los contactos.

Tras esta fase inicial, ETA ofrecería una nueva tregua «con el fin de reiniciar la segunda fase de conversaciones políticas, encaminada a establecer pautas de debate y de compromiso en el contencioso que nos enfrenta». La banda proponía que en ese momento se incorporase a las conversaciones un equipo de observadores que tuviesen capacidad de arbitrio entre ambas partes. Dicho equipo estaría formado por «un alto representante, presidente o vicepresidente, de un organismo internacional (Comisión de Derechos Humanos, ONU, Cruz-Luna Roja), una o dos personalidades reconocidas internacionalmente, un delegado gubernamental del propio territorio anfitrión y un moderador técnico del territorio anfitrión apoyado en material de grabación y filmación de las reuniones». ETA concedía una gran importancia a este equipo para que no volviese a repetirse el fracaso de Argel, donde cada parte ofreció su particular versión de la ruptura. A tal equipo se le asignaba la labor de fiscalizar el proceso, levantar acta de las reuniones y verificar el cumplimiento de los compromisos que se fuesen adquiriendo.

La propuesta recogía la necesidad de mantener la figura de los asesores, que irían variando en función de los avances, y creaba otra nueva, la de los consultores. Se trataba de expertos técnicos y jurídicos que habrían de ser reconocidos por ambas partes y a quienes la mesa negociadora o cualquiera de las partes podría efectuar consultas o recabar veredictos sobre temas que resultasen conflictivos.

ETA reclamaba también que el Gobierno elevase el rango de los interlocutores. Si la suya pasaba de tres a seis miembros, era razonable que también la delegación oficial se ampliase en similares representantes: «Como culminación de la etapa de contactos oficiosos [la que se pretendía concluir con la visita de Vera], la figura de Rafael Vera, en su calidad de secretario para la Seguridad del Estado, es necesaria y suficiente. Durante la etapa de contactos oficiales [la que se abría con la tregua de dos meses y la constitución de la nueva mesa negociadora], la presencia de Rafael Vera debería complementarse con alguna persona representativa del PSOE a nivel de Estado que ocupe parecido rango o parecidas atribuciones al papel cubierto por Eguiagaray en Argel. Durante la fase de conversaciones [la última etapa diseñada por ETA previa al acuerdo definitivo], el equipo de interlocución español deberá reforzarse dependiendo del nivel y contenido alcanzado, es decir, del avance cualitativo que se vaya adquiriendo. Alto representante de la Ejecutiva del PSOE, cargo ministerial, presidencia del Consejo de Estado...»

Quedaban vetados para estas funciones «por supuesto, delegados policiales. Miembros relacionados exclusivamente con el ámbito vascongado y navarro y personas con cargos de connotación específica con el área represiva», en la que ETA englobaba a miembros de la Administración de Justicia o representantes del Ministerio del Interior de inferior rango al de Vera. No obstante, la banda establecía una excepción: «Dependiendo de la personalidad concreta y de su proyección política futura, sí podrían ser aceptables casos excepcionales como hipotéticos delegados gubernamentales, gobernadores civiles... siempre que ocupen funciones fuera del ámbito territorial vasco.»

Finalmente, el documento de ETA recoge las características de la mesa complementaria. Este tema debía ser objeto de reflexión durante la reunión con Vera y se tendría que plantear y desarrollar durante la etapa de contactos oficiales a abrir tras la declaración de la tregua de dos meses. Su constitución se llevaría a cabo durante la etapa final, la de conversaciones políticas. Pese a lo embrionario de su planteamiento, la banda avanzaba ya alguna de sus características. Sus integrantes habrían de ser miembros de la Mesa Nacional de HB y de la Ejecutiva Nacional del PSOE, aunque quedaba abierta la posibilidad de ampliación a otras instancias políticas vascas. Su naturaleza sería consultiva y sus reuniones se celebrarían de forma paralela al desarrollo de la mesa ETA-Estado, bien en el mismo país en el que tuvieran lugar éstas, en el Estado español, en Euskadi o en territorio neutral internacional (Bruselas, Ginebra, Dinamarca, Finlandia...).

ETA tenía atados ya todos los cabos y había preparado el siguiente paso. Sólo quedaba esperar el viaje de Rafael Vera a la República Dominicana. Este se produjo ocho días después, el 11 de abril, aunque pasaría desapercibido para «Antxon» y sus compañeros. El mayor Estrada les había comunicado de forma misteriosa un día antes que el mensaje que le habían transmitido para comunicar a Vera «lo recibirá, sin falta, mañana a las once».

Rafael Vera sostiene, sin embargo, que aquel viaje no tuvo nada que ver con el proceso de contactos: «Pasé por Santo Domingo de escala, a la vuelta de un viaje a Chile y Bolivia, pero tan sólo me entrevisté con el embajador, que estaba esperándome en el aeropuerto. Ya de vuelta me encontré de forma fortuita en el avión con Pedro J. Ramírez, director de *El Mundo.* No hubo nada más.» El diario madrileño reveló días después la exclusiva del viaje de Vera. La noticia llenó de asombro a los asesores de HB y al propio «Antxon». No sólo no se había entrevistado con él como preveían, sino que nadie les había informado de su presencia en Santo Domingo ni les habían transmitido la respuesta a su oferta. La impresión fue que algo raro ocurría de nuevo. Las sospechas se confirmarían dos semanas más tarde.

CAPITULO TRECE

EL FIN DE UN PROCESO

El 6 de mayo, Eugenio Etxebeste, «Antxon»; Ignacio Aracama, «Macario», y Belén González Peñalva eran recibidos por el general Sánchez Aybar y el coronel Gustavo Jorge García, director y subdirector, respectivamente, del DNI. Los prolegómenos no eran precisamente positivos. El mayor Estrada, que hasta ese momento había realizado las funciones de ayudante de los sucesivos directores del DNI y era su interlocutor habitual con las autoridades dominicanas, había sido trasladado de destino. Ahora se encontraban ante un portavoz con quien tan sólo se habían entrevistado en una ocasión y que desconocía por completo el proceso de contactos. Tras los saludos de rigor, «Antxon» tomó la palabra.

—Queremos saber si hay respuesta del Gobierno español al mensaje que le transmitimos para que hiciera llegar a Rafael Vera el pasado 3 de abril.

El tono directo del portavoz de ETA molestó al general, un militar de la vieja escuela para quien las formas eran algo fundamental. No podían dirigirse de esa manera a una de las autoridades del país. Su respuesta fue seca y cortante.

—La República Dominicana no quiere verse inmersa en asuntos concernientes a terceros países, y no es de nuestra incumbencia que ustedes dejen o no de practicar el terrorismo durante dos meses.

El general le ponía el adjetivo *terrorista* a las actividades de ETA y rompía la aparente neutralidad mantenida hasta ese momento por los máximos responsables del DNI en sus contactos con los etarras. Pese a ello, «Antxon» insistió de nuevo.

—No ha contestado usted a mi pregunta. Le recuerdo que no hemos sido nosotros quienes hemos abierto esta vía de mediación, sino el Gobierno español. El mensaje que le transmitimos era simplemente una contestación a sus requerimientos de tregua.

«Antxon» hizo una pequeña pausa y soltó la última información de que disponía, intentando dar un golpe de efecto.

—Además, sabemos que Rafael Vera ha estado aquí. ¿Ha recibido nuestro mensaje? ¿Hay contestación al mismo?

Desde entonces, los seis etarras deportados sufrían un mayor control en sus salidas y se había restringido notablemente su capacidad de movimiento en el país. Algo que ellos atribuían a órdenes de Vera transmitidas durante su último viaje.

—Desconozco la visita de que me habla. Al menos con nosotros no ha estado. Si realmente se ha desplazado hasta aquí se habrá relacionado a niveles de Cancillería (el Ministerio de Asuntos Exteriores). No tengo ningún mensaje para ustedes, lo único que hemos recibido es el dinero que tienen asignado. No obstante, le quiero subrayar que la función del DNI es puramente técnica a efectos de seguridad. Los temas políticos y diplomáticos están en manos de la Cancillería y, fundamentalmente, del Presidente. Si quieren, pueden presentar una instancia oficial para recabar mayor información.

El asombro y el enojo de «Antxon» iban en aumento a cada momento:

—Hasta ahora, nuestras relaciones con los intermediarios del Gobierno español y las respuestas dadas a los mensajes enviados a través de dos fax del Ministerio del Interior español se hacían por mediación del DNI.

—¿Quién se ocupaba de ese tema? —El desinterés y la desidia del general eran cada vez mayores.

—El mayor Estrada y también las personas que le han precedido a usted en la dirección del DNI: los generales Lachapelle y Hernández. Su intervención ha sido puramente técnica y en este momento nos encontrábamos a punto de establecer una entrevista directa con Rafael Vera para dilucidar aspectos concernientes a las conversaciones políticas.

—Si quieren ustedes hablar es asunto suyo —continuó en el mismo tono el general—. Nosotros no tenemos nada que objetar. Si quieren conversar en un país o en otro se juntan y lo hacen. Ni nosotros ni el Presidente teníamos conocimiento de nada relacionado con esta cuestión. ¿No es así? —inquirió, dirigiendo su mirada al coronel García, que respondió encogiéndose de hombros y con un escueto «Yo, desde luego, no estaba al corriente de nada».

—Es cierto que con el coronel no hemos tratado nunca ningún aspecto de los contactos, pero ya estaba como subdirector con los generales Lachapelle y Hernández.

—Les voy a decir a ustedes más. Dudo incluso de la existencia de los fax de que me hablan.

—Investigue usted en sus archivos o pregunte directamente al mayor Estrada. Si hace falta, requiera datos a la Cancillería para aclarar este malentendido.

—Está bien, se hará como ustedes dicen —respondió con tono fastidioso el general, y dirigiéndose al coronel le encargó que se ocupara de dicha labor antes de dar por terminada la reunión—. Cualquier novedad les será comunicada.

«Antxon» salió de allí con una idea clara: el encuentro con Rafael Vera no se iba a celebrar como ellos esperaban. No había respuesta a su oferta y la actitud de los servicios secretos dominicanos había cambiado radicalmente. Ya no había disposición a favor del diálogo, sino distanciamiento e incluso desinterés. ¿Cuál era el motivo?

ETA sostenía que, en su visita del 11 de abril, Rafael Vera había trasladado a las autoridades dominicanas su interés en que el proceso se ralentizase para evitar el ascenso electoral de HB en las inminentes elecciones municipales del 26 de mayo. «Abrir un proceso de la naturaleza y riesgos que comporta un evento conversador o siquiera de encuentros oficiosos-oficiales precisaría desde su perspectiva [del Gobierno] de un clima político menos angustioso que el generado por unas elecciones. Con un MLNV que quisieran debilitado por contradicciones internas y, fundamentalmente, con una organización ETA que estuviera tocada. Como ninguno de estos requisitos se confirma, optan por moderar las expectativas y aguardar el tiempo suficiente para resituar sus posiciones.» [1]

ETA consideraba también que a esta situación había que añadir otro factor: el temor de la República Dominicana a perder el protagonismo del proceso si se confirmaba el traslado de los interlocutores a otro país. Esta circunstancia le restaría también la rentabilidad política, que hasta ese momento se había traducido en créditos blandos y en una mejora ostensible de las relaciones comerciales con España. «En tanto no se le garanticen unas condiciones aceptables mínimas [al Gobierno dominicano] pudieran optar por inhibirse discretamente de su responsabilidad de intermediación, esperando forzar la máquina del compromiso con el Gobierno español.»

Apenas unos días después del encuentro con el general Sánchez Aybar, el 14 de mayo, «Antxon» optó por la solución más rápida: telefonear directamente a Rafael Vera y aclarar de una vez por todas los malentendidos, si los había, o confirmar la ruptura del proceso. El dirigente etarra consultó su agenda, donde tenía anotados los teléfonos del número dos de Interior, incluso el de su domicilio particular. El contacto directo había sido previsto por ambas partes en caso de urgencia. La llamada no pilló de sorpresa a Rafael Vera, que pulsó el botón de su grabadora para recoger el contenido de la conversación. «Grabé la llamada —cuenta Vera— para pasársela a Corcuera y ponérsela al Presidente. Tenía que tener la prueba de lo que hablaba, porque había muchas filtraciones e intoxicaciones que te dejaban en muy mala situación.»

---

[1] *Barne Zirkularra* de octubre de 1991.

Comunicación telefónica con R. Vera
Fecha: 14 de Mayo 1991
(La Conversación dura 3 minutos largos.)

Resumen del diálogo

Tras un breve saludo entramos de lleno en la cuestión. Razón de la llamada:

a) Más de un Mes transcurrido desde nuestro envío del Mensaje en respuesta a la propuesta por él transmitida a través de la delegación de HB.

b) Posición Dominicana de no querer inmiscuirse en este Asunto.

c) Posibilidad de dicha vía de contacto de urgencia previsto por ambas partes.

Ante nuestra pregunta concreta sobre si ha recibido el Mensaje nos contesta secamente "No". Cuando se le notifica que nuestro Mensaje es afirmativo, nos responde con "En tanto no haya un Anuncio Previamente (de Tregua claro), no se dará el Encuentro; a partir del Anuncio sí, todo lo que haga falta".

Tratamos de deshelar la conversación manifestándole la necesidad de recobrar una cierta confianza mutua y que ello sólo será posible a través de un Encuentro directo tal y como él mismo había garantizado a la delegación de HB y nos lo había hecho transmitir literalmente; subrayamos dicha necesidad para evitar malentendidos o recelos generados por las vías de intermediación forzadas por ellos mismos tras la Ruptura vía FAX, añadiendo que nos han hecho perder el tiempo durante varios meses. Se mantiene firme en la cuestión del "Anuncio Previo", estando de acuerdo con nosotros en que "hemos perdido el tiempo". Expresa su malestar por intoxicaciones y utilizaciones acontecidas y vuelve a reiterar que sin "Anuncio Previo" no se desplazará a Santo Domingo.

Tomamos nota de su Respuesta y se le contesta que, como siempre, se trasladará al conjunto de la Dirección de la Organización, pero que una vez más ha roto y ensuciado su palabra dada, aspecto éste que se tendrá en cuenta para el futuro. Se le despide con un saludo de rigor.

Valoración Política

A la vista de la Posición oficial manifestada por el Gobierno español en

Contenido de la conversación entre «Antxon» y Rafael Vera según fue explicada por ETA a sus militantes en el Barne Zirkularra *de octubre de 1991.*

—El motivo de mi llamada —comenzó «Antxon» tras un breve saludo— es aclarar su silencio tras más de un mes desde que trasladamos a las autoridades dominicanas la contestación a la propuesta que hizo a nuestros asesores de HB —el dirigente etarra se refería al contenido de la comida entre Vera y dos dirigentes de la coalición abertzale en el restaurante de San Agustín de Guadalix—. Hemos apreciado un cambio de actitud en las autoridades dominicanas, que dicen no querer inmiscuirse en este asunto. ¿Recibió nuestro mensaje?

—No —fue la breve y seca respuesta de Vera.

—No entendemos lo que sucede. En cualquier caso, le traslado ahora que la respuesta de la organización es afirmativa. Tenemos la voluntad de entrar a discutir la tregua de dos meses que nos había pedido.

—Mientras no haya un anuncio previo de la tregua no se producirá ningún encuentro —respondió un escueto Vera—. A partir del anuncio, sí, todo lo que haga falta.

«Antxon» intuyó que la conversación no iba por buen camino y que las posiciones del Ministerio del Interior y de las autoridades dominicanas eran coincidentes. No había prisas ni, quizá, interés por dar un paso adelante en los contactos. El portavoz etarra intentó serenar la situación adoptando un tono conciliador.

—Si ambas partes queremos que el proceso continúe es necesario recobrar una cierta confianza mutua, y ello sólo será posible con un encuentro directo, tal y como había garantizado a la delegación de HB y nos lo había hecho transmitir literalmente. Es imprescindible que viaje a Santo Domingo para evitar malentendidos y recelos. Llevamos meses perdiendo el tiempo.

—Todos hemos perdido el tiempo, pero no habrá viaje si antes no anuncian la tregua —se mantuvo firme en su posición—. Además, han utilizado los encuentros de forma poco seria.

—¿Es ésa su última palabra? —cortó el portavoz de ETA.

—Sí. No hay viaje sin anuncio previo de tregua.

—Tomo nota de su respuesta, que trasladaré a la dirección de la organización. Una vez más, ha roto y ensuciado su palabra, algo que tendremos en cuenta para el futuro.

Vera y «Antxon» se despidieron con un saludo de rigor. La conversación había durado tres minutos largos.

Los seis deportados mantuvieron una reunión para analizar la respuesta de Vera. Su interpretación era que había una clara marcha atrás o cambio en la táctica de la estrategia de amagos negociadores del Gobierno. «Hoy por hoy no se observa voluntad ninguna de emprender ningún proceso de esta índole [...]. Una vez más, el Gobierno español ha faltado a la palabra dada [...]. Igualmente es preciso realizar un atento seguimiento de la postura dominicana, que de un interés manifiesto en el asunto ha pasado a una posición de aletargamiento y escudo protector de la maniobra española. ¿Quién puede creerse que nuestro mensaje no fue transmitido?» [2] ETA intuía una ruptura del proceso y no se equivocaba en absoluto. Pero las razones no eran las que la banda pensaba, sino otras.

«No viajé a Santo Domingo —aclara Rafael Vera— porque ellos hablaban de su disposición a una tregua de dos meses, pero que primero tenía que ir. Y yo les había dicho que iría tras el anuncio de la tregua, y que dicho anuncio no tenía por qué ser público. Cuando "Antxon" me llama y habla conmigo no me asegura nada. Básicamente fue eso lo que ocurrió. Yo estaba dispuesto a entrevistarme con "Antxon", pero ellos quisieron apurar y forzarme a que el encuentro tuviera lugar aunque no se hubiese decretado la tregua. Por eso no fui, porque al final no anunciaron los dos meses. Puede pensarse que se trataba de un simple matiz, pero los matices son muy importantes en estos temas.»

Pese a ello, Vera reconoce que además de estas diferencias también influyeron otras causas en la ruptura del proceso abierto en Santo Domingo: «Aquello lo frenaron desde Francia. Me dijeron que las gestiones con José Luis Arrieta,

---

[2] *Barne Zirkularra* de octubre 1991.

"Azkoiti" (la denominada "operación Azkoiti"), a quien llevábamos tiempo sondeando, podía prosperar con menos coste que la vía "Antxon" y que esperásemos a ver qué pasaba. Entonces decidimos paralizar lo de Santo Domingo y abrir esta nueva vía.»

Así las cosas, las diferencias de matices, como ya ocurriera en Argel, y la posibilidad de abrir un proceso al margen del portavoz oficial de ETA certificaban la defunción de más de catorce meses de encuentros y conversaciones secretas. La necesidad de resultados era cada vez más acuciante a un año vista de la celebración de las Olimpiadas y la Expo´92.

CAPITULO CATORCE

SEGUNDA ENTREVISTA CON HB

Dos semanas después de la llamada de «Antxon», el 28 de mayo, Vera mantuvo un segundo encuentro con la delegación de HB en el mismo escenario del anterior del 7 de febrero, el restaurante Araceli en San Agustín de Guadalix. Los interlocutores fueron también los mismos: Rafael Vera y el comisario Manuel Ballesteros por parte del Ministerio del Interior, e Iñigo Iruin e Iñaki Aldekoa en representación de la coalición abertzale, que acudían ya con detallada información sobre los últimos acontecimientos ocurridos en Santo Domingo y sobre la conversación telefónica mantenida por el secretario de Estado para la Seguridad y el portavoz de ETA.

El encuentro se planteó en un ambiente frío. Los parabienes de la primera ocasión habían desaparecido. Tras unos breves comentarios acerca de los resultados de las elecciones municipales celebradas dos días antes en el País Vasco, los cuatro comensales pasaron a tratar sobre los temas que les llevaban de nuevo a aquella mesa. Iñigo Iruin fue el primero en romper el fuego para hacer un repaso de los acontecimientos acaecidos desde el mes de febrero, una práctica que era habitual en cualquier encuentro con ETA o su entorno [1].

[1] Existen dos documentos de ETA sobre esta reunión. El primero de ellos es el anexo número 3 de su *Barne Buletina* de agosto de 1991.

—En nuestra anterior entrevista nos dijo que se trasladaría a Santo Domingo si «Antxon» le transmitía la voluntad de ETA de abordar una tregua de dos meses. El 4 de abril le envió el mensaje solicitado sin que tuviera respuesta por su parte. Además, le telefoneó para obtener una explicación a su silencio y usted le comunicó entonces que era necesario el anuncio previo de la tregua para desplazarse a Santo Domingo —la exposición de Iruin se asemejaba a la de un opositor ante un tribunal examinador, sin omitir detalle antes de dar sus propias conclusiones—. Nos parece sorprendente que no recibiera el mensaje de «Antxon», y más aún que ahora plantee el tema del anuncio previo para que se produzca su desplazamiento.

—Les parecerá sorprendente, pero no recibí el mensaje de «Antxon» —respondió con calma Vera—. La sorpresa fue mía y envié a un colaborador a Santo Domingo para aclarar el tema. La respuesta de las autoridades del país fue que no iban a realizar en el futuro el papel de mediadores entre ambas partes porque les crea problemas. Nosotros, por nuestra parte, tampoco queremos complicarnos la vida con ellos ni pagar por la labor que desempeñan, por lo que el canal dominicano no es una vía válida para el futuro. Además, también se han producido cambios en los servicios de información que han influido en estos malentendidos. En cualquier caso, no nos hacen falta, la comunicación con «Antxon» se puede hacer por vía telefónica o a través de ustedes.

Vera intentaba involucrar a HB en el proceso de diálogo y restar protagonismo a «Antxon» como único portavoz e interlocutor de ETA.

—Nosotros no somos la vía oficial de comunicación. ETA ha establecido un canal y es ése el que debe seguirse. Cual-

---

Titulado «Encuentro de delegación de HB con Rafael Vera», está fechado en Euskadi el 30 de mayo de 1991, dos días después de que se celebrase. Un resumen de este mismo documento, aunque con algunas diferencias, aparece recogido en el *Barne Zirkularra* de octubre de ese mismo año. La reproducción que se hace en este capítulo se basa en ambos documentos y en el testimonio directo de Rafael Vera.

quier otra vía supone aumentar el nivel de desconfianza ya existente —Iruin rechazaba de plano la propuesta antes de continuar con su exposición—. Permítame que, pese a sus explicaciones, siga dudando sobre su afirmación de que no recibió el mensaje de «Antxon». Sabemos que estuvo en Santo Domingo a la semana siguiente de que éste le remitiera su contestación.

—Ese viaje fue sólo una escala técnica de treinta y cinco minutos, en los que no me entrevisté con ninguna autoridad dominicana, únicamente con el embajador español. Con quien coincidí fue con el director de *El Mundo*, que publicó la noticia como si se hubiera producido realmente un encuentro, pero no hubo nada.

—En cualquier caso, nos sigue pareciendo contradictorio su mensaje de la anterior reunión, según el cual bastaba una llamada de «Antxon» anunciando la voluntad de entrar en la tregua de dos meses para que usted se desplazara, y la exigencia ahora de que haya un anuncio previo de dicha tregua.

—De aquello hace ya tres meses y medio y desde entonces han pasado muchas cosas. A través de los últimos comunicados de ETA he podido comprobar que lo que pretenden es que me desplace a Santo Domingo sin ningún compromiso por su parte. Una vez allí me presentarían una serie de puntos que el Gobierno español debería aceptar para declarar la tregua de dos meses, y eso no es lo que nosotros planteamos. Además, la llamada de «Antxon» se produjo en plena campaña electoral, y eso es una tomadura de pelo.

Vera continuó firme su exposición, convencido de que estaba desnudando la estrategia del enemigo. Intentó a continuación convencer a sus interlocutores de las bondades que para HB supondría la declaración de la tregua.

—El Gobierno ha realizado una encuesta acerca del efecto electoral que tendría para HB un anuncio de tregua por parte de ETA, y según los datos obtenidos se produciría un ascenso de cinco a seis puntos. Además, la tregua sería bien vista por sus bases —el número dos de Interior hablaba con fluidez, en un tono conciliador—. ETA no tiene que seguir atentando, ya ha demostrado que tiene suficiente capacidad operativa y aquí acuso públicamente recibo de ello. Ahora es precisa la tregua. En caso contrario las cosas seguirán igual y nosotros estamos en disposición de resistir los atentados.

Ese mismo día, horas antes del encuentro entre ambas delegaciones, una bomba de ETA había hecho explosión en la embajada de España en Roma.

—Es muy difícil que su planteamiento prospere por la desconfianza mutua. Sin intercambios previos directos entre las partes esos recelos no se van a amortiguar. En Argel también hubo gestos paralelos. No le estamos pidiendo ningún imposible —se mantuvo firme Iruin.

—En Argel no hubo ninguna reunión previa entre las dos delegaciones con anterioridad a que ETA decretara una tregua de quince días, sólo el compromiso de que durante esa tregua tendría lugar el encuentro. Ahora puede repetirse ese esquema. Tienen la garantía de mi desplazamiento inmediato. Además, me comprometo a que durante el periodo de tregua las autoridades francesas no practiquen ninguna detención, para evitar lo ocurrido en Argel.

Vera se refería a la detención de quien en el momento de su captura, el 11 de enero de 1989, era considerado el número uno de ETA, José Antonio Urruticoechea Bengoechea, «Josu Ternera». El secretario de Estado continuó su exposición con una nueva batería de ofertas.

—Sé que lo que más va a costar en esta fase es echar a andar. Si aceptan anunciar la tregua de dos meses, me desplazaré a Santo Domingo y durante el tiempo de vigencia se produciría el traslado a Suecia o a otro país que decidamos de los tres miembros de la delegación de ETA. Así comenzaríamos a diseñar el proceso de conversaciones, en el que en un determinado momento se daría entrada a los demás partidos políticos, quedando constituidas dos mesas que se realimentarían mutuamente. En este punto quiero señalar que habría que estudiar quién hace el anuncio a los demás partidos: el *lehendakari* Ardanza o HB. Lo que no se puede impedir es que el PNV intervenga en el proceso negociador. El momento es bueno para solucionar el problema.

Vera adelantó un dato para avalar la necesidad de que el proceso se reactivara, ya que las elecciones generales de 1993 se iban a adelantar a principios de ese año (finalmente se celebraron en el mes de junio). Desde ese momento tenían un margen próximo a los dos años para solucionar el problema. Un periodo de tiempo que el secretario de Estado consideraba suficiente y que permitía caminar sin prisas. Durante este lapso, el Gobierno tenía previsto acometer el pacto autonómico, lo que podría derivar en reformas o reinterpretaciones de la Constitución que sirvieran para introducir la solución vasca.

—¿Qué alcance puede tener ese pacto autonómico del que habla en lo que respecta a Euskadi? —preguntaron los dirigentes de HB.

—Ya han escuchado ustedes a Felipe González en unas recientes declaraciones en las que ha asegurado que hay que reconocer la diferencialidad vasca y catalana. Por ahí puede ir el tema. No obstante, en el PSOE conviven ahora dos posiciones, la de los federalistas, que buscan homogeneizar todas las autonomías, incluida la vasca, y otra que iría en consonancia con las declaraciones del Presidente. Yo creo que se trataría de ver el modelo de relación de Euskadi con el Estado y la creación de un estatus diferenciado.

Iruin y Aldekoa no tenían ya la certeza de que lo que estaban oyendo fuese verdad. Como bien había dicho Vera, desde entonces habían ocurrido muchas cosas. Volvía a hablar de ofertas referidas a Santo Domingo cuando tenían la impresión de que aquella vía estaba anegada. Además, se habían multiplicado los contactos con miembros de HB que la coalición ubicaba entre los partidarios de una negociación a la baja. Ellos mismos eran también destinatarios de mensajes que pretendían situar a la Mesa Nacional de HB por encima de ETA, algo que no estaban dispuestos a aceptar. Finalmente, ni siquiera estaban seguros del papel que desempeñaba el propio Vera ni si éste había perdido peso e influencia en el proceso.

La oferta de un intermediario de Presidencia del Gobierno a Txema Montero fechas antes de aquella segunda reunión contribuía a esta confusión [2]. El abogado era entonces militante de base de HB, tras haber dimitido de su cargo como eurodiputado en julio de 1990 y haber rechazado la candidatura de la coalición abertzale a la Diputación de Vizcaya en las elecciones municipales recién celebradas por la negativa de la formación a participar de forma estable en las instituciones.

Montero relata así la operación organizada en torno a su persona: «Me llamó una persona de Madrid, a la que conozco desde hace tiempo y con la que tengo un contacto fluido, para decirme que se iba a desplazar a Bilbao y que le gustaría que le recibiese en mi despacho. Al cabo de unos días se presentó aquí y, muy cauto, me pidió que tuviéramos la entrevista fuera. Acepté algo extrañado, nos desplazamos a una cafetería cercana y allí me dijo que venía en representación de Presidencia del Gobierno, me habló de una persona concreta, y me propuso tender una línea de contactos con HB. Me comentó que en Presidencia hacían una valoración negativa de lo ocurrido tras la ruptura de Argel, que desde entonces los intentos por retomar el diálogo estaban siendo infructuosos, que no se avanzaba y que Rafael Vera estaba quemado, porque no había conseguido ningún éxito, y desacreditado ante ETA, por lo que querían explorar un nuevo camino a través de Presidencia directamente. El mensaje merecía toda mi credibilidad por la identidad del mensajero, alguien para mí completamente fiable, y quedamos en que le llamaría para contestarle.»

El abogado trasladó la propuesta a varios dirigentes de HB, que se mostraron sorprendidos. Hacía poco que se habían entrevistado por primera vez con Vera, quien les había

[2] El diario *Egin* publicó el 26 de octubre de 1991 un resumen del *Barne Buletina* en el que se daba cuenta de este contacto. Sin embargo, omitió a sus lectores la literalidad de dicho resumen y la identidad de Txema Montero como receptor de la oferta de Presidencia. En una introducción al documento se señalaba que «las carencias del texto se deben exclusivamente al imperativo de ajuste en la página, pero son prácticamente imperceptibles y no afectan a cuestiones importantes».

comunicado una oferta, y de pronto aparecía un nuevo interlocutor que lo desautorizaba. Por si fuera poco, Luis Roldán, director general de la Guardia Civil, aprovechaba sus frecuentes desplazamientos a Pamplona para lanzar también mensajes negociadores al dirigente *batasuno* Patxi Zabaleta en los que él asumía todo el protagonismo. Las interferencias eran continuas. «El cruce de mensajes nos fundió los plomos cuenta Montero y llegué a pensar que, como mantenía discrepancias dentro de la coalición, pretendían tender puentes hacia los llamados "blandos" de HB y utilizarme para una maniobra divisoria. Esa era mi única preocupación personal. En lo político, lo que me interesaba era ver si por fin podíamos encauzar el tema si se trataba de una cosa realmente seria.» Fechas después, el propio abogado transmitió a su interlocutor la respuesta de HB: no se fiaban. La propuesta de Presidencia terminó por salir a relucir en el segundo encuentro con el número dos de Interior.

—Suponemos que estará al tanto de la oferta de Presidencia del Gobierno —inquirió Iruin en un intento de aclarar la situación—. Entenderá la sorpresa y la desorientación que produce este tipo de iniciativas cuando ETA había transmitido por el canal oficial una oferta, y la interferencia que esto supone. HB está dispuesta a acudir allí donde sea necesaria su presencia, en la línea de hacer esfuerzos para lograr una solución política definitiva. El propio Txema Montero ya le dijo a su interlocutor que HB no tiene nada que ofrecer y que, por tanto, la interlocución debe ser con ETA. Esto mismo le reiteramos ahora a usted.

—Estoy al corriente de esa iniciativa porque en el tema de los contactos con ETA no hay ningún paso que se dé sin mi conocimiento, el del ministro del Interior y el del Presidente del Gobierno —zanjó la cuestión Vera por lo que suponía de dudas sobre su papel—. No es una vía paralela a la que yo lidero, sino que, como ya les dije en nuestra anterior reunión del mes de febrero, el Gobierno tomará todas las iniciativas que conduzcan a una solución. Es cierto que estamos hablando de una cuestión *golosa* y no es descartable que haya personas interesadas en actuar por su cuenta buscando un protagonismo personal, pero en este caso no es así. También en HB hay personalidades varias y también alguna puede sentirse tentada de igual protagonismo —concluyó, en un intento de pasar la pelota al tejado de sus interlocutores.

—¿Y el Gobierno va a tratar de instrumentalizar esas supuestas apetencias personales? —preguntó Iruin incidiendo en la impresión de que se buscaban fisuras en la coalición.

—No.

—Nuestra opinión, en cambio, es que se quiere puentear el canal oficial de Santo Domingo. El intermediario de Txema Montero lo ha descalificado a usted.

—Esos son errores en la transmisión de la información. Les puedo decir que yo ya planteé abandonar el tema y que se encargaran de él otras personas si se consideraba que mi trabajo no daba fruto.

—En ese caso le reiteramos una vez más que HB no tiene nada que ofrecer, y si pretenden ustedes buscar fisuras en su seno, hoy más que nunca están condenados al fracaso. Tienen que retomar el canal oficial en Santo Domingo.

El comisario Manuel Ballesteros, que había permanecido prácticamente callado durante todo el encuentro, tomó la palabra.

—En eso estamos de acuerdo, pero HB puede hacer mucho a través de declaraciones públicas. Tienen capacidad de influencia en ETA. Además, tarde o temprano el asunto tendrá que pasar a manos de los políticos.

Iñigo Iruin e Iñaki Aldekoa abordaron un último tema: el contacto que otro miembro de su coalición, Patxi Zabaleta, había mantenido, días antes de la oferta de Presidencia a Txema Montero, con el comisario Gabeiro en Pamplona. Como en el caso anterior, Vera señaló que también estaba al corriente de este contacto y que el policía formaba parte del equipo de Ballesteros. El contacto se situaba también en la misma línea de los desarrollados con otras personas de HB. La reunión concluyó sin ningún compromiso.

Las dudas mostradas por los dirigentes de HB sobre las intenciones reales de Rafael Vera fueron expresadas también por ETA de forma contundente. El 29 de mayo, al día siguiente del encuentro en San Agustín de Guadalix, un coche-bomba lanzado contra la casa cuartel de la Guardia Civil en Vic (Barcelona) causó la muerte a nueve personas, entre ellas cuatro niños. El atentado recordaba por su virulencia al perpetrado contra la casa cuartel de Zaragoza el 11 de diciembre de 1987, que se saldó con la muerte de once personas, cinco de ellas también niños. En aquella ocasión, como en ésta, Gobierno y ETA se encontraban en pleno proceso de contactos. Si hacía cuatro años la dirección de la banda intentaba acumular fuerza en la mesa negociadora, en esta ocasión respondía de forma macabra a los problemas por los que atravesaban los contactos de Santo Domingo y anunciaba una espiral de violencia para 1992, el año de las Olimpiadas. De hecho, Vic había sido designada segunda sede de los Juegos Olímpicos. Un día después, agentes de la Guardia Civil mataban a tiros en la localidad barcelonesa de Lliça d'Amunt a dos de los integrantes del comando autor del atentado: Joan Carles Monteagudo Povo, un antiguo militante del grupo independentista catalán Terra Lliure, y Juan Félix Erezuma. El tercer integrante del grupo, Juan José Zubieta, fue detenido. El proceso de contactos caminaba sin rumbo definido.

CAPITULO QUINCE

PRESIONES EN SANTO DOMINGO

La ruptura de los contactos y el atentado de Vic marcaron aún más la situación de los seis etarras deportados en Santo Domingo, que se vieron recluidos de forma permanente en la vivienda que ocupaban en la capital dominicana. A esta situación se añadían los periódicos mensajes lanzados por las autoridades del país: «O decretan la tregua de dos meses o serán extraditados a España.» No era algo nuevo para ellos, pues desde su llegada a la República Dominicana siempre se había utilizado la amenaza de la entrega a la justicia española para presionar a la mesa negociadora de ETA, de manera que ésta forzara a la dirección en Francia a decretar un alto el fuego en su actividad terrorista.

Ahora, sin embargo, se añadía una situación personal que empeoraba por días: la actitud distante del general jefe del DNI, que había enconado las relaciones con el servicio de información. «Antxon» consiguió mantener una reunión con su segundo, el coronel Gustavo Jorge García, un hombre más apocado, sobre el que estaba convencido de poder ejercer una mayor influencia. La entrevista tuvo lugar el 28 de junio en el despacho del militar [1].

---

[1] El contenido de este encuentro está recogido en el *Barne Zirkularra* de octubre de 1991.

—Quería tratar con usted de una forma franca y transparente —comenzó conciliador el portavoz etarra— sobre ciertas cuestiones que se vienen produciendo desde el cambio de jefatura en el DNI y que son motivo de preocupación. Nuestra presencia en su país, más allá de nuestra represiva condición de deportados, obedece fundamentalmente a la función de representación que ostentamos. Somos los interlocutores de ETA, papel que nos ha sido asignado para desempeñar una labor dirigida a establecer un diálogo por la paz con el Gobierno español. Sin embargo, hemos observado una serie de cambios en la actitud de su país que creemos requieren algunas aclaraciones.

«Antxon» continuó su larga explicación bajo la atenta mirada del coronel, que asentía con un ligero movimiento de cabeza a cuanto decía. Al menos aparentaba mayor interés que el general y no le interrumpía en su disquisición.

—Por ejemplo, nos han suprimido las visitas autorizadas y nos han recortado las salidas semanales a pasear. Pese a esta situación, hemos escuchado las declaraciones del canciller de la república, Joaquín Ricardo, tanto en Estrasburgo como en Santo Domingo, en las que nos califica de asilados políticos. También hemos detectado un giro de ciento ochenta grados en la labor de mediación del Gobierno dominicano y creemos que todo esto necesita ser aclarado.

El coronel tomó la palabra en un tono amistoso, muy lejos del utilizado por su superior:

—No le den mayor importancia a las restricciones en sus movimientos y con sus visitas. Se trata tan sólo de medidas de seguridad para prevenir cualquier acto vandálico contra ustedes. Tengan en cuenta que ha habido graves atentados en España y, además, nuestro país vive un clima de tensión e inseguridad. En cualquier caso, pueden estar tranquilos, son medidas coyunturales que dentro de poco se normalizarán. En cuanto al tema de la mediación con el Gobierno español, es una cuestión que llevaban el mayor Estrada y el general Hernández, y su destitución ha provocado un vacío.

—Nosotros creemos, sin embargo, que las medidas que han adoptado no obedecen a razones de seguridad —respondió «Antxon», decidido a presionar ante la actitud más receptiva de su interlocutor—, sino que son órdenes políticas llegadas desde Madrid.

—Eso es falso. Le reitero que son medidas de seguridad. Por eso hemos solicitado la lista con los nombres de las personas que les visitan en casa para «chequearlas» e impedir que algún incontrolado intente atentar contra ustedes.

—En cualquier caso, creemos que existe una clara contradicción entre las declaraciones públicas del canciller y nuestra situación real en el país. Si somos asilados políticos como dice, ¿por qué no nos otorgan dicha condición?

Llegado a este punto, «Antxon» optó por requerir de su interlocutor un contacto con algún alto cargo del Ministerio de Asuntos Exteriores, hacia quien el DNI desviaba ahora toda la responsabilidad de su situación en el país, o con algún asesor político del presidente Balaguer.

—Se lo plantearé al general.

El portavoz etarra desveló también a su contertulio el contenido de la conversación que Vera había mantenido con Iñigo Iruin e Iñaki Aldekoa en la que les aseguró que las autoridades dominicanas no le habían informado del último mensaje sobre la tregua transmitido por él.

—Hemos mantenido una relación directa con el Gobierno español y nos han manifestado su extrañeza sobre el corte en su labor de mediación. Nos sorprende que una tarea desempeñada durante meses por mediación del DNI, con los generales Lachapelle y Hernández a la cabeza, se haya realizado, según afirman, sin conocimiento de la Presidencia y sin constancia por escrito.

—Nosotros —interrumpió el coronel— no tenemos ningún documento. En cualquier caso, tomo nota de sus palabras y trasladaré sus peticiones al general.

En esta ocasión no hubo demora y la reunión se mantuvo al día siguiente. El coronel García recibió de nuevo en su despacho a «Antxon». Tras hablar con el general, ambos habían establecido contacto por teléfono con las autoridades españolas para aclarar los temas tratados el día anterior.

—Nos han contestado que el Gobierno español no quiere que la República Dominicana tome parte en este asunto. Sus palabras textuales fueron: «Lo que tienen que hacer es publicar a través de los diputados [se refería a Iruin y Aldekoa] una nota de prensa declarando una tregua de dos meses.»

—Ese tema ya lo conocemos —respondió «Antxon»— y el Gobierno español conoce de sobra nuestra negativa a tal posibilidad.

—No entiendo cómo hemos podido llegar hasta aquí. Estamos muy preocupados por la actuación inexplicable y extraña de nuestros antecesores en este tema. Han actuado de manera oscura y al margen del Presidente. Eso es muy grave —señaló el coronel para justificar su nuevo papel.

«Antxon» eludió entrar de nuevo a debatir la labor del general Hernández y del mayor Estrada. Le parecía imposible que todo lo andado durante meses fuese tan sólo iniciativa de dos personas sin respaldo oficial.

—Le reitero que queremos entrevistarnos con alguien de la Cancillería para intentar reanudar los contactos en la República Dominicana. Y le pido también que cesen las medidas de presión contra nosotros.

—Plantearé su petición. En cuanto a las medidas de recorte de movimiento, les pido que tengan aún un poco de paciencia mientras se resuelven las dos huelgas generales que hay pendientes para los próximos días 3 y 4, y 9 y 10 de julio. Una vez concluyan, todo volverá a la normalidad.

—Le pido de nuevo —dijo para concluir «Antxon»— que nos facilite un próximo encuentro con nuestros asesores de HB. Una delegación se desplazará hasta aquí en los primeros días del mes de julio.

El coronel asintió con la cabeza.

El 10 de julio tuvo lugar un tercer encuentro con el coronel, en esta ocasión por iniciativa de éste. Los malos presagios de encuentros anteriores se confirmaron definitivamente entonces.

—Me he permitido convocarle —explicó al portavoz de ETA— para pedirles que no se trasladen al aeropuerto a recibir a la delegación de HB. El teniente se encargará y los conducirá hasta nuestras dependencias. Hay que evitar riesgos de seguridad. Además, y para mantener al máximo la discreción, les aconsejo que las reuniones que vayan a mantener se efectúen en la habitación del hotel, donde permanecerán de guardia un teniente y un agente. La situación está muy caliente debido a los atentados en España y es mi deber evitar que ocurra cualquier desgracia contra ustedes o sus compañeros.

Concluida la efímera reunión, el coronel condujo a «Antxon» al despacho del general. Este, dijo, le había expresado su interés en saludarle. Tras un apretón de manos, el general Sánchez Aybar comenzó a inquirir sobre los motivos de la visita de los miembros de HB.

—¿Cuál es el motivo de esta nueva visita? Supongo que se trata de algo particular.

«Antxon» adoptó de nuevo el tono de quien habla de militar a militar.

—La intencionalidad de estas visitas es intercambiar informaciones, impresiones y análisis sobre la situación.

—Bien, bien, en cualquier caso, el coronel ya les habrá puesto al corriente de algunos cambios sobre las condiciones de estas entrevistas por criterios de seguridad.

Días después, la delegación de HB tendría ocasión de conocer las nuevas normas. De ello queda constancia en documentos de ETA, que sostienen que «nada más llegar la delegación se comprobaría cómo se impedía cualquier reunión o contacto con ella que no fuera estrechamente vigilado por los policías dominicanos, ante lo cual se decidió, de común acuerdo con la delegación, elevar su más rotunda protesta ante los responsables dominicanos y dar por finalizada la visita sin, evidentemente, realizar reunión de trabajo alguna para evitar que ésta fuera escuchada o grabada por los servicios dominicanos. La delegación marchó de Santo Domingo ese mismo día».

ETA y HB confirmaban lo que era un hecho desde hacía semanas: los contactos estaban rotos. El análisis y la valoración de lo ocurrido hasta ese momento quedó recogido en un documento difundido en octubre de ese mismo año en su publicación interna *Barne Zirkularra*, que hacía un detallado repaso de los contactos habidos desde noviembre del año anterior, en el que se había anunciado la suspensión de los viajes de el «botijero».

El documento recogía el convencimiento de la dirección de ETA de que «la marcha atrás de Vera no ha obedecido exclusivamente a un replanteamiento coyuntural, sino que introduce una posición de cambio de táctica [...]. Se está llevando a cabo el juego de marearnos la perdiz [...]. Estimamos haber conocido mínimamente a Rafael Vera en las conversaciones de Argel como para afirmar que es una persona de pocas palabras pero cuidadosamente pensadas, que gusta de rezumar humanitarismo y comprensión, y a veces también una cierta ingenuidad calculada, pero que guarda tras de sí la llave maestra de su significativo cargo al frente y servicio de la Seguridad del Estado español [...]. No cabe ninguna peregrina idea acerca de una supuesta posición diferenciada de él con el Ministerio y con el Gobierno que sirve, como tratan de manera burda de filtrar confidencialmente desde el PNV y descaradamente desde determinados emisarios del Gobierno y de los propios poderes fácticos. Por contra, debemos entenderlo como la persona idónea para realizar un trabajo de distorsión y atracción de alternativas encontradas, que se presta hábilmente para repartir cal y arena dependiendo del momento y de las conveniencias coyunturales».

La banda estaba convencida de que Rafael Vera intentaba abrir varios frentes de interlocución dentro del MLNV, uno de ellos con HB, para eludir así a los portavoces oficiales, y anunciaba su negativa a ceder tal protagonismo a la coalición abertzale: «Estando totalmente de acuerdo con la labor delegada de mediación realizada por los compañeros de HB, y reafirmando la confianza revolucionaria que nos inspiran, hemos de ser extremadamente cautelosos [...]. Es por ello que consideramos totalmente contraproducente mantener la delegación de intermediación actual (HB) u otra parecida en sus relaciones con Rafael Vera o cualquier representante del Gobierno español [...]. Estamos plenamente convencidos de que el Gobierno español está apostando decididamente por alimentar la opción de interlocución, llamémosle

HB-Hegoalde, frente a la opción de interlocución ETA-Santo Domingo.»

El análisis sentenciaba tajantemente: «Ha llegado la hora de clarificar y resituar el reglamento de estos largos preliminares de juego español, concretando nuestras condiciones de partida y desautorizando todo elemento intermedio de desorientación. O lo aceptan o lo dejan [...]. Y nosotros hemos de desestimar radicalmente todo tipo de sucedáneos, incluida la actual vía delegada de intermediación.»

Lo que ETA desconocía era que todos los contactos de «Antxon» con el «botijero», sus entrevistas con los responsables del DNI dominicano, las conversaciones telefónicas del portavoz etarra con los dirigentes de HB y sus encuentros en la capital dominicana habían sido grabados y fotografiados, y en algunos casos hasta filmados, por agentes de la Guardia Civil al mando del comandante Félix Hernando. Hasta cuarenta viajes llegó a realizar este mando de la Benemérita destinado en la Secretaría de Estado para la Seguridad a fin de controlar de cerca los encuentros, recoger grabaciones realizadas por el DNI e intercambiar información con sus responsables.

Rafael Vera había tenido durante todos estos meses no sólo información directa de lo que sucedía en Santo Domingo, sino material en vídeo y en audio capaz de trasladar las imágenes y la voz de lo ocurrido hasta su despacho en Castellana 5. No había viajado a la República Dominicana como le exigía la banda terrorista, pero los 9.500 kilómetros que le separaban de sus portavoces representaban para él una distancia mucho menor de lo que a la dirección de ETA podía parecerles.

El epílogo a la vía «Antxon» en Santo Domingo dio paso durante el verano de 1991 a un sinfín de mensajes pretendidamente conciliadores. Faltaba un año para la celebración de los Juegos Olímpicos en Barcelona y la Expo´92 en Sevilla, dos objetivos señalados como prioritarios por la banda terrorista, que era consciente de la repercusión internacional que tendría cualquier atentado vinculado con dichos eventos.

«Nuestra preocupación inmediata eran las medidas de seguridad para la Olimpiada y la Expo —asegura hoy Rafael Vera—. Esto hizo que empezáramos a abrir nuevas vías de contacto. Si no era posible un acuerdo global, había que intentar una ruptura en el mundo de los violentos. Entendíamos que se daban las circunstancias adecuadas, ya que habían comenzado a aparecer discrepancias en HB y en ETA y la banda supeditaba su éxito al año 92.»

Vera señala que el camino elegido fue el de la confusión para ahondar en las diferencias existentes en el entorno de la banda terrorista: «Fue una época de mensajes cruzados, de despiste general en el mundo de HB y ETA, que no sabían a qué mensaje dar crédito, cuál estaba avalado por el Gobierno. Hubo contactos de Fernando Múgica [abogado y hermano de Enrique Múgica, ex ministro de Justicia] y de José María Gurruchaga [gobernador Civil de Guipúzcoa] con personas de la coalición en San Sebastián. Lo que intentábamos era buscarnos un 92 cómodo. La respuesta de HB cada vez que se producía una operación de estas características era que les estábamos tomando el pelo, que les distraíamos para avanzar en las operaciones policiales.»

Operaciones de despiste al margen, no faltó quien intentó aprovecharse de la situación en beneficio propio. Luis Roldán, director general de la Guardia Civil y uno de los más ardorosos enemigos del diálogo con ETA, se permitió abrir su propio proceso de negociación. Por medio estaban su buen amigo Gabriel Urralburu y la Presidencia del Gobierno de Navarra.

CAPITULO DIECISEIS

ROLDAN QUIERE NEGOCIAR

«Presidente, necesito que me dediques unos minutos. He abierto una vía de relación con Herri Batasuna que considero interesante y de la que creo que debes estar al tanto.» José Luis Uriz Iglesias, un veterano militante comunista que había ingresado seis meses antes en las filas del Partido Socialista de Navarra (PSN), anunciaba así a Gabriel Urralburu la existencia de contactos con Patxi Zabaleta, número uno de la coalición abertzale en Navarra. Ambos habían sido elegidos diputados forales en las elecciones autonómicas del 26 de mayo de 1991, lo que había propiciado su reencuentro. Se habían conocido a principios de 1990 en una tertulia de Radio Popular en Pamplona, cuando Uriz aun militaba en el PCE, al que había llegado en 1969, causado baja diez años más tarde y vuelto a ingresar en 1983, tras la llegada de Gerardo Iglesias a la Secretaría General del partido en sustitución de Santiago Carrillo.

La tertulia de Radio Pamplona le había acercado al mundo del nacionalismo radical y desde entonces mantenía una buena relación con Zabaleta. Su buen amigo Enrique Curiel, al que conocía de los tiempos de la Universidad en Madrid y con quien ahora coincidía en el PSOE, como antes lo habían hecho en el PCE, le pidió que organizara una reunión para saber por dónde se movía la coalición abertzale tras las recién celebradas elecciones de mayo. Los tres mantuvieron dos encuentros en el restaurante Casa Antonio de Almazán (Soria). En torno a un mantel hablaron de todo un poco, sin compromisos ni acuerdos. La elección del futuro gobierno navarro fue uno de los temas tratados. «Le dije a Zabaleta —dice Curiel— que con un Gobierno del PSOE siempre sería mas fácil abrir vías de contactos que con uno del PP, pero que, en cualquier caso, era un tema que debían debatir en el ámbito navarro y que yo no representaba a nadie. Ahí quedó todo.»

El Parlamento navarro vivía momentos de incertidumbre. Las elecciones autonómicas del 26 de mayo habían otorgado al PSOE diecinueve escaños, cuatro más que en los comicios de 1987, pero la fuerza más votada había sido el partido regionalista Unión del Pueblo Navarro (UPN), que consiguió veinte diputados gracias a su fusión con el Partido Popular (PP) unos meses antes. La falta de acuerdo entre las distintas formaciones propició varias votaciones de investidura que se resolvieron con el rechazo de su candidato, Juan Cruz Alli. Gabriel Urralburu era el siguiente aspirante. Era el mes de julio de 1991 cuando José Luis Uriz informó a Urralburu de los contactos que había tenido con Zabaleta y el ex presidente navarro decidió convocar a quienes habían sido sus hombres de confianza en el Gobierno foral para recabar su opinión sobre un hipotético acuerdo con HB.

«A aquella primera reunión —cuenta Uriz— asistieron José Antonio Asiaín [vicepresidente y consejero de Economía y Hacienda], Antonio Aragón [consejero de Obras Públicas], Aladino Colín [consejero de Presidencia e Interior], Federico Tajadura [consejero de Ordenación del Territorio, Vivienda y Medio Ambiente] y los diputados Javier Otano y Manuel López. Urralburu explicó mis contactos con Zabaleta y la posibilidad de utilizarlos para facilitar su elección como presidente. Todos salvo Aladino estuvieron de acuerdo en que era interesante mantenerlos.»

José Luis Uriz trasladó a Patxi Zabaleta la petición para que su formación se abstuviese en la votación para la investidura de Gabriel Urralburu, lo que suponía su elección automática. «Zabaleta pidió contrapartidas. Se les ofreció una foto con el Gobierno, una reunión de contacto sin más, sin excesivo contenido. HB pidió más, querían contenidos.» La falta de acuerdo hizo que la coalición abertzale votara en contra del candidato socialista en la primera votación de investidura e impidiera su nombramiento.

«Con el proceso de investidura en marcha nos entregaron un documento con diez propuestas que debíamos asumir. Con ello pretendían justificar ante sus bases su cambio de postura. Urralburu se comprometió a negociar los puntos que planteaban pero desde la dinámica parlamentaria y una vez elegido presidente.» HB volvió a contestar de forma negativa y mantuvo su voto contrario a su reelección como presidente foral.

Otros acontecimientos vinieron a complicar aún más la situación. ETA irrumpió aquel verano con numerosos atentados en la vía férrea que obligaron a suspender la circulación en pleno periodo vacacional. El PSN tuvo miedo de que se conocieran sus contactos con HB. Con aquel panorama político era imposible intentar un acuerdo con luz y taquígrafos con los diputados abertzales. El coste de imagen era, a su entender, demasiado grande. HB, por su parte, tenía también muchos recelos hacia Urralburu, a quien no consideraba un interlocutor adecuado. «Zabaleta me sugirió que en su lugar actuara de intermediario con ellos Federico Tajadura. Yo me limité a trasladar su posición al presidente, pero no se llegó ni a plantear dicha posibilidad», cuenta Uriz.

La penúltima votación para la elección de Gabriel Urralburu precipitó los acontecimientos. «Olivia Balda, su mujer, me telefoneó a mi domicilio a las once de la noche para pedirme que fuera a su casa para tratar un tema muy importante. Allí me entrevisté con Urralburu, quien me planteó que, como tenía amistad con Luis Roldán, entonces director general de la Guardia Civil, al que conocía de su etapa como delegado del Gobierno en Navarra, le iba a pedir que actuara él de intermediario con el cebo de abrir una nueva fase de contactos con ETA. Delante de mí llamó a Roldán, que aceptó, y yo hice lo mismo desde una cabina con Patxi Zabaleta para pedirle que fuera a mi casa. Allí le traspasé la oferta del presidente: su abstención a cambio del compromiso de un contacto con Luis Roldán, con la negociación con ETA como telón de fondo. A la reunión debían acudir también Iñaki Aldekoa e Iñigo Iruin, a quien entonces se consideraba el consejero delegado de ETA en HB. El escenario elegido era mi casa en Villava. Zabaleta dijo que tenía que consultar el tema al otro lado de la frontera. Al día siguiente me dio el visto bueno.»

El ex parlamentario socialista sostiene que cuando la reunión estaba a punto de celebrarse Luis Roldán puso problemas. «Eso al menos me dijo a mí Urralburu, quien me aseguró también que Roldán contaba con la autorización del ministro Corcuera. Al parecer, éste se encontraba por aquellas fechas de vacaciones y el director de la Guardia Civil tuvo que desplazarse en helicóptero hasta su lugar de veraneo para recabar su apoyo a la operación. A la vista de los problemas que surgían le sugerí a Urralburu que fueran Patxi Zabaleta y Luis Roldán quienes se pusieran directamente de acuerdo sobre la reunión. Urralburu me entregó entonces una tarjeta con su membrete como presidente foral, donde escribió las iniciales L. R. y un número de teléfono de Madrid, el 5332792. Yo, a su vez, se la di a Zabaleta. Según me comentó después Urralburu, ambos hablaron dos veces y no hubo acuerdo porque HB quería un pacto que le sirviera para justificar ante sus bases el cambio de su voto.»

El *Barne Zirkularra* editado por ETA en octubre de 1991 recoge una única conversación entre Zabaleta y Roldán, que tuvo lugar el 10 de agosto de 1991 con una duración aproximada de cuarenta minutos. Ambos interlocutores se conocían de la etapa de Roldán en Navarra, lo que sin duda facilitó la comunicación. Además, en mayo de 1989, tras la ruptura del proceso de conversaciones en Argel en abril de ese mismo año, Roldán ya había mantenido una entrevista en Pamplona con Patxi Zabaleta e Iñaki Aldekoa en la que les había propuesto iniciar un nuevo proceso de diálogo empezando de cero. Una postura muy distante de quien se presentaba públicamente como principal valedor de la vía policial para acabar con ETA.

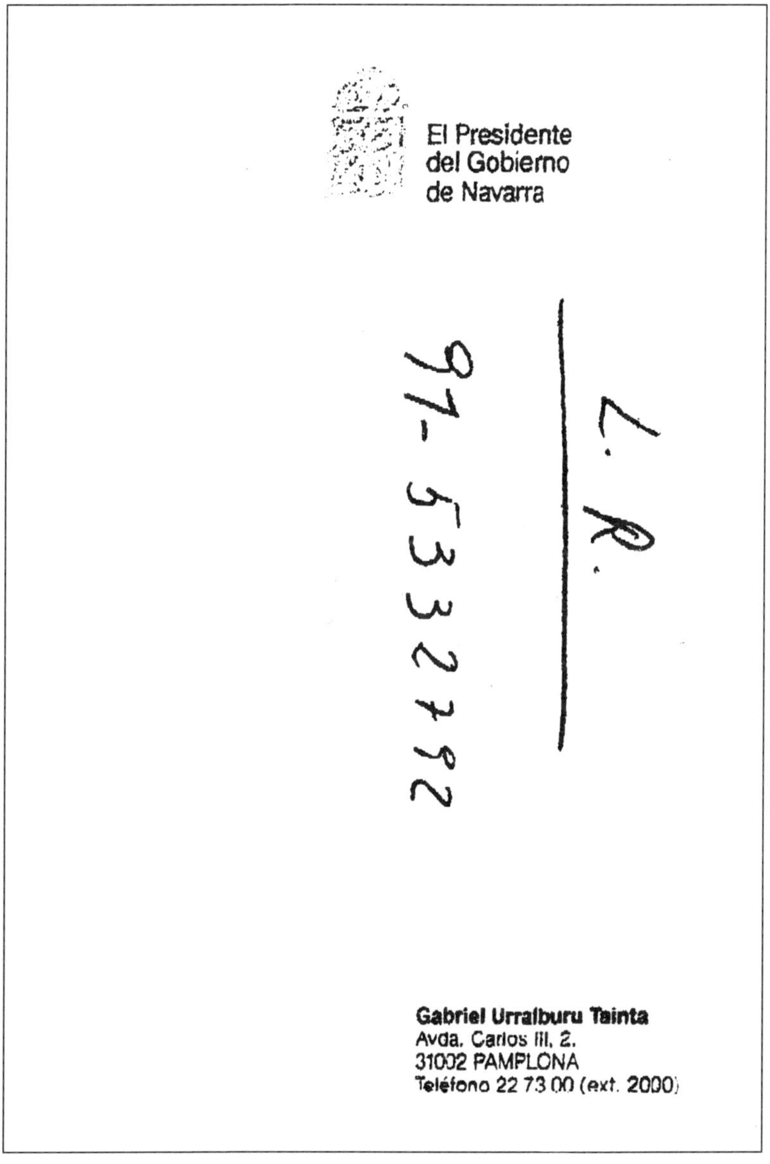

Tarjeta que Gabriel Urralburu entregó a José Luis Uriz, con el teléfono de Luis Roldán en Madrid, para que se la diera a Patxi Zabaleta.

Luis Roldán se encontraba de nuevo en una situación muy similar a la de 1989. La llamada de Zabaleta se preveía como un mero contacto para establecer una cita, pero terminó por sustituir a la reunión en sí. El director de la Guardia Civil no pudo por menos que rememorar su etapa como delegado del Gobierno en Navarra para iniciar la conversación y romper el hielo inicial de estas situaciones. Tras unos minutos, necesarios para recabar la complicidad del interlocutor, pasó a tratar el tema que había motivado la llamada.

—La elección de Urralburu como presidente del Gobierno de Navarra es muy importante para el partido. Pero no sólo eso, sino que sería también muy importante en el contexto de unas hipotéticas negociaciones. Mi oferta es que mantengamos una reunión. Como bien sabes no existe ninguna relación con la isla —Roldán se refería a la situación de los deportados en la República Dominicana— e incluso se han prohibido los contactos con los asesores de HB. Y la decisión política es que eso siga así. Creo, por lo tanto, que la reunión que te propongo sería muy interesante. —Roldán hablaba lanzado, desgranando paso a paso su plan—: La reunión sería secreta y debe contar con la garantía previa de vuestra abstención. Es decir, que al margen del resultado de la reunión HB tiene que garantizar que va a facilitar un gobierno de Urralburu. El encuentro serviría para iniciar un nuevo proceso de conversaciones.

El director de la Benemérita guardó silenció esperando la respuesta de un Zabaleta al que imaginaba sorprendido por la oferta, según la cual él pasaba a convertirse en el eje central del futuro proceso de contactos con la banda terrorista en sustitución de Rafael Vera, su principal enemigo en el Ministerio. La respuesta del parlamentario abertzale fue la misma que ya había trasladado a José Luis Uriz en anteriores ocasiones.

—HB no puede garantizar a priori un cambio de postura. Para que ese cambio tenga lugar necesitamos discutir y llegar a acuerdos. Se han celebrado ya dos votaciones y en ambas hemos dicho que no a Urralburu, no podemos ahora modificar nuestro voto sin razón. Su oferta es exactamente la misma que nos ha trasladado con anterioridad Urralburu y nuestra respuesta no puede ser sino idéntica a la que ya le dimos a él.

—Si no hay garantía previa no se celebrará la reunión —respondió enojado Roldán.

—¿Qué importancia puede tener la garantía previa que nos pide si la reunión va a ser secreta y no se va a conocer? Además, ¿qué sacamos nosotros si no llegamos a ningún resultado en la reunión?

—La reunión misma es un resultado y debe considerarse como tal. Es abrir una posibilidad.

—Pide garantías pero no ofrece ninguna en cuanto a contenidos.

—La garantía es que habrá reunión.

—Reunión sí, pero secreta.

—Secreta, pero reunión.

La conversación había ido derivando en enfrentamiento dialéctico ante la falta evidente de acuerdo. Zabaleta intentó poner fin.

—Su planteamiento desdice el que se nos había comunicado previamente de que se salvaguardaría la imagen de HB.

Roldán tampoco tenía ganas ni interés en seguir discutiendo:

—Este fin de semana voy a subir a San Sebastián y no voy a poder desplazarme hasta Pamplona. Si hay algo le llamaré.

No hubo, sin embargo, más contactos.

ETA sostiene en sus documentos que «en entrevistas posteriores con Uriz se le ha indicado a P.Z. [en referencia a Patxi Zabaleta] que R. [en alusión a Roldán] envió la información de que no hay nada que hacer, que HB no se va a abstener. Posteriormente no ha habido más llamadas ni sugerencias.»

HB mantuvo su voto contrario a la elección de Gabriel Urralburu y fue finalmente Juan Cruz Alli, como candidato de la formación más votada, el encargado de formar Gobierno. El dirigente socialista perdía el poder tras dos legislaturas al frente del ejecutivo navarro.

Uriz cree ahora, tras desvelarse la trama creada por Roldán para su enriquecimiento personal, que terminó por salpicar a Gabriel Urralburu[1], que aquellos contactos estaban movidos «por un interés de protagonismo y también de aprovechamiento personal». La relación de Urralburu con dicha trama llevó a José Luis Uriz a solicitar su expulsión del PSN. El hijo pródigo pedía la salida del partido de quien había sido su mentor en él. Su derrota supuso también su arrinconamiento político. Uriz continúa en el PSN como militante de base, tras haberse caído de las listas del partido en las elecciones autonómicas de mayo de 1995.

Cuando en junio de 1992 se conoció publicamente la existencia de estos contactos a través de documentos incautados a ETA, la Comisión Ejecutiva del PSN difundió un comunicado en el que daba la vuelta a la tortilla y señalaba que fue Zabaleta quien se puso en contacto con miembros del PSOE para proponer la negociación de un programa de gobierno a cambio de que HB cambiara su voto y permitiera la reelección de Gabriel Urralburu. Este, por su parte, aseguró que su partido se negó a negociar el programa de gobierno propuesto por HB: «Yo me enteré por el señor Curiel y el señor Uriz de que se habían reunido y les dejé claro, al igual que otras personas con más autoridad que yo, que no representaban a nadie, en ningún ámbito. Hacer ese tipo de negociación con HB para obtener mi investidura hubiera sido muy grave.» Urralburu negó también haberse puesto en contacto con Luis Roldán para que mediara ante Zabaleta y que éste hubiera protagonizado tal contacto a título personal: «Yo que conozco bastante bien lo que Roldán ha venido haciendo en todos estos asuntos, creo que nunca haría una cosa tan grave.» En la misma línea se manifestó Roldán de forma reservada. Ambos mentían.

El epílogo negociador de Luis Roldán en el verano de 1991 fue seguido de un semestre trágico. Rotos los contactos,

---

[1] Gabriel Urralburu y Antonio Aragón, que fue su consejero de Obras Públicas, fueron encarcelados el 1 de diciembre de 1995 por el juez Juan Manuel Fernández, titular del Juzgado de Instrucción número 1 de Pamplona, acusados del cobro de comisiones por la concesión de obras para la denominada trama navarra del «caso Roldán».

ETA se lanzó a una espiral de atentados en todo el país. Uno de ellos marcaría el futuro más inmediato. El 17 de octubre, una bomba adosada a los bajos de su coche mutiló a María Jesús González Gutiérrez, de cuarenta años, funcionaria civil de la comisaría madrileña de Los Cármenes, y a su hija Irene Villa González, de doce años. Las imágenes de sus cuerpos inertes sobre el asfalto darían la vuelta al mundo mostrando la cara del terrorismo. El rumbo de los acontecimientos estaba a punto de cambiar.

CAPITULO DIECISIETE

IRENE VILLA

El día amaneció con ese sol de otoño que apenas calienta pero que hace más agradable el tránsito hacia el frío invierno. La realidad, en cambio, era más gélida aquella mañana del 17 de octubre de 1991. Las emisoras de radio habían abierto sus informativos con un nuevo atentado de ETA en Madrid. A las ocho en punto. Siempre a primera hora, como queriendo acaparar toda la atención de una ciudad acostumbrada ya a ser la caja de resonancia de las bombas de los terroristas. Hacía cuatro meses y doce días del anterior atentado de la banda en la capital. Como en aquella ocasión, la víctima era un militar de baja graduación, un teniente. La zona elegida era también la misma, Aluche, una barriada obrera del sur de Madrid.

La violenta explosión sobrecogió a María Jesús González, de cuarenta años, y a sus hijas Virginia, de dieciséis, e Irene, de doce. Acababan de levantarse para empezar su jornada cuando el estruendo les alcanzó en la cocina de su vivienda de la calle Camarena. Desayunaban juntas antes de que la hermana mayor cogiese sus libros para ir al colegio Lourdes, en las proximidades del domicilio. Entraba a las ocho de la mañana y no había tiempo que perder. Su hermana Irene tenía más suerte: sus clases en el colegio Madres Irlandesas, donde cursaba octavo de Educación General Básica (EGB), comenzaban una hora más tarde. Tiempo suficiente para que su madre la llevara en coche y enfilara después calle adelante en dirección a su trabajo como funcionaria en la sección de pasaportes de la cercana comisaría de Los Cármenes.

El ulular de las sirenas de los coches de policía y de las ambulancias reforzó los negros presagios de María Jesús. Aquello había sido una bomba. Recordó cómo la gente identifica siempre los disparos o las detonaciones con petardos, cohetes o explosiones de gas. A nadie se le ocurre pensar que aquellos sonidos son los de la muerte. Ella, sin saber por qué, tuvo desde un principio la sensación de que aquel golpe seco era un atentado. Puso la radio y en apenas unos minutos confirmó sus presentimientos. La víctima en esta ocasión era el teniente de Artillería Francisco Carballar Muñoz, de cuarenta y siete años de edad, casado y con cinco hijos. Una bomba había estallado bajo su coche cuando lo ponía en marcha para dirigirse a su destino en el Regimiento de Artillería de Campaña número 11, en Colmenar Viejo. Era el único militar que residía en unos modestos bloques de viviendas de trabajadores en la calle Duquesa de Parcent, a escasos quinientos metros del domicilio de María Jesús y sus hijas. ETA había utilizado para asesinarlo una bomba-lapa adosada a los bajos de su vehículo, que se activa al arrancar el automóvil o con algún movimiento brusco de éste. El sistema era utilizado habitualmente en el País Vasco para atentar contra militares y miembros de las Fuerzas de Seguridad, pero no se había empleado nunca en Madrid hasta el anterior 5 de junio, para asesinar al teniente del Ejército del Aire Enrique Aguilar Prieto. La detonación no siempre acababa con la vida de sus víctimas, pero para los terroristas era un método sencillo y sin riesgos. Colocaban la bomba la noche anterior y escapaban. A partir de ahí sólo les quedaba esperar los resultados desde su guarida.

—Mamá, esta mañana me voy con vosotras —remoloneó Virginia para retrasar su entrada al colegio, aunque sólo fuese una hora. El temblor de la explosión había roto la rutina diaria en casa y sobresaltado al barrio. Una buena excusa para hacer de la jornada un día diferente[1].

---

[1] La reconstrucción de los hechos está basada en el testimonio de María Jesús González.

—¡Venga, al colegio pitando! —respondió su madre obligándola casi a salir de casa.

Al instante la joven se precipitó escaleras abajo rumbo a clase. El atentado era para María Jesús un hecho ajeno, una de esas muchas noticias desagradables que nos asaltan de vez en cuando. Siempre a una prudente distancia, lo que nos permite compadecernos o llenarnos de indignación por lo que les ocurre a los demás. Siempre como espectadores, en el convencimiento de que nunca seremos los protagonistas, de que esas cosas no nos pueden pasar a nosotros. La única diferencia en esta ocasión era que el atentado había sido allí mismo, en su entorno más próximo. Algo que siempre causa desasosiego.

A las 8:50 de la mañana, María Jesús apremió a Irene. Se les echaba la hora encima y llegaban tarde. La batalla de todos los días. Los ecos de la explosión ya se habían disipado y todo parecía haber regresado a la normalidad. Salieron de casa y se encaminaron hacia su viejo Seat-127 estacionado en las inmediaciones.

—Tengo miedo, a ver si nos van a poner una bomba a nosotras. —A Irene Villa no se le ocurrió otra cosa. Lo soltó así. De improviso. Sin pensarlo. Sin que hubiera ninguna razón para ello.

—Anda, tonta, que esas cosas sólo le pasan a la gente importante.

No hizo caso a su hija. No había razones para ello. Arrancó el coche y tomó la dirección contraria al colegio. La calle era de sentido obligatorio y tenía que dar un pequeño rodeo antes de coger el camino correcto. Dio la vuelta en la primera curva y, cuando llevaba recorrido medio kilómetro y circulaba frente a los colegios Anunciata, de preescolar, y San Juan García, se hizo la nada. Ellas no lo sabían, pero una segunda bomba-lapa colocada a sus pies acababa de reventar. Sus cuerpos quedaron inertes sobre el asfalto, en medio de la sangre, el suelo repleto de cristales y de restos de su coche, hecho jirones. Eran las 8:55 horas, justo cincuenta y cinco minutos después de que la primera explosión sobresaltara a todos en el barrio.

«No nos enteramos de nada —recuerda María Jesús—. La gente que nos atendió en un primer momento y los sanitarios de la ambulancia que me recogió me dijeron que nunca perdí el conocimiento, que incluso pretendía incorporarme del suelo y que preguntaba por mi hija, pero yo no me acuerdo de nada. Sencillamente, se hizo el vacío. Cuando me desperté en el hospital pensé que estaba soñando.»

La explosión alertó a los numerosos periodistas que se habían desplazado hasta la calle Duquesa de Parcent para recoger datos sobre el asesinato del teniente del Ejército. En apenas unos minutos las cámaras de televisión se encontraban ante el escenario del nuevo atentado. Allí pudieron captar lo que nunca antes habían recogido: el horror en directo. El coche aún humeante, las víctimas destrozadas en el suelo, con sus extremidades inferiores amputadas. Todo quedó grabado. Ni el atentado era más sangriento que otros de ETA ni Irene Villa era la primera niña víctima de los terroristas. Hasta ese día, otros veinte menores habían sido asesinados, los cuatro últimos el anterior 29 de mayo al estallar un coche-bomba lanzado contra el cuartel de la Guardia Civil en Vic. La única diferencia era que en esta ocasión la televisión difundió las imágenes del terror y el país entero se quedó sin respiración.

La explosión amputó a María Jesús el antebrazo y la pierna derechos, y a su pequeña Irene las dos piernas y tres dedos de la mano derecha. Dos ambulancias trasladaron a la niña al hospital militar Gómez Ulla, y a su madre, al Doce de Octubre. Ambas ingresaron en estado crítico. El cuerpo del teniente Francisco Carballar, cuya muerte tanto les había asustado, aún permaneció una hora más en el interior de su coche, hasta que el juez de guardia ordenó el levantamiento del cadáver. Dos horas y media después, una tercera bomba hizo explosión bajo el coche del comandante de Infantería Rafael Villalobos a la altura del número 16 de la calle Pablo Casals. Como Irene, también perdió las dos piernas. La ciudad, sobresaltada, se perdió durante toda la jornada en la psicosis del coche-bomba y esa misma noche el madrileño teatro de la Zarzuela tuvo que suspender la representación de la obra *La del manojo de rosas* debido a una llamada telefónica que advertía de la falsa colocación de otro artefacto explosivo.

«Me desperté en la UVI del hospital y lo primero que hice fue preguntar por mi hija a la enfermera —cuenta María Jesús—. Me dijo que allí no había ingresado nadie más que yo, pero que se iba a interesar por ella. Nunca volvió para contestarme y yo pensé que había muerto. Nadie me había dicho lo que tenía, pero yo me daba cuenta de que todo el daño lo había sufrido en la parte derecha de mi cuerpo, justo donde iba sentada Irene en el coche. Había muerto y no me lo querían decir, así que decidí no preguntar más para retrasar la certeza de lo que había pasado. A los dos días mi padre se extrañó de que no me interesara por Irene. "¿No preguntas por tu hija?", me dijo. "¿Pero está viva?", le contesté. Me dijo que sí y me volví loca de alegría, como si me hubiera tocado la lotería. Lo demás no me importaba nada.»

Irene vivía y aquello envalentonó a María Jesús. Quiso saber qué había pasado. Qué hacían ellas postradas en las camas de dos hospitales.

«Pregunté qué había ocurrido y me dijeron que había tenido un accidente de coche, pero yo sabía que eso era imposible porque iba a cuarenta por hora. No recordaba nada, tan sólo que antes de que saliéramos de casa había estallado una bomba, y pensé que nos habían colocado otra a nosotras. A partir de ese momento mi único interés fue hablar con Irene. Un primo me trajo un teléfono móvil y entregó otro a mi hija, que aún estaba en la UVI. Así hablamos por primera vez. Fue muy emocionante. No hacía más que preguntarme por qué no iba a verla.»

Aún tardó María Jesús cuarenta y cinco días en abandonar el hospital. Irene, seis meses. «Los médicos no me aclaraban lo que tenía mi hija, y yo me decía a mí misma que lo más importante era que estaba viva, que el resto daba lo mismo. Después de muchos días me dijeron que podría salir a la calle tan pronto como aprendiera a utilizar la prótesis de mi pierna derecha. ¡Tardé sólo media hora! El primer día que nos encontramos fue muy especial para las dos.»

María Jesús y sus hijas se habían convertido en las protagonistas de una de esas muchas historias que pasan cada día por delante de nosotros. Era como si de pronto hubiesen entrado en el interior de una película y asumido los papeles estelares por el simple hecho de trabajar en una comisaría de Policía. Había aprobado las oposiciones de funcionaria civil del Ministerio del Interior en 1972 y a principios del año siguiente se incorporó a su primer destino en el Servicio de Arquitectura de la Dirección General de la Policía. En 1975 se casó con un taxista, del que se terminaría separando años después, y el matrimonio se instaló en el piso de la calle Camarena. Diez años después fue trasladada a la Intervención Delegada del Ministerio. Otro destino cómodo. Allí estuvo ocho meses, hasta que salió aquella vacante en la comisaría de Los Cármenes y permutó la plaza con otra compañera. Le pillaba más cerca de casa y podía ganar tiempo para estar con las niñas. Por la mañana trabajaba en la sección de pasaportes y por las tardes hacía horas extras en las oficinas del Documento Nacional de Identidad, porque el dinero no le alcanzaba para sacar adelante a sus hijas. Algunos días su padre recogía a Irene y la acercaba hasta la comisaría para que acompañara a su madre.

Siempre confiada, María Jesús era la única persona de la dependencia que dejaba estacionado su coche en el espacio reservado para la Policía. El resto prefería dar algunas vueltas por las inmediaciones y camuflar el vehículo como medida de seguridad. Ella no. ¿Cómo iban a fijarse en ella los terroristas si era tan sólo una empleada de la comisaría? Así se convirtió en objetivo de ETA. El comando que vigiló la dependencia policial marcó su coche y el seguimiento hasta su domicilio debió resultar muy sencillo por la proximidad. Era una víctima propicia, sin riesgos. La noche del 16 de noviembre la siguieron hasta su casa, vieron dónde aparcaba el coche y le adosaron en los bajos una bomba personal. Para ellos sólo quedaba esperar a la mañana siguiente.

El atentado, uno más, habría de cambiar, sin embargo, muchas cosas. Las imágenes de María Jesús y de su hija Irene inertes en el suelo dieron la vuelta al mundo. Eran sencillamente sobrecogedoras. Nunca antes las cámaras habían estado en el lugar del crimen de forma tan instantánea. Tanto que desde Televisión Española telefonearon al Ministerio del Interior para consultar la conveniencia de que fueran emitidas. Si hasta entonces el ministro José Luis Corcuera y su asesor para temas informativos, el periodista Agustín Valladolid, se habían mostrado remisos a que se difundieran imágenes de atentados y sus víctimas, en esta ocasión la consigna fue la opuesta. Que todo el país viera la crueldad de ETA. El ministro telefoneó incluso a Antoni Asunción, director general de Instituciones Penitenciarias, para pedirle un favor: que todos los presos de ETA estuvieran a las tres de la tarde en los comedores de las prisiones donde estaban recluidos, con la televisión puesta, para que también ellos pudieran presenciar las hazañas de sus compañeros.

Lanzado e indignado por los acontecimientos, Corcuera llamó también a su homólogo francés, Philippe Marchand. Tenían previsto un encuentro en las próximas fechas, pero el ministro español le conminó a que se encontraran ese mismo día. Marchand viajó esa noche a Madrid. Algo sin precedentes en las relaciones hispano-francesas. En el viejo palacete de Castellana 5, Corcuera le mostró las imágenes de los atentados de esa mañana y le entregó una copia. Esa era la ETA contra la que le pedía mayor colaboración.

El impacto debió indigestar la cena al ministro galo, pero sirvió para arrancarle un compromiso por el que Corcuera llevaba tiempo peleando sin resultado. El, personalmente autorizaría la presencia de agentes de los servicios de información españoles, tanto de Policía como de Guardia Civil, en el sur de Francia para investigar y perseguir sobre el terreno a los etarras en colaboración con agentes franceses. Las brigadas mixtas que España venía reclamando sin éxito. Marchand accedió con una condición: el acuerdo no se haría público ni sería oficial. Funcionaría en secreto. Así se ha hecho desde entonces, pese a los continuos desmentidos oficiales a uno y otro lado de la frontera negando siempre tales prácticas.

Meses después, ya en mayo de 1992, otra copia del vídeo viajaría a Uruguay tras la detención en Montevideo de catorce etarras que residían en la capital uruguaya, donde regentaban uno de los más afamados restaurantes de la ciudad, La Trainera, en lo que fue el primer golpe policial a los santuarios de la banda en Latinoamérica. Rafael Vera, secretario de Estado para la Seguridad, fue el encargado de entregar una copia al ministro del Interior uruguayo para su difusión por las televisiones del país a fin de contrarrestar las protestas desatadas por las detenciones. La comitiva española la integraban también el comisario general de Información Jesús Martínez Torres, el general de la Guardia Civil Quintiliano Pérez Monedero, el diplomático Nicolás Martín Cinto y el juez de la Audiencia Nacional Carlos Bueren, que llevaba consigo abundante documentación sobre los hechos imputados en España a los detenidos.

Las dramáticas imágenes llegaron también a Santo Domingo. Aunque era habitual que tras cada atentado importante de ETA el comandante de la Guardia Civil Félix Hernando viajara a la capital dominicana para sondear la posición de la mesa negociadora de la banda, la repulsa que esta última acción había generado en la opinión pública sorprendió a todos. Hernando entregó una copia en vídeo al director del DNI dominicano, el general Fernando Sánchez Aybar. La respuesta fue inmediata. Ordenó que llevaran a su presencia a Eugenio Etxebeste, «Antxon», y en su despacho le mostró las imágenes. Si los contactos en Santo Domingo con el «botijero» llevaban más de un año suspendidos y la vía abierta por Vera a través de HB tampoco avanzaba, aquello fue la gota que colmó el vaso.

El mensaje no tardó en llegar ni a los portavoces de ETA ni a los dirigentes de HB. «Antxon» y sus compañeros vieron suprimidas algunas de sus salidas a la calle y se prohibieron las visitas de los asesores de la coalición abertzale. Incluso llegaron a tomarles la reseña decadactilar en un simulacro de extradición a España. La vida, en definitiva, se les hizo más difícil. Una semana después del atentado, Rafael Vera dio también públicamente por zanjados sus contactos con los dirigentes *batasunos* al afirmar tras su comparecencia ante la comisión mixta sobre drogas del Senado que «en este momento, ETA no dirige a HB, sino al revés». Una afirmación que fue corroborada días después por el consejero de Interior del Gobierno Vasco, Juan María Atutxa, quien declaró que «un sector de HB manda en ETA».

Irene Villa se convirtió, sin quererlo, en la principal embajadora de la lucha antiterrorista en el exterior. Fue protagonista de todo tipo de homenajes. Cuatro años después ha rehecho su vida. Su madre asegura que ambas han salido adelante «tirando la una de la otra. Irene es genial, tiene una fortaleza tremenda y ha dado muestras de ello. Pensó que iba a tener que estar en silla de ruedas toda su vida y al enterarse de que había prótesis, que podría volver a andar con mucho esfuerzo, dijo: "¡Qué suerte tengo!" Ahora hasta va a las discotecas y baila de forma fenomenal. Las dos sabemos que tenemos limitaciones y las asumimos, pero tampoco somos tan diferentes de los demás». María Jesús llena ahora su tiempo con sus hijas, con la gestión de una tienda de ropa que abrió en Vaciamadrid y asistiendo a cursos. Quiere vivir. Irene quiere estudiar Derecho y aspira a ser juez algún día.

El atentado no sólo las marcó a ellas, también a quien vivía más cerca, a Virginia. Justo un mes después, el 17 de noviembre, cumplió diecisiete años, y cuatro días después, el 21, su hermana hizo trece. Aquello la trastocó. Todas las atenciones fueron para su madre y su hermana. Nadie se acordó de ella. Dejó de estudiar y aún hoy, con veinte años, cursa tercero de BUP. Acaba de regresar a los estudios con mucho esfuerzo y después de llorar durante muchas horas. Llegó incluso a reprochar a su madre que quisiera más a su hermana y que le dedicara a ella todo su tiempo, ése que se ha encargado de cicatrizar las heridas.

Irene Villa fue una víctima más de ETA, pero las circunstancias que rodearon su atentado fueron mucho más allá de lo que ella misma, la banda y el propio Gobierno pudieron imaginar. Aquella bomba certificó el final del proceso abierto en Santo Domingo y dio paso a otra vía negociadora que llevaba años en situación de espera: la «operación Azkoiti».

SEGUNDA PARTE

LA «OPERACION AZKOITI»

CAPITULO DIECIOCHO

EL CONFIDENTE

«Jesús, quiero que vayas a ver a una persona que nos mandan desde La Moncloa y que dicen que nos puede ser útil en la lucha contra ETA.» Julián San Cristóbal, director de la Seguridad del Estado, enviaba a Jesús Martínez Torres, comisario general de Información, a una cita a ciegas con un nuevo colaborador. Si le había elegido a él, máximo responsable policial en la lucha antiterrorista, para una tarea semejante era porque el interlocutor venía avalado por Julio Feo, secretario general de la Presidencia del Gobierno. Una recomendación lo suficientemente importante como para tomarla en cuenta.

La entrevista tuvo lugar a principios de 1984 en la cafetería Riofrío de Madrid, en las proximidades de la Audiencia Nacional. No se conocían, pero no tardaron en identificarse. Tras los saludos de rigor, aquel hombre bajito y trajeado que hablaba sin parar pasó a desgranar sucintamente su biografía de destacado luchador antifranquista que tuvo que exiliarse en Francia, donde había trabado importantes amistades que ahora ponía a disposición de la patria como modesta contribución a la lucha contra el terrorismo. Su nombre: Jacinto Angel Guerrero Lucas.

Martínez Torres no sabía si tenía ante sí a un charlatán o a una auténtica ganga para los tiempos que corrían. No hacía mucho que había participado con otros altos cargos del Ministerio en una reunión con sus homólogos franceses para hablar de ETA. El resultado fue descorazonador. Una y otra vez negaron, pese a los datos facilitados, que el sur de Francia fuera la retaguardia de la banda terrorista. La dirección etarra, sostenían los franceses, se escondía en el País Vasco. Si no la encontraban era por pura ineficacia. Pues bien, ahora un desconocido le ofrecía cambiar ese escenario de incomprensión por otro de total entendimiento. Sólo había una diferencia: que la colaboración tendría lugar «bajo cuerda» y habría que pagar por ella.

A cambio de su ayuda, Guerrero Lucas pidió una primera muestra de buena voluntad por parte de la Policía española: un carné de colaborador. Martínez Torres no salía de su asombro. Su negativa fue rotunda. No estaba dispuesto a entregar ningún salvoconducto a nadie. Le dijo que la Policía española no facilitaba ese tipo de documentos. Su interlocutor sacó entonces la cartera del bolsillo de pecho de su chaqueta y le mostró uno. Allí estaba su foto en un documento oficial de la Comisaría General de Investigación Social, la policía política de Franco, la predecesora de la Comisaría General de Información. El carné estaba firmado por un comisario ya jubilado, conocido de Martínez Torres.

Antes de concluir la reunión, Guerrero Lucas lanzó su primera oferta. Hablaba en serio y estaba dispuesto a demostrarlo. Le presentaría a un primer interlocutor extraoficial de la Policía francesa. Martínez Torres aceptó. No se perdía nada por comprobar si todo cuanto decía era verdad o se trataba sólo de bravuconadas. Su primera impresión fue, sin embargo, que aquel hombre no le gustaba. Dos semanas después ambos viajaron a París y el comisario general de Información tuvo ocasión de superar su capacidad de sorpresa. El colaborador francés que le ofrecía era el número dos de los Renseignements Géneraux (RG), los servicios secretos galos, con quien se había entrevistado a nivel oficial tan sólo unas fechas antes.

Pero el dato más interesante lo obtendría días después, al indagar sobre el pasado de tan extraño personaje. Para ello se entrevistó con el comisario que había firmado el carné de Guerrero Lucas. El le confirmó que ese colaborador de altos vuelos había sido confidente de la Social, un infiltrado en grupos anarquistas, los mismos que él se ufanaba de haber creado y dirigido. Fue la gota que colmó el vaso. Trasladó a San Cristóbal el dato y su decisión de prescindir de él. Estaba convencido de que les acarrearía más problemas que ventajas.

Guerrero Lucas y Martínez Torres no volvieron a contactar, lo que no impidió que el primero terminara por meter la cabeza en el Ministerio a través de la Guardia Civil. Quién fue su contacto es un misterio, pero algunos de los que le trataron por entonces aseguran que empezó a moverse en torno al cuartel de Intxaurrondo, en San Sebastián, y también por Pamplona. En Intxaurrondo despuntaba ya el entonces comandante Enrique Rodríguez Galindo, y en la capital navarra había sido nombrado delegado del Gobierno un concejal maño sin experiencia en estas lides: Luis Roldán.

La historia política de Jacinto Angel Guerrero Lucas se remonta a la década de los sesenta. Nacido en Madrid el 27 de abril de 1939, se exilió en Francia en 1962. El mismo sostiene que tomó esta decisión «aconsejado por mis compañeros, que me decían que arriesgaba más quedándome que yéndome. Llevaba varios años viviendo en clandestinidad como miembro del movimiento libertario español y fundador de la Federación Ibérica de Jóvenes Libertarios». Se estableció en Toulouse, trabajó como vendedor en los establecimientos de muebles MOBB y se casó con Marie Ange Rojas, con quien tuvo tres hijos.

«He sido un notorio antifranquista. Tanto que llegué a ser considerado como el enemigo número uno del régimen facineroso. Cuando llegué al exilio era un auténtico héroe, con todo el peso de la palabra. Tenía poco más de veinte años y la gente que estaba implantada en Francia era de una relativa edad y estaba cansada de pelear. La irrupción de personas como yo, el resurgimiento del movimiento libertario y las palabras *revuelta* y *lucha* que yo llevaba les molestaron un poco porque venía a perturbar su *statu quo*. No se lo reprochaba, pero decía que nos dejaran hacer a los que teníamos ganas de ir más lejos.» Así nació Defensa Interior (DI), un grupo clandestino cuyo objetivo desde el primer

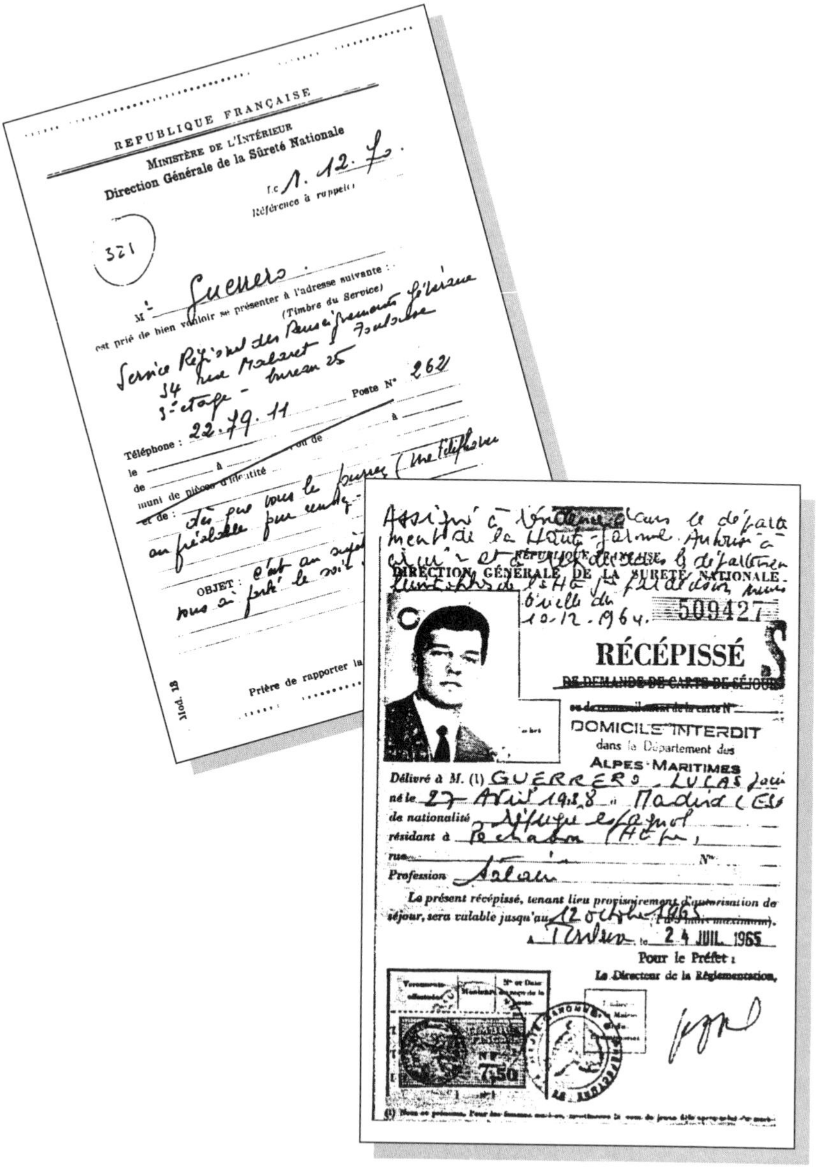
REPUBLIQUE FRANÇAISE
MINISTÈRE DE L'INTÉRIEUR
Direction Générale de la Sûreté Nationale
Le 1.12.
Référence à rappeler
321
M. Guerrero
est prié de bien vouloir se présenter à l'adresse suivante :
(Timbre du Service)
Service Régional des Renseignements Généraux
34 rue Malaret Toulouse
3e étage - bureau 25
Téléphone : 22.79.11 Poste N° 262
le ... à ... ou de ... à ...
de ... à ...
muni de pièces d'identité
et de :
OBJET : c'est au sujet
Prière de rapporter la
Mod. 13

RÉPUBLIQUE FRANÇAISE
DIRECTION GÉNÉRALE DE LA SURETÉ NATIONALE
509427
RÉCÉPISSÉ
~~DE DEMANDE DE CARTE DE SÉJOUR~~
DOMICILE INTERDIT
dans le Département des
ALPES-MARITIMES
Délivré à M. (1) GUERRERO LUCAS Jacinto
né le 27 Avril 1938 à Madrid (Esp)
de nationalité réfugié espagnol
résidant à Pechabou (H.G.)
rue ... N° ...
Profession Salarié
Le présent récépissé, tenant lieu provisoirement d'autorisation de séjour, sera valable jusqu'au 12 octobre 1965
à Toulouse, le 24 JUIL. 1965
Pour le Préfet :
Le Directeur de la Réglementation,
7,50

Documentación facilitada por las autoridades francesas a Jacinto Angel Guerrero Lucas en 1964.

momento fue hostigar al franquismo con acciones armadas. Junto con él, dirigían la organización Cipriano Mera, Juan García Oliver y Octavio Alberola.

En 1963 el grupo decidió su operación más importante: asesinar al Generalísimo. El método a emplear sería la colocación de un carga explosiva que harían estallar a distancia al paso del vehículo del Jefe del Estado por el paseo de la Florida, en Madrid. Dos jóvenes anarquistas, Francisco Granado Gata y Joaquín Delgado Martínez, fueron detenidos en agosto de ese año y acusados de integrar el comando encargado de la misión. Granado, de veintisiete años de edad, forjador, natural de la localidad extremeña de Valencia del Ventoso, se había marchado a Francia en 1960 en busca de trabajo. Delgado, de veintiocho años, ebanista y natural de Cardona (Barcelona), cruzó la frontera con sus padres al estallar la Guerra Civil, cuando contaba apenas dos años. No se conocían, pero coincidieron en Madrid en el momento más inoportuno.

El 29 de julio dos bombas habían estallado en el Departamento de Pasaportes de la Dirección General de Seguridad y en una ventana de la Delegación Nacional de Sindicatos con un saldo de veinte heridos. Al día siguiente la Brigada Regional de Investigación Social inició las pesquisas para esclarecer ambos atentados, y el 1 de agosto el caso quedó cerrado con la detención de Delgado y Granado. La operación era reflejada así por la Social: «Cumpliendo las instrucciones recibidas del ilustrísimo señor comisario jefe de esta dependencia, varios funcionarios han venido realizando las investigaciones pertinentes para lograr la detención de los autores de los actos terroristas realizados días pasados en esta capital. Entre las gestiones realizadas figura la de interrogatorio de dos individuos que fueron detenidos en las inmediaciones del Campo del Moro por fuerzas de la Guardia Civil, por haberles resultado sospechosos.»[1]

[1] Los entrecomillados relativos al «caso Delgado-Granado» son citas literales de las diligencias policiales de la época. Han sido obtenidas de los expedientes policiales de ambos anarquistas, incluidos en la documentación remitida por la Dirección General de la Policía al Archivo Histórico Nacional.

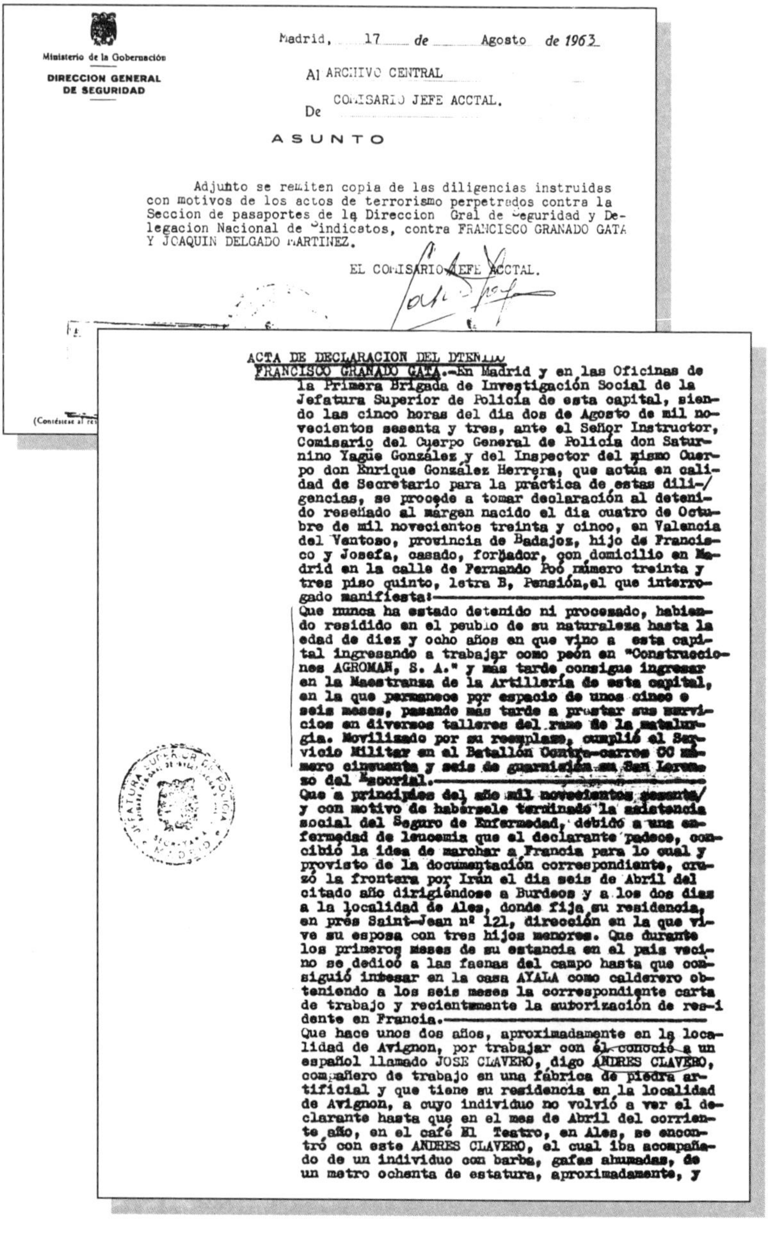

Ministerio de la Gobernación
DIRECCION GENERAL DE SEGURIDAD

Madrid, 17 de Agosto de 1963

Al ARCHIVO CENTRAL

De COMISARIO JEFE ACCTAL.

ASUNTO

Adjunto se remiten copia de las diligencias instruidas con motivos de los actos de terrorismo perpetrados contra la Seccion de pasaportes de la Direccion Gral de Seguridad y Delegacion Nacional de Sindicatos, contra FRANCISCO GRANADO GATA Y JOAQUIN DELGADO MARTINEZ.

EL COMISARIO JEFE ACCTAL.

ACTA DE DECLARACION DEL DTENIDO FRANCISCO GRANADO GATA.—En Madrid y en las Oficinas de la Primera Brigada de Investigación Social de la Jefatura Superior de Policía de esta capital, siendo las cinco horas del dia dos de Agosto de mil novecientos sesenta y tres, ante el Señor Instructor, Comisario del Cuerpo General de Policía don Saturnino Yagüe González y del Inspector del mismo Cuerpo don Enrique González Herrera, que actúa en calidad de Secretario para la práctica de estas diligencias, se procede a tomar declaración al detenido reseñado al márgen nacido el dia cuatro de Octubre de mil novecientos treinta y cinco, en Valencia del Ventoso, provincia de Badajoz, hijo de Francisco y Josefa, casado, forjador, con domicilio en Madrid en la calle de Fernando Poó número treinta y tres piso quinto, letra B, Pensión, el que interrogado manifiesta:

Que nunca ha estado detenido ni procesado, habiendo residido en el peublo de su naturalesa hasta la edad de diez y ocho años en que vino a esta capital ingresando a trabajar como peón en "Construcciones AGROMAN, S. A." y más tarde consigue ingresar en la Maestranza de la Artillería de esta capital, en la que permanece por espacio de unos cinco o seis meses, pasando más tarde a prestar sus servicios en diversos talleres del ramo de la metalurgia. Movilizado por su reemplaso, cumplió el Servicio Militar en el Batallón Contra-carros CC número cincuenta y seis de guarnición en San Lorenzo del Escorial.

Que a principios del año mil novecientos sesenta y con motivo de habérsele terminado la asistencia social del Seguro de Enfermedad, debido a una enfermedad de leucemia que el declarante padece, concibió la idea de marchar a Francia para lo cual y provisto de la documentación correspondiente, cruzó la frontera por Irún el dia seis de Abril del citado año dirigiéndose a Burdeos y a los dos dias a la localidad de Ales, donde fija su residencia, en prés Saint-Jean nº 121, dirección en la que vive su esposa con tres hijos menores. Que durante los primeros meses de su estancia en el pais vecino se dedicó a las faenas del campo hasta que consiguió intesar en la casa AYALA como calderero obteniendo a los seis meses la correspondiente carta de trabajo y recientemente la autorización de residente en Francia.

Que hace unos dos años, aproximadamente en la localidad de Avignon, por trabajar con él conoció a un español llamado JOSE CLAVERO, digo ANDRES CLAVERO, compañero de trabajo en una fábrica de piedra artificial y que tiene su residencia en la localidad de Avignon, a cuyo individuo no volvió a ver el declarante hasta que en el mes de Abril del corriente año, en el café El Teatro, en Ales, se encontró con este ANDRES CLAVERO, el cual iba acompañado de un individuo con barba, gafas ahumadas, de un metro ochenta de estatura, aproximadamente, y

Acta de la declaración de Francisco Granado Gata, 2 de agosto de 1963.

Así de sencillo. En sus declaraciones se recoge que Granado llevaba en Madrid desde el 14 de mayo anterior, y Delgado desde el 27 de julio, y aunque inicialmente negaron su participación en los atentados, posteriores interrogatorios recogen su testimonio autoincriminatorio en la colocación de las dos bombas y en la preparación de un atentado contra Franco que quedó abortado al marcharse éste días antes de vacaciones a San Sebastián. Dirigentes anarquistas han sostenido siempre que ni participaron en los dos atentados antes citados ni su misión en Madrid era atentar contra el dictador, sino entregar material explosivo al comando encargado de ejecutar la acción. Ambos fueron sometidos a juicio sumarísimo y condenados a muerte. El 17 de agosto, dos semanas después de detenidos, fueron ajusticiados a garrote vil.

La extraña caída de ambos anarquistas hizo que Defensa Interior abriera una investigación interna que no aclaró nada. En cualquier caso, este incidente sí marcó el inicio del ocaso de Guerrero Lucas. Este sostiene que fue Octavio Alberola quien decidió el viaje de ambos activistas en un intento de cosechar un éxito de envergadura que facilitara la llegada de ayudas económicas a la organización. «Me opuse ferozmente a que Delgado y Granado bajaran a Madrid. Octavio impuso su viaje y, a la vista de ello, tomé la decisión de dejar Defensa Interior.» Alberola, por su parte, asegura que ambos anarquistas viajaron a la capital «para enlazar con un persona enviada por Guerrero y decirle que regresara a Francia».

Lo que el movimiento anarquista desconocía era que Jacinto Angel Guerrero Lucas, que utilizaba el nombre de guerra de «Hidalgo» y que en los ambientes en que se movía era conocido también con el apodo de «el Peque», trabajaba como colaborador de la Comisaría General de Investigación Social. El hoy general retirado y entonces teniente coronel Eduardo Blanco[2], responsable de la Jefatura del Servicio de

[2] Eduardo Blanco ocupó la Jefatura del Servicio de Información entre 1959 y 1965, con Carlos Arias Navarro como director general de Seguridad, al que sustituyó en el cargo. El 20 de diciembre de 1973 ETA

Información, asegura que «Lucas era un confidente de la Social no a mi nivel, sino a otro más inferior. Los anarquistas eran los grupos antifranquistas más permeables y eran fáciles de infiltrar. Yo no participé directamente en el tema de Delgado y Granado, pero mi impresión es que estuvo implicado en su detención. Ambos dejaron entrever en sus declaraciones que habían sido vendidos. Si participaron en los atentados de los que fueron acusados no lo sé, pero en la Social estaban convencidos de ello».

Tras el «caso Delgado-Granado», Guerrero Lucas orientó su activismo a escribir colaboraciones en prensa, dar conferencias y mítines por todo el mundo y relacionarse con dirigentes republicanos en el exilio. Uno de ellos, Julio Just, vicepresidente y ministro del Interior y de la Emigración del Gobierno de la República en el exterior, le introdujo en la masonería, una circunstancia que años después se revelaría fundamental para explicar sus excelentes relaciones con la Administración francesa. No en vano la masonería se encuentra muy arraigada en algunos ámbitos, entre ellos el de la Policía. La mujer de Guerrero era, además, la hija de un prefecto francés que le facilitó también numerosos contactos en las fuerzas de seguridad del país vecino.

Su condición de masón le llevó a participar en 1981 en la creación en España de la Federación de la Orden Masónica Mixta Internacional «El Derecho Humano», que Guerrero define como «la obediencia más humanista, más liberal y progresista de la masonería». Su objetivo, tal y como consta en su inscripción en el Ministerio del Interior, es el perfeccionamiento del ser humano. Para ello sostiene que «todo ser humano debe pensar, juzgar y obrar por sí mismo y nunca por imposición de otros o por referencia a otras personas, entidades o grupos, negándose a toda afirmación dogmática». Los miembros se declaran «fraternalmente uni-

---

asesinó al entonces Presidente del Gobierno, almirante Carrero Blanco, lo que provocó su cese. En marzo de 1974 fue nombrado director general de Promoción del Sahara.

dos en el triple amor a la familia, a la patria y a la humanidad». Con el paso del tiempo esta logia liberal y universal terminó por ser de las más influyentes en Cataluña, con una peculiaridad muy singular: buena parte de sus miembros lo son también del PSOE. Entre ellos, su maestre, el abogado Rodolfo Guerra, ex diputado socialista.

Si su turbio pasado lo había vetado en su relación con Jesús Martínez Torres, no impidió que en 1986 Guerrero Lucas apuntara a lo más alto del Ministerio, tras dos años de colaboración con la Guardia Civil. Como en 1984 con Julián San Cristóbal, Julio Feo fue una vez más su particular valedor ante un Rafael Vera que acababa de ser nombrado secretario de Estado para Seguridad.

«Llegó a mí —recuerda Vera— por dos vías. A través de Carmen García Bloise[3], que estaba vinculada a la masonería en Francia y que me dijo que había una persona que quería verme y que podía ser interesante para la lucha antiterrorista, y por Julio Feo. Este me llamó para decirme que me lo iba a enviar. Habló conmigo y desde entonces comenzó a trabajar para el Ministerio.»

Guerrero Lucas no identifica a las personas que le avalaron ante el Ministerio del Interior español, pero sí hace una particular exposición de cómo fue el inicio de su colaboración: «En los años ochenta, con el PSOE ya en el poder y con José Barrionuevo en Interior, se daba una situación en la que España había evolucionado de forma aceleradísima, pero las mentalidades en el extranjero lo hacían con mucha más lentitud. Así, se daba la paradoja de que los etarras todavía campaban por Europa presentándose como víctimas de la intolerancia de Madrid e incluso con el título de refugiados políticos. Entonces fui solicitado por el poder socialista para poner a su disposición la inapreciable agenda de amigos de que disponía. En aquella época, Madrid y París no tenían relaciones. Cuando ocurría algo en la capital de España no

[3] Miembro de la Ejecutiva del PSOE, ya fallecida.

podían ni telefonear a Francia porque les colgaban el teléfono. Con Giscard d´Estaing en la presidencia, determinados amigos franceses me dijeron que parecía mentira que dicha situación se prolongase y me propusieron que fuese el portador de un mensaje de acercamiento. Así, le ofrecí al ministro Barrionuevo una colaboración más oficiosa que oficial. Fue una iniciativa nacida en la confianza que generan las relaciones privilegiadas, garantizadas por un trato prolongadísimo y por grandes fidelidades personales, políticas y filosóficas. La idea fue bien acogida y Rafael Vera fue mi interlocutor. En ese momento me convertí en su introductor en Francia. En realidad, a Francia le importaba un pepino el problema etarra, que ha considerado siempre un tema español con el que no tiene por qué calentarse la cabeza. Por eso, los mayores logros se han conseguido a través de esos lazos de confianza que yo tenía.»

Guerrero Lucas pasó a tener despacho propio en la sede de la Secretaría de Estado para la Seguridad y a ser una persona imprescindible para entender las relaciones con el país vecino. Su amplia agenda incluía, entre otros, a Charles Pasqua, ministro galo del Interior en dos etapas, entre 1986 y 1988 y desde 1993 hasta 1995; a su ministro delegado de Seguridad, Robert Pandraud; al jefe del gabinete del ministro y anterior director general de la Policía Nacional, Edouard Lacroix; a la magistrada y posteriormente consejera técnica del ministro francés, Anne Grenier; a la juez Laurence Le Vert, que lleva años instruyendo causas contra ETA en Francia, y al comisario Joël Cathalá, coordinador antiterrorista en el sur de Francia, que agilizó su colaboración con el Ministerio del Interior español coincidiendo con el desembarco del nuevo asesor de Vera. Cuántos de ellos eran «hermanos» en la masonería es una incógnita, aunque en el Ministerio del Interior español siempre estuvieron convencidos de que su influencia no era ajena a su destacado papel en las logias. Un dato indiferente para Vera, a quien lo mismo daba que el gato fuera blanco o negro mientras cazara ratones.

Tras su designación como asesor del secretario de Estado para la Seguridad (nunca existió un nombramiento oficial) vinieron las primeras detenciones de jefes etarras, la caída de Sokoa, la concesión de extradiciones y deportaciones y la entrega de dos centenares de miembros y colaboradores de la banda terrorista por el procedimiento de urgencia absoluta. En definitiva, Francia puso cerco a ETA por primera vez en su historia. Una situación inédita en la que Guerrero actuaba como «tapado», como mediador en la sombra, y Cathalá como ejecutor. Poderoso es don dinero, y las gratificaciones económicas abrían puertas y agilizaban gestiones.

Guerrero Lucas se hizo omnipresente. Estaba en todas partes y mojaba de todas las salsas. Mandos de la Guardia Civil que lo trataron recuerdan algunas anécdotas que definen su personalidad. Una de ellas tuvo como protagonistas al teniente coronel de Barcelona Vicente Faustino Pellicer y al coronel jefe del Servicio Central de Información de la Benemérita Angel López. El primero había comentado a su compañero que el comisario jefe de Perpiñán, Lequeux, con quien mantenía relaciones profesionales por su proximidad geográfica, iba a ser destinado a la isla francesa de Martinica como comisario divisionario. Pellicer estaba convencido de que aquello significaba que al cabo de un año iba a volver como coordinador antiterrorista en el sur de Francia. Había, pues, que trabajar a quien se suponía un futuro interlocutor en la lucha contra ETA.

Angel López pidió a su compañero que organizara un encuentro con Lequeux y otros agentes de la Policía del Aire y Fronteras (PAF) en terreno neutral, en Andorra, encuentro que tuvo lugar fechas después en el acuartelamiento de la Benemérita en el principado. Se trataba, en esencia, de reunirse con cualquier pretexto y organizar después una comida para agasajar a los franceses. En definitiva, una operación de relaciones públicas a largo plazo. Nada más comenzar la reunión apareció por allí Guerrero Lucas sin que nadie se explique aún por qué estaba al tanto de ella. Haciendo gala de sus dotes organizativas, cuando se enteró de cuál era el restaurante elegido para el ágape espetó a los mandos de la Guardia Civil: «No seáis *perrilleros.*» Guerrero trasladó la reserva al mejor establecimiento de la ciudad. No había ningún problema. La cuenta la pagaba él con su Visa Oro. A los postres, el asesor ministerial desapareció misteriosamente dejando una factura de 166.000 pesetas. José Mata, el teniente coronel jefe de Andorra, que hacía de anfitrión junto con Angel López y Pellicer, sólo llevaba 40.000 pesetas encima. Ni más ni menos que lo que habían presupuestado.

Durante todos estos años de buenaventuras, anécdotas aparte, un ex inspector de los servicios de información franceses, Jean Marc Dufourg, lo acusó en 1991 de haber servido de enlace entre la Policía española y la francesa durante los tres años de existencia de los GAL [4]. Según su testimonio, Guerrero facilitó a la Policía española datos y fotos de etarras que manejaban sus homólogos franceses y que iban a parar después a manos de los mercenarios de la banda anti-ETA que perpetraba los atentados. El se defiende asegurando que fue un «introductor» entre los equipos de Interior de ambos países, nunca un enlace para la guerra sucia. En cualquier caso, su buena estrella no se apagó.

Su peso en Interior llegó a ser tal que Rafael Vera pensó en él para sondear en Santo Domingo a los tres representantes de ETA en la mesa de conversaciones de Argel tras la ruptura de ésta. El era el misterioso Guerrero cuyo traslado se anunciaba en un fax enviado a las autoridades dominicanas a finales de 1989. Finalmente llegó a viajar a principios de 1990 a la capital caribeña, aunque no se entrevistó con los etarras.

Ahí acabó su primera incursión en la senda de la negociación, porque, como le había pasado años antes con Martínez Torres, el hombre elegido para iniciar la nueva fase de contactos en la República Dominicana, Rafael de Francisco, el «botijero», lo identificó en una reunión en el Ministerio como la persona de quien sospechaba le había delatado años antes a la Policía franquista cuando intentaba cruzar la frontera. La desconfianza motivó su negativa a que Guerrero

---

[4] La acusación aparece recogida en el libro *Section Manipulation. De l´antiterrorisme à l´affaire Doucé*, editado en Francia por Michel Lafon.

Lucas lo acompañara en sus viajes para entrevistarse con «Antxon».

El veto no le importó a Guerrero, pues desde 1989 organizaba con su buen amigo el comisario Joël Cathalá una nueva alternativa negociadora: la vía Azkoiti. Había quedado aparcada al iniciarse los contactos en Santo Domingo, pero fracasados éstos volvió a recuperar fuerza. La detención de la cúpula de ETA en Bidart relanzaría definitivamente la operación.

CAPITULO DIECINUEVE

BIDART

Cinco de la tarde del lunes 28 de diciembre de 1991. Francisco José Rollán Rodríguez, un joven de veintiséis años de edad, natural de San Sebastián y con domicilio en el quinto piso del número 1 de la calle Vicente Elícegui de Rentería, llega en bicicleta a la localidad francesa de Guethary, un pequeño municipio situado a diez kilómetros de Hendaya. Pasados unos minutos de espera, un desconocido le sale al encuentro y, tras unos breves saludos, ambos enfilan calle abajo charlando de forma distendida. El encuentro se había demorado una semana, tras una primera cita fallida el día 22 a la que no acudió nadie, obligando a un malhumorado Rollán a regresar a casa. Numerosos agentes del cuartel de la Guardia Civil de Intxaurrondo, en San Sebastián, presencian y graban la escena en vídeo desde una furgoneta camuflada.

Saben que ese joven de aspecto inofensivo es, en realidad, el encargado de poner en marcha un nuevo comando de «legales» (etarras no fichados por la Policía), y que su interlocutor en esa entrevista es su responsable en Francia y, en consecuencia, alguien próximo a la dirección de la banda. La hipótesis se ve reforzada al descubrir que viaja en un coche conducido por el ciudadano francés Philippe Lasalle, de quien se sospecha que desempeña labores cerca de la cúpula de ETA. La operación que acaba de comenzar, y cuyos resultados están aún lejos de atisbarse, es bautizada como «Broma-Queso». «Broma», por el día en que se inicia, el de los Santos Inocentes, y «Queso», por desarrollarse íntegramente en Francia.

«El origen de la operación fue una confidencia —cuenta el general de la Guardia Civil Enrique Rodríguez Galindo, entonces coronel y responsable del cuartel de Intxaurrondo—. Una persona me dijo que la iglesia de Guethary era uno de los lugares de cita de ETA y que las mismas solían celebrarse en sábado. Tras hacer un estudio de la zona establecimos un dispositivo de vigilancia y comenzamos a controlar y grabar los encuentros sin que en un primer momento supiéramos quiénes eran las personas que participaban en ellos.»

El análisis de aquellas primeras imágenes llevó a la conclusión de que la persona de pelo claro, frente despejada y coronilla cardenalicia que aleccionaba al más joven era José Luis Alvarez Santacristina, «Txelis», responsable del aparato político de ETA y número dos de la banda tras Francisco Múgica Garmendia, «Pakito», con quien algunos agentes lo confundieron en un principio. Su interlocutor tampoco tardó en ser identificado.

Un mes después de la primera cita en Francia, el 28 de enero de 1992, Rollán se desplazó en tren desde Irún a Madrid acompañado por su amigo Anselmo Olano Arbelaiz. Se alojaron en una pensión de la calle Arenal y al día siguiente visitaron en la prisión de Ocaña II al preso etarra Jesús Etxeberría Goicoetxea para regresar después a Rentería. Unos días más tarde, el 1 de febrero, Rollán se encontró de nuevo con «Txelis» en Guethary, aunque en esta ocasión no se marchó con las manos vacías; recibió del jefe etarra un paquete que guardó en su mochila. Los guardias civiles que los vigilaban intuyeron que aquel bulto pesado escondía las armas de un nuevo comando terrorista en formación. Acertaban de lleno. Se trataba del aún incipiente comando Askatu («Libre»).

En fechas sucesivas, el joven aprendiz de etarra y su hermano Juan Víctor, un año menor, se interesaron telefónicamente por el alquiler de un helicóptero, viajaron a Bilbao para gestionar el alquiler de una furgoneta y en una tienda de electrónica preguntaron por el precio de unos *walkie-talkies.* Todo parecía indicar que ETA ultimaba una evasión similar a la que dos años antes había organizado para liberar a Ignacio de Juana Chaos, jefe del comando Madrid preso en la cárcel de Sevilla-2. Como en aquella ocasión, el plan consistía en alquilar un helicóptero con cualquier pretexto y, una vez en el aire, obligar al piloto a llevarlos hasta la prisión y posarse en su patio. Allí recogerían a los reclusos elegidos, que estarían previamente alertados, y los conducirían hasta un paraje donde debía esperar otro miembro del comando con la furgoneta lista para cruzar la frontera rumbo a Francia o a Portugal. Los etarras a liberar eran el ya citado Jesús Etxeberria, Juan Carlos Balerdi y José Miguel Latasa Guetaria.

Pese a los datos acumulados, el plan de fuga pasó a un segundo plano y Rollán se convirtió en una anécdota. Más importantes aún eran los seguimientos a «Txelis», que estaban facilitando un reguero de pistas y podían conducir hasta la cúpula etarra en un momento clave por la inminente celebración de los Juegos Olímpicos. Así se averiguó que el ideólogo de la banda vivía en la residencia «Elizaldia», del mismo Guethary, aunque su oficina política se localizaba en la residencia «Les Pastorelles», en Bayona. Su chófer y guardaespaldas, Philippe Lasalle, vivía en la casa «Nausi Enea», situada en la plaza Pierre Lotti de la localidad de Ascain, mientras que el Hôtel des Pyrénnées, en el término municipal de Bidart, era utilizado para celebrar las reuniones. Además, el número dos de la banda acudía también a un supermercado de bricolage llamado Bricobidart, que servía de lugar de encuentro con Juan José Latasa Guetaria, miembro del sindicato LAB y hermano de José Miguel, uno de los presos cuya fuga preparaba el comando Askatu.

Todos los seguimientos eran realizados por los hombres de Enrique Rodríguez Galindo sin el conocimiento de la Policía francesa para evitar que cualquier filtración diera al traste con la operación. «Algunas citas entre "Txelis" y Rollán se desarrollaban en la playa de Guethary —cuenta Galindo—, y a uno de mis hombres se le ocurrió que podíamos intentar captar las conversaciones con un radioteléfono portátil. Enterramos uno en la arena con tan mala suerte que lo encontró un niño, hijo de un gendarme francés, que se lo entregó al comisario Roger Boslé. El entonces coordinador antiterrorista en el sur de Francia me llamó muy irritado y le dije que el aparato se lo habían quitado a uno de mis hombres que había ido de compras a los supermercados Carrefour.» No fue el único incidente. En otra ocasión, dos agentes del cuartel de Intxaurrondo fueron detenidos y trasladados a la comisaría de Hendaya por sospechar que estaban realizando labores de información sin haber dado cuenta de ello. En su poder sólo encontraron dos radioteléfonos. «Nunca —asegura Galindo— pasamos armados a Francia.»

Cuando todos los cabos estuvieron atados, la información fue puesta sobre la mesa de la Policía Judicial de Bayona que dirigía el comisario Regis Abribat, conocido con el apodo de «Lamoth», uno de los mejores colaboradores de la Benemérita en el país vecino. Se trataba de evitar que el comisario Boslé, con quien las relaciones eran muy tirantes, fuera el primero en conocer el trabajo desarrollado a escondidas. La profusión de fotografías, vídeos y datos era tal que el agente no pudo sino rendirse a la evidencia: la cúpula de la banda terrorista tenía su centro de operaciones en varias localidades situadas a menos de veinte kilómetros de la frontera con España, algo que las autoridades del país vecino habían negado siempre de forma pertinaz. Desde entonces no se escatimaron esfuerzos para poder asestar el golpe definitivo a la organización, hasta el punto de que un Mirage de la Fuerza Aérea Francesa, con base en Estrasburgo, fue utilizado para fotografiar desde el aire las zonas por las que se movían los etarras.

La operación para detener a la cúpula de ETA estuvo a punto de precipitarse el 15 de marzo. Ese día «Txelis» condujo a los agentes que le seguían hasta las puertas del caserío «Txantxangorria», en la localidad de Arcangues, propiedad de millonario francés vinculado al mundo del cine Antoine Martin Harispe. La vivienda era hasta ese momento desconocida para los investigadores. Tras el ideólogo de la banda llegó un segundo individuo sin identificar y, minutos más tarde, un tercero que conducía una moto de gran cilindrada. «Teníamos a "Txelis" identificado y sabíamos que José Arregui Erostarbe, "Fitti", utilizaba una motocicleta para desplazarse, de modo que sospechamos que el último en llegar podía ser él —cuenta Rodríguez Galindo—. El tercero no podía ser otro que "Pakito", así que di la orden de intervenir. La tardanza de la Policía francesa en desplegarse en la zona hizo que todos ellos abandonaran la casa de uno en uno, tal y como habían entrado, sin que nos diera tiempo de hacer nada. Suspendimos la operación y organizamos dos reuniones con todos los hombres que habían participado en ella, una en Intxaurrondo y otra en Francia, para analizar si existía la posibilidad de que los etarras hubiesen detectado su presencia. La conclusión a la que llegamos fue que sí. Muy desanimados, pensamos que habíamos perdido la pista a la dirección de ETA.»

Todo parecía acabado. Se levantó el despliegue policial y se mantuvo tan sólo un dispositivo para intentar recuperar la pista de «Txelis» en alguno de los domicilios conocidos, si es que regresaba a ellos, como así fue. Retomado el hilo, la sorpresa no tardaría en saltar. El sábado 28 de marzo, justo tres meses después de la primera cita controlada del ideólogo de ETA, llegó el momento esperado. A la una de la tarde «Txelis» se dirigió en una motocicleta, a la que abría paso un vehículo con matrícula alemana conducido por Lasalle, al caserío «Xilocan», situado al final del camino Ene-Maitea, en Bidart, una pequeña población costera entre San Juan de Luz y Biarritz. Como había ocurrido dos semanas antes con el frustrado asalto al «Txantxangorria», se trataba de otra vivienda desconocida para los policías. Nunca antes el dirigente etarra había acudido a ella.

A las cinco y media de la tarde «Txelis» abandonó el caserío a bordo de un Peugeot-205 de color blanco conducido por una mujer y se encaminó a su oficina en Des Pastorelles. Al cabo de una hora, el jefe etarra desandaba el camino, aunque en esta ocasión con parada en una pizzería para comer algo. Finalmente, a las siete y media de la tarde su coche entraba de nuevo en el caserío «Xilocan» y permanecía allí toda la noche. Era la prueba de que algo se estaba preparando.

A las seis en punto de la mañana del domingo 29 salió del cuartel de Intxaurrondo el último relevo del Servicio de Información de la Guardia Civil. Aún deberían pasar algunas horas hasta que los etarras comenzaran su jornada. El primero en ponerse en marcha fue Lasalle. Eran las once y media cuando abandonó su vivienda en Ascain. Como era habitual en él, inició el trayecto hasta la vecina localidad de Anglet con frecuentes paradas y vueltas atrás para cerciorarse de que no era seguido. Una hora después llegaba al aparcamiento del hotel Bidartea y cruzaba la mirada con los dos ocupantes de un Ford Escort de color azul y los de un Opel Corsa granate, ambos de matrícula francesa, que esperaban estacionados. Sin cruzar palabra, el acompañante del conductor de este último coche se dirigió al Peugeot de Lasalle y montó en él. En cinco minutos la comitiva emprendió la marcha rumbo a Bidart para desviarse a su entrada por el camino Ene-Maitea hasta el caserío «Xilocan». Tres hombres eran los protagonistas de una reunión que, para la Guardia Civil, agrupaba sin duda a los miembros del Comité Ejecutivo de la banda.

Durante media hora uno de los agentes que presenció la llegada de los etarras no dejó de darle vueltas a uno de los rostros que acababa de ver: pelo castaño, un poco largo y ondulado por detrás, ojos claros y profundos, buena presencia y gesto frío y duro. Incluso se había permitido abroncar a su conductor sin que éste se atreviera a esbozar una mínima protesta. Sus dotes de mando eran las de un pez gordo. A las dos de la tarde el agente pidió hablar por radio con el oficial al mando de la operación.

—Mi teniente, en uno de los coches iba «Pakito» —afirmó sin un atisbo de duda.

El oficial comunicó las sospechas de forma instantánea al coronel Galindo, que seguía los pormenores desde Intxaurrondo.

—¿Qué posibilidades hay de que sea realmente «Pakito»? —inquirió el jefe de la Benemérita.

—El 80 por ciento, mi coronel.

Galindo tuvo la certeza de que era efectivamente él. Luis Roldán no había subido ese fin de semana a Intxaurrondo. Llevaba tres semanas seguidas acercándose al acuartelamiento donostiarra, pero justamente ese fin de semana decidió quedarse en su domicilio de Pamplona. Allí podían avisarlo si había novedades, y vaya si las había. En media hora emprendió rumbo a San Sebastián a bordo de su coche oficial al conocer que el trabajo desarrollado durante meses estaba a punto de dar resultado. Desde su vehículo telefoneó al ministro José Luis Corcuera para avanzarle que todo indicaba que la Ejecutiva de ETA se encontraba en el interior de un caserío controlado.

A las siete menos cuarto de la tarde se desencadenaba la operación. Los agentes de la Benemérita permanecieron en las proximidades de la vivienda y dieron paso a los hombres de la RAID, una unidad especial de intervención de la Policía francesa que se había trasladado expresamente desde París para proceder a las detenciones. Megáfono en mano, el comisario Abribat conminó a los moradores para que se entregaran. No hubo respuesta. En cuestión de minutos los agentes galos entraron en el caserío y detuvieron a sus propietarios, el matrimonio Tuya. Aprovechando el revuelo, un hombre de poblado bigote abandonó el edificio haciéndose pasar por policía al grito de «*Police, police!*» La argucia no le sirvió de nada. Su rostro era bien conocido para los agentes franceses: se trataba de José Arregui Erostarbe, «Fitti».

—No hay nadie más dentro —gritó uno de los miembros del RAID que habían irrumpido en la vivienda.

—Falta más gente, tienen que estar escondidos en algún lugar. Vuelvan a registrar —se desesperaba uno de los mandos de la Benemérita.

Finalmente, la policía francesa localizó escondidos a los otros dos dirigentes de ETA que se apresuraban a destruir la documentación que tenían en su poder. La operación se daba por concluida tras la identificación de los detenidos. Ya no había dudas, se trataba del Comité Ejecutivo en pleno: Francisco Múgica Garmendia, «Pakito», considerado el número uno de la organización; José Luis Alvarez Santacristina, «Txelis», ideólogo de la banda, y José Arregui Erostarbe, «Fittipaldi», especialista en explosivos. Un agitado Roldán telefoneó al ministro.

—¡Bingo! —fue lo único que atinó a pronunciar.

—¿Qué quieres decir?

—Que están «Pakito», «Txelis» y «Fitti». La cabeza en pleno.

No hubo más palabras. Cuando aún no había transcurrido un minuto, Corcuera telefoneó de nuevo a su interlocutor para preguntarle si estaba seguro. El director general de la Guardia Civil llamó después a Rafael Vera para comunicarle el resultado de la operación. El secretario de Estado se limitó a darse por enterado. Las malas relaciones entre ambos altos cargos no les permitían ir más allá del trato formal y educado, incluso en momentos de éxito.

A las ocho y media de la tarde, Luis Roldán y el coronel Rodríguez Galindo partieron de San Sebastián rumbo a la comisaría de Bayona, a la que habían sido trasladados los detenidos. Allí estaban los comisarios Abribat y Boslé y los oficiales de la Benemérita que habían participado en la operación. Las dependencias policiales eran un trasiego de cajas llenas de documentos, mientras unos y otros se intercambiaban parabienes por el éxito cosechado.

—Si quieren ver a «Pakito», está en la habitación de al lado —dijo un eufórico Boslé a los recién llegados.

Roldán rehusó, pero no así Galindo. Tenía la posibilidad de tener frente a sí, cara a cara, a quien durante años había sido su principal enemigo. Todavía recordaba la primera vez que le vio. Fue a principios de los ochenta y el etarra no tenía aún relevancia dentro de la banda. La Guardia Civil sabía que pertenecía al Aparato Militar y sospechaba que podía formar parte del grupo de guardaespaldas de quien entonces era el jefe indiscutible, Domingo Iturbe Abásolo, «Txomin». «Era un amanecer —recuerda Galindo— y vigilábamos su casa en Hendaya. Salió armado con una escopeta para dejar a su perro en el pequeño jardín de la vivienda. Esa fue la primera vez que lo vi. Entonces él no nos interesaba personalmente, era sólo una pista que podía llevarnos hasta "Txomin".»

Ahora, muchos años después, «Pakito» estaba sentado en una silla y custodiado por un hombre y una mujer, ambos policías franceses. Galindo entró en la estancia acompañado por uno de sus oficiales, el comandante Quilez. Fue éste quien rompió el silencio.

—¡Estarás orgulloso de haber matado a tantos niños! —le espetó, levantando la voz, sin que «Pakito» le contestara.

—¿Acaso no sabes hablar en español? —intervino Galindo. De nuevo el silencio fue la respuesta.

—Llevo doce años detrás de ti —levantó la voz el responsable de Intxaurrondo, que hizo ademán de irse hacia él, al tiempo que el policía francés le pedía calma—. Se acabó.

Sólo en ese momento el jefe de ETA rompió su silencio.

—No sé de qué me habla.

Sin una palabra más, el coronel abandonó la habitación con la satisfacción de haber ganado una importante batalla. «El éxito total de la operación —dice Galindo— habría sido conocer los domicilios de "Pakito" y de "Fitti", pero con ellos no pudimos hacer los seguimientos que hicimos con "Txelis". Cuando los tuvimos a tiro a los tres, los detuvimos, pero no revelaron ningún dato.»

Minutos después, los cuatro máximos responsables del dispositivo policial a ambos lados de la frontera se desplazaron a un hotel próximo para celebrar el que era, sin duda, el mayor golpe asestado a ETA en toda su historia. La dirección en pleno había sido detenida por primera vez. Roldán hizo intención de pedir café, pero Boslé le interrumpió.

—Que sea una botella de champán, y además Moët Chandon.

Eufóricos, levantaron sus copas y brindaron por la colaboración hispanofrancesa.

Patxi Rollán, el joven que involuntariamente había conducido a los responsables de la lucha antiterrorista hasta la dirección de la banda, y sus compañeros del comando Askatu (su hermano Juan Víctor, Anselmo Olano y Víctor Valderrama) fueron detenidos el 9 de mayo, ajenos por completo al importante papel que habían desempeñado y sin que hubiesen tenido ocasión de llevar a cabo la fuga de Ocaña.

Dos días después de las detenciones de Bidart, la plana mayor del Ministerio del Interior, con José Luis Corcuera a la cabeza, compareció en una multitudinaria rueda de prensa para dar cuenta de la operación policial. El ministro, exultante, aprovechó la ocasión para vincular la captura de la cúpula terrorista con enfrentamientos internos en la banda, animó la política de acercamiento del PNV a HB y lanzó un llamamiento a los críticos de la coalición abertzale y de ETA para que lideraran la disolución de la banda terrorista.

En días sucesivos, desde la Dirección General de la Guardia Civil se filtró una versión interesada sobre la operación según la cual ésta se había originado con la detención de la etarra Carmen Guisasola el 17 de noviembre de 1990 en Bayona. Su captura hizo que varios «legales», entre ellos Patxi Rollán, abandonaran temporalmente sus domicilios y que al regresar a ellos pasado un tiempo fueran sometidos a vigilancia. Todo era mentira. Se trataba de cubrir las espaldas al confidente que aportó la pista definitiva.

A la semana de la operación, los comisarios franceses Roger Boslé, Regis Abribat y Pasoti y sus segundos se desplazaron a Madrid invitados por el Ministerio del Interior para celebrar el éxito cosechado. La cita era para comer en un restaurante situado detrás de la sede de la Secretaría de Estado. En representación de la Guardia Civil asistieron el subdirector general operativo, general Quintiliano Pérez Monedero, y el coronel Rodríguez Galindo. Rafael Vera irrumpió en el reservado con algunos minutos de retraso. Saludó uno a uno y de forma efusiva a los franceses y con un escueto apretón de manos a los hombres de la Benemérita. A Galindo no le gustó. Al final del primer plato, una sopa, los acontecimientos se precipitaron.

—Mi general, yo no aguanto más aquí, me voy —le dijo Galindo al general Quintiliano y, sin tiempo para nada más, se levantó de la mesa y se dirigió al secretario de Estado para la Seguridad con la intención de despedirse—. Me voy.

—¿Por qué? ¿Qué sucede? —respondió un sorprendido Vera.

—Mi avión sale dentro de una hora —fue la única excusa.

Vera pidió una botella de champán para brindar con él antes de que se marchara. Lo que se preveía como una gran celebración quedó aguada mucho antes de los postres. Vera y Galindo, cuyas relaciones se veían entorpecidas por las diferencias que el primero mantenía con el director general de la Guardia Civil, limarían días después sus diferencias.

CAPITULO VEINTE

LAS CRITICAS DE «ANTXON»

La detención de la dirección de ETA en Bidart era un indudable éxito de las posiciones estrictamente policiales que defendía Luis Roldán, pero, sin quererlo, abonaba también el terreno para las maniobras negociadoras de Rafael Vera. Detenidos los considerados «duros», el momento era adecuado para que el control de la organización pasara a manos de los más moderados. Eugenio Etxebeste, «Antxon», y sus compañeros de la mesa negociadora de ETA fueron los primeros en recibir el mensaje.

A mediodía del 31 de marzo de 1992, cuando el ministro José Luis Corcuera explicaba la redada en Francia, el portavoz etarra y su compañera Belén González Peñalva fueron citados urgentemente por el general Fernando Sánchez Aybar, jefe del DNI, los servicios secretos dominicanos. El encuentro fue una repetición del que los mismos interlocutores habían mantenido a finales del año anterior.

—El motivo de esta reunión es pedirles, una vez más, que reclamen a su organización una tregua en su actividad armada —dijo sin preámbulos el general, como si continuara una conversación interrumpida—. Consideramos que el momento es el adecuado, tras la detención de su dirección en Francia, hace dos días. En caso contrario, iniciaremos los trámites para su extradición a España. Tienen de plazo hasta el anochecer para aceptar o rechazar la propuesta[1].

«Antxon» hizo amago de responder, de contestar con la letanía de siempre, reclamando de sus anfitriones un papel de imparcialidad y achacando al Ministerio del Interior la situación de *impasse* que atravesaban. No tuvo ocasión. El militar no estaba dispuesto a que le sermonearan. Esa misma noche, al vencer el plazo dado, los dos etarras fueron conducidos de nuevo hasta las dependencias del DNI, aunque en esta ocasión Belén permaneció en la antesala del despacho del general.

—¿Tiene ya una respuesta? —le inquirió apenas entraba en la habitación.

—No podemos acceder a lo que nos pide —respondió «Antxon» e intentó esbozar un mínimo discurso—. Llevamos meses incomunicados, sin contacto con nuestros asesores. Es imposible que tomemos una decisión en nuestra situación actual.

El general Sánchez Aybar no tenía la menor intención de alargar la conversación. Desvió su mirada hacia el capitán que, a un lado, custodiaba al etarra y en tono marcial le ordenó que diera las instrucciones necesarias para iniciar el proceso de extradición a España. El mismo oficial condujo a «Antxon» y a Belén hasta una oficina contigua, donde un administrativo con aire displicente comenzó a hacerles preguntas para cumplimentar un documento de la Secretaría de Migración. Como acto final, los dos etarras tuvieron que estampar sus pulgares en una ficha policial y fueron fotografiados antes de ser conducidos de nuevo a su domicilio.

Sin más explicaciones, los demás deportados pasaron por similares trámites en los días sucesivos. Siempre de dos en dos, sin que, finalmente, las amenazas de entrega llegaran a concretarse. Había sido una escaramuza más, ordenada desde

---

[1] Este episodio fue relatado por «Antxon» en una carta enviada a un abogado amigo, a quien alude con la inicial M., el 11 de mayo de 1992. La misiva fue reproducida por el diario *El País* el 22 de junio de ese mismo año.

Madrid, para obligar a ETA a iniciar una tregua y tantear la disposición de «Antxon» a romper amarras con la dirección que surgiera tras las detenciones de Bidart, pero de nuevo el portavoz etarra eludía posicionarse al margen de la línea oficial.

El resultado fue un endurecimiento aún mayor de las condiciones de vida de los etarras. Se reforzaron las medidas de control en la vivienda que ocupaban y las salidas quedaron reducidas a dos por semana, y por parejas, a la zona de supermercados para comprar alimentos y útiles de aseo. Cualquier otra salida extraordinaria tenía que ser solicitada por escrito y, por lo general, era no ya denegada, sino olvidada. Las visitas se mantuvieron limitadas a los familiares directos, con el agravante de que éstos tenían ahora que pasar por las oficinas del DNI para que su equipaje fuera registrado. El aislamiento impuesto era tal que los servicios de información dieron instrucciones a los vecinos para que no dirigieran la palabra a los etarras. Lo único que no varió fue la asignación mensual de 6.000 pesos, que le eran entregados a «Antxon» previa firma de un comprobante.

Una semana después de la caída de Bidart, el 5 de abril, en pleno cerco a los interlocutores en Santo Domingo, el Ejecutivo francés decidió la extradición a España de Juan Lorenzo Lasa Mitxelena, «Txikierdi», uno de los jefes etarras cuya presencia era exigida por la banda terrorista en una hipotética nueva mesa negociadora con el Gobierno; cinco días más tarde ingresaba en la prisión madrileña de Alcalá-Meco. El doble golpe suponía la toma de partido más clara hasta ese momento de las autoridades francesas, que avalaban por la vía de los hechos la solución policial para ETA.

Eugenio Etxebeste, «Antxon»; Ignacio Aracama, «Macario», y Belén González Peñalva elaboraron en fechas inmediatamente posteriores, a mediados del mes de mayo, tres extensos documentos[2] dirigidos a la Koordinadora Abertzale Sozialista (KAS),

[2] Los tres documentos fueron intervenidos por la Policía francesa al etarra Miguel Angel Gil Cervera, detenido el 5 de junio de 1992 en París. En consecuencia, su contenido no influyó en las decisiones que Rafael

el brazo político de la banda, como aportación al debate sobre estrategia política abierto meses antes por la organización. Los textos, que, aunque escritos a título personal, fueron asumidos por todos antes de ser remitidos, dejan al descubierto opiniones sumamente críticas con la línea seguida por la dirección, así como las propuestas de los tres etarras tras los últimos acontecimientos.

Los interlocutores de ETA reflejan su profunda desmoralización por la situación que viven, de la que «Antxon» parece ser el más afectado: «El otro día, sentado en el pórtico de la casa, llegué a la conclusión de que vivo atormentado [...]. Realmente me siento mal, me siento un árbol desarraigado que dolorosamente sigue generando ramajes estériles. Y me pregunto a mí mismo ¿hasta cuándo podré resistir esta situación? [...] Durante muchos años la muerte me ha pisado los talones; tampoco temo la cárcel, como no he temido el destierro-internamiento de los últimos años. Lo que me aterroriza es la pérdida de la FE en los principios.»

«Antxon» inicia su documento, titulado «Contribución a la autocrítica y a un debate necesario», con un análisis del estado en que se encuentra la organización: «De estar ETA sentada en una mesa de conversaciones con una delegación del Gobierno-PSOE en Argel, se ha retrocedido prácticamente a la presentación de una alternativa de arrepentimiento bajo la presión del chantaje internacional. Si a ello añadimos el desplante político que entraña la desaparición de otro potencial interlocutor oficial, cual es el caso de "Txikierdi", no podemos sino evidenciar la definitiva y definitoria voluntad española por deshacer malentendidos y poner finiquito a la sempiterna duda respecto a la negociación con ETA.»

El portavoz etarra culpaba de esta situación a la dirección detenida en Bidart por haber actuado con prepotencia y limitar la estrategia de la organización a la comisión de

Vera adoptó a finales de mayo de ese mismo año para poner definitivamente en marcha la «operación Azkoiti». Los textos permiten, sin embargo, conocer la opinión de la mesa negociadora de ETA tras la caída de Bidart y sus propuestas para reanudar los contactos con el Gobierno.

Contribución a la Autocrítica y a un Debate necesario

Los últimos acontecimientos deben servirnos de estímulo para comprender mejor la verdadera necesidad de profundizar un marco de reflexión, abierto ya hace bastantes meses.

Sin caer en arrogancias clarividentes, podemos afirmar que nada de lo sucedido nos ha podido coger de sorpresa. Quizás, únicamente la envergadura y la concentración del golpe encajado, escapa a la "crónica del embate anunciado"; el resto era algo perfectamente pronosticable en el contexto analítico de la realidad política existente. Es obvio, por supuesto, que toda Guerra implica unos costes por ambas partes beligerantes, y que estos costes, son asumidos, e incluso otorgan consistencia al Proceso en la medida que se ven encuadrados dentro de las perspectivas previsoras táctico-estratégicas. Fuera de este marco previsor, los costes "sorpresa", suelen provocar verdaderas hecatombes inasimilables para un modelo político coherente, relegándole al parcheo y a la toma de decisiones aventureras o cuando menos aventuradas.

Todos los análisis pronosticaban que 1992 (lamentable conmemoración histórica), iba a resultar un Año "duro" y sobre todo, un Año de inflexión que abarcaría una renovada etapa en la Política opresora, favorecida por el contexto Internacional. A lo largo del debate permanente mantenido, se ha barajado hasta la saciedad la "importancia" del 92 en los planes Económicos del Estado español y los intereses políticos del Partido en el Gobierno, así como el encuadre con que ambos observaban el tema Vasco. Por nuestra parte, y aún reconociendo dicha "importancia", hemos querido afrontar el 92 desde una posición de ataque coyuntural, aprovechando la debilidad técnica (Expo, JJ.Olímpicos, Capital de la Cultura, TAV...) del Estado, sin caer en la cuenta que, lo que para nosotros era una mera etapa dentro de la actual fase táctico-estratégica, para el enemigo era un desafío a la propia Estrategia ofensiva planificada en consonancia con las fuerzas políticas del Pacto y con el concierto Internacional. Como consecuencia: el choque frontal de dos Ofensivas arbitrado por la Relación de Fuerzas. El balance: a todas luces desfavorable para el combatiente más débil.

Análisis de «Antxon» remitido a la nueva dirección de ETA tras la detención de la cúpula en Bidart.

atentados: «Se ha pecado de soberbia revolucionaria y hemos querido medir nuestras espadas en el campo donde precisamente nuestra relación de fuerzas era más débil, el militar. Indudablemente, el enemigo ha aceptado nuestro desafío y ha sabido devolver los golpes asestándonos una derrota importante [...]. Un hecho de tal gravedad [las detenciones de Bidart] sería motivo de exigencia de responsabilidades extremas desde la organización y desde el conjunto del MLNV. No podemos dejar pasar por alto ciertas frases provenientes de esos compañeros y llegadas a nuestros oídos poco antes de su detención, en donde afirmaban: "Estamos mejor que nunca a niveles de infraestructura, sabemos que el propio Ballesteros está preparando en persona un operativo contra nosotros".»

Para el dirigente de ETA, el predomino de la línea militar sobre la política y la ausencia de una estrategia negociadora habían hecho estériles los contactos mantenidos en la República Dominicana: «Asistimos a un juego de contactos entre emisarios del Gobierno y la interlocución en Santo Domingo donde el Estado fuerza sus cartas a la baja y la organización responde con un mantenimiento de posiciones que, a la larga, observaremos también que se modifican a la baja. Entre tanto, los tomas y dacas de las *ekintzas* [atentados] y de la represión cumplen sus respectivos objetivos y la balanza continúa sin moverse cara a la finalidad de unos, para poner de rodillas a ETA, y de otros, para sentar a una mesa negociadora al Estado [...]. En nuestro caso, las diferentes etapas de pseudo-contactos o encuentros oficiosos se han caracterizado en ciertos momentos por un desfase cronológico de ofertas trasnochadas. Es decir, que lo que hubiera sido válido para ayer ya no lo es para hoy. Y ello, todo hay que decirlo, motivado por una falta de criterios claros con relación al papel a desempeñar por parte del frente negociador, por una confianza excesiva en la inviolabilidad de ETA.»

A continuación, «Antxon» desgranaba una batería de propuestas para evitar lo que consideraba una «ofensiva final» contra la organización para acabar con ella por la vía policial. El jefe etarra reclamaba que no se considerasen las detenciones de Bidart y la extradición de «Txikierdi» como dos incidentes más que se resolvieran con la sola sustitución de la dirección, y apostaba por reforzar su papel y el de sus compañeros como frente negociador, sin limitar su labor a la de meros recadistas: «Hasta el presente, lo que ha funcionado es un triste sucedáneo, compuesto por unos interlocutores retenidos y unos asesores que, al margen de su valiosa aportación informativa, únicamente cumplían el papel de correo del zar. Es más, el mismo papel de asesores se ha visto desvirturado por necesidades operativas, y transformado en diferentes ocasiones en elemento de mediación para las partes. De esta forma, nos encontramos con que en lugar de disponer de un bebé incipiente en aras a madurar como verdadero frente negociador, nos enfrentamos a un feto malformado a punto de abortar definitivamente [...]. Ello ha dado como resultado que el frente negociador se reduzca a un proyecto simbólico soportado por una aureola mágica, negociación, por una experiencia desafortunada para el sentir de algunos, Argel, y por unos filamentos superdelgados a modo de interlocutores, o mejor diríamos, recadistas sin cartera. Porque desde Argel han pasado ya tres años y el frente negociador sigue estando en el tintero de los diseñadores. Ni estructural ni políticamente se han llevado iniciativas serias y responsables de propulsión de este instrumento que revalidara el medio de la negociación.»

La reflexión del jefe etarra insistía en la necesidad de compaginar los atentados con otras decisiones de tipo político, como la tregua, uno de los temas tabúes para la organización. «Donde la lucha armada obtendría un capital no ya exclusivamente de reconocimiento político, sino de rentabilidad ciudadana y de autodefensa frente a la distorsión de sus fines sería en el desarrollo paralelo y consecuente del frente negociador [...]. Ello nos obligaría indudablemente a un sobreesfuerzo para asumir de manera calculada, y no exenta de riesgos, la adopción de criterios novedosos en el área de ciertos principios organizativos y de línea política actualmente vigentes. En concreto, nos referimos a cuestiones como la tregua.»

Belén González Peñalva, que titula su texto «Apuntes para una reflexión obligada», ahondaba en esta línea para apostar por lo que denominaba «una fuerte acumulación de fuerzas político-militares». La ex miembro del comando Madrid escribe que hay dos maneras de lograrla: «La, por llamarlo de alguna manera, forma clásica, es decir, seguir golpeando todo lo fuerte que se pueda para debilitar al enemigo y obligarlos a sentarse», algo que consideraba cada vez más difícil; y una segunda vía, «la de entender que es precisamente el proceso negociador en su conjunto (lucha armada más frente negociador más movimiento) el que nos va a permitir lograr la necesaria acumulación de fuerzas». Por esta segunda es por la que ella apuesta, en consonancia con «Antxon», en el convencimiento de que «es cada vez más obvio que sólo con la acción armada no vamos a obligar al Gobierno español y no vamos a lograr la necesaria acumulación, vista la situación actual; pero otra cosa sería si la acción armada se desdoblase en periodos de acción activa (*ekintzas*) y acción pasiva (treguas), a través del cual pudiésemos mostrar nuestras voluntades y desenmascarar tanto al Gobierno español como al resto de partidos políticos, y sobre todo aglutinar a sectores cada vez más grandes en torno a la autodeterminación y la negociación [...]. Yo creo que organizativamente la tregua se vive con angustia, miedo, es decir, nos parece que puede denotar debilidad, cuando es precisamente un arma más, es decir, que no quiere decir parada organizativa, sino una forma más de combate [...]. Por lo cual tenemos que ser realistas y plantearnos muy seriamente las posibilidades que nos ofrecería una estrategia negociadora sin que ésta signifique un abandono de las armas, sino una combinación de la acción armada más treguas, en una dinámica dialéctica y transformadora».

Desde esta perspectiva, los tres etarras desmitificaban el papel de la lucha armada en la estrategia de la banda, aunque ninguno apostaba por su cese definitivo, y ponían de manifiesto que se había convertido en una práctica que cada día contaba con menos respaldos entre la población. «La lucha armada no es un fin en sí misma, sino el medio para avanzar en la conquista de los objetivos de la independencia nacional y revolución socialista pendientes —escribe "Antxon"—. Y como tal medio, factible de ser sujeto por revisiones táctico-estratégicas, dependiendo de los condicionamientos y de las necesidades del propio proceso. La lucha armada está en función de la estrategia y no la estrategia en función de la lucha armada [...]. ¿Hay conciencia suficiente en Euskal Herría para sobrellevar una política de guerra? Pensamos que no, que hoy en día ni siquiera se dan los suficientes elementos represivos (controles asesinos, masacres indiscriminadas...) para situarlo, siquiera subjetivamente, en esa tesitura. Así pues, la guerra queda delimitada al campo de nuestro reducto político. Es una guerra, digamos, particular.»

Su compañera Belén señalaba que «la utilización indiscriminada de coches y cartas-bomba, con sus imprevisibles consecuencias, más que un salto cualitativo ha sido el detonante que ha permitido al enemigo cohesionar a la mayoría de la población en contra de la acción armada, sea ya ésta del tipo que sea». Ignacio Aracama, por su parte, escribía al respecto en un documento que titulaba «Ciertas reflexiones en torno a nuestra línea de intervención»: «Dando un repaso a nivel de calle, fuera de nuestro entorno, por supuesto, e incluso me atrevería a decir que en algunos sectores de dentro también, nunca antes hemos visto cuestionar tanto ciertas acciones de nuestra organización [...]. Sinceramente pienso que, aunque habrá opiniones para todos los gustos y dejando de lado cuestiones morales, a no pocos militantes dignos de toda confianza se les tienen que revolver las tripas cada vez que oyen que en tal o cual *ekintza* han muerto X civiles ajenos al objetivo.»

Los textos de «Antxon» y Belén reclaman, para terminar, un rápido posicionamiento ante el temor a una inminente extradición a España, momento en el que, en su opinión, la negociación quedaría zanjada de forma definitiva. «Todavía no se ha concretado la encarcelación de la interlocución —escribe Belén—, aunque nos sentimos ya con un pie en el avión [...]. Vemos que cada vez el tiempo juega en nuestra contra, y de no abrirse un proceso rápido, rapidísimo diría yo, de debate y de transformación, la puerta se va a cerrar, y entonces sí deberemos asumir todas las consecuencias.» La etarra iba más lejos en su análisis y vaticinaba que dicha oportunidad ya se había perdido y avanzaba como hipótesis: «Creo que la apuesta del enemigo va por trasladar su pastel a otros ámbitos del movimiento y duro con la organización.» No se equivocaba.

CAPITULO VEINTIUNO

LA OFERTA

El avión de Iberia despegó puntual del aeropuerto de Barajas. El reloj marcaba las nueve de la mañana de un primaveral 27 de mayo de 1992. Confundidos entre el pasaje, en las filas de primera clase, Rafael Vera y el comisario Manuel Ballesteros pasaron desapercibidos para el resto de viajeros, repartidos entre ejecutivos encorbatados y parejas en viaje de placer. En apenas hora y media de vuelo les esperaba Roma. El viaje era secreto y, en consecuencia, no necesitaba justificación. Pese a ello, se había buscado una: prevenir con las autoridades italianas una posible segunda campaña de bombas contra intereses españoles durante el verano.

Justo un año antes, el 28 de mayo de 1991, tres artefactos explosivos habían estallado en las oficinas del Banco Bilbao Vizcaya, en las de Iberia y en la cancillería española. Durante los meses de junio, julio y agosto los atentados se repitieron contra otras entidades bancarias, agencias de viajes, compañías y el Colegio Español San Clemente. Roma era uno de los puntos clave de la estrategia desplegada por la banda terrorista contra empresas y centros oficiales españoles en toda Europa, y con mayor virulencia en Holanda, Alemania e Italia. Una campaña que sorprendió a todos y que se había iniciado el 20 de octubre de 1989 con la colocación de una bomba en el coche del cónsul general de España en Rotterdam (Holanda), Javier Gil Catalina.

Esta excusa servía para que pasara inadvertido el verdadero motivo del viaje: una entrevista secreta con los abogados de Herri Batasuna Iñaki Esnaola y Christianne Fando. Era el acto final de una larga serie de encuentros cuyo objetivo era promover a José Luis Arrieta Zubimendi, «Azkoiti», como nuevo interlocutor con ETA.

El origen de todas estas entrevistas estaba en la relación personal que Ballesteros y Esnaola mantenían desde 1981, cuando el letrado fue detenido por su vinculación con ETA. El policía se había convertido dos años antes en el comisario general de Información más joven de toda la historia del cuerpo, en sustitución de Roberto Conesa, y el diputado se había incorporado por entonces a las filas de HB, coalición por la que había sido elegido diputado en 1979, en las primeras elecciones generales de la democracia. Desde aquella detención ambos mantenían encuentros ocasionales para intercambiar opiniones.

Sus trayectorias discurrieron de forma divergente. Esnaola fue ganando peso en HB, como diputado autonómico y nacional, hasta ser elegido responsable del área jurídica de su Mesa Nacional. Como letrado había iniciado su carrera profesional en 1972 en el despacho de Juan María Bandrés, hasta que dos años más tarde estableció el suyo propio, que terminó compartiendo con Iñigo Iruin. Su labor comenzó a trascender al hacerse cargo de la defensa de presos de ETA, lo que él consideraba una contribución dentro de su compromiso político.

El ascenso del abogado coincidió con el declinar de Ballesteros, que cayó en desgracia con la llegada de los socialistas al poder. Rafael Vera lo destituyó como comisario general de Información el 22 de diciembre de 1982, el día de la lotería, tras actuar como portavoz de un grupo de comisarios que se temían arrinconados con la llegada del PSOE al Ministerio. Su sustituto fue Jesús Martínez Torres. Ballesteros pasó un mes en su casa, hasta que se decidió a solicitar audiencia al ministro Barrionuevo, a quien pidió que le aclarara si el nuevo equipo iba a contar con él, ya que en caso contrario tenía intención de abandonar la Policía para incorporarse como alto responsable de una empresa de seguridad privada. El ministro le pidió prudencia. Días después se incorporó a su nuevo destino como asesor de Vera. Pura fachada, porque, pese a lo relevante del cargo, carecía de cometidos. En mayo de 1983 se le comunicó por escrito su paso a la Comisaría General de Documentación como jefe de la Sección de Estudios. Prescindían de él.

Fueron tiempos de hacer crucigramas, leer el periódico y firmar el pasaporte a los amigos, aunque nunca dejara de cultivar sus fuentes de información y de pasar datos al nuevo ministro. Así durante cuatro años, hasta que Rafael Vera, a punto de ser nombrado secretario de Estado para la Seguridad, lo invitó a comer y le preguntó si podía contar con él. Su respuesta fue afirmativa. Fechas después le hizo responsable de su Gabinete de Información.

Un hecho ayudaba a su recuperación profesional por los socialistas: el Tribunal Supremo acababa de revocar la sentencia de tres años de inhabilitación impuesta en 1985 por la Audiencia Provincial de San Sebastián por negarse a revelar la identidad de los tres confidentes que el 23 de noviembre de 1980 asesinaron a tiros a dos personas en el bar Hendayais, en uno de los capítulos más oscuros de la guerra sucia contra ETA durante la transición. Los socialistas quedaban así libres para rescatar a un hombre que consideraban clave en la lucha contra el terrorismo pero que arrastraba una imagen fascista que lo hacía difícilmente digerible para la opinión pública.

Rehabilitado de nuevo, Ballesteros tuvo ocasión de estrechar su relación con Esnaola durante las conversaciones de Argel, en las que ambos tomaron parte. Su fama de hombre duro no impedía que le atrajera también la posibilidad de sentarse frente a frente con sus principales enemigos. Solía jactarse de que tras la detención de algún comando se entrevistaba en su despacho con el responsable y de que, tras hablar largo y tendido, más de uno volvía a los calabozos convertido en su confidente.

El abogado Esnaola y su compañera Fando habían intervenido de forma destacada en los prolegómenos de las conversaciones por encargo del entonces número uno de ETA,

Domingo Iturbe Abásolo, «Txomin», con quien les unía una estrecha amistad. Su muerte los relegó a un segundo plano, y la ruptura del proceso de diálogo en la capital magrebí ahondó sus diferencias con la línea marcada por ETA y HB. De hecho, Esnaola anunció su intención de abandonar todos sus cargos en la coalición en el verano de 1989, tras el fracaso de Argel, decisión que reiteró en 1990, aunque no la llegó a cumplir. Su declinar político coincidió con el ascenso del comisario en el nuevo organigrama de Interior.

Vera, que conocía las relaciones del responsable de su Gabinete de Información con el dirigente abertzale, lo animó para que convirtiera sus entrevistas en algo periódico con la intención de sumarse a ellas. Las primeras citas tuvieron lugar en el hotel Mindanao de Madrid, un escenario donde los hombres del Ministerio solían despedir a los altos cargos que eran cesados. La que ahora se disponían a tener en Roma tenía, sin embargo, más calado que todas las anteriores. Era la tercera en la que participaban los mismos protagonistas. La primera tuvo lugar en un hotel de Burdeos poco después de la ruptura de las conversaciones de Argel. Fue un encuentro de cuatro horas que Rafael Vera ordenó grabar en vídeo desde una habitación contigua sin que sus invitados sospecharan nada. La conclusión obtenida fue que tenía ante sí a dos valiosos interlocutores que representaban al sector más posibilista de HB, el que apostaba por el fin de la violencia a cambio de un acuerdo honroso para ETA y sus presos. A esta reunión siguió otra en Toulouse, en la que se perfilaron las posiciones y los dos abogados señalaron a «Azkoiti» como representante del sector moderado de la banda, con capacidad para equilibrar las fuerzas en ETA y HB y hacer que los «históricos» de la organización recuperasen el poder que habían perdido.

El camino iniciado con los letrados estuvo a punto de irse al traste en noviembre de 1989, apenas unos meses después de abierto. El día 20 dos pistoleros asesinaron a tiros en el hotel Alcalá de Madrid al diputado de HB Josu Muguruza e hirieron de gravedad a Iñaki Esnaola. Las víctimas cenaban en el restaurante Basque del hotel con el resto de miembros de la coalición que habían sido elegidos en las elecciones generales de octubre. Esa mañana habían retirado sus acreditaciones como diputados y senadores y al día siguiente tenían previsto participar en la constitución de la cámara. Lo señalado de la fecha aniversario de la muerte de Franco les determinó a permanecer en el hotel por motivos de seguridad. Su precaución no evitó el atentado, pero sí levantó numerosas incógnitas sobre su autoría, ya que la decisión la tomaron horas antes de que fuera ejecutado.

El ministro José Luis Corcuera encargó al comisario Alberto Elías, jefe de la Brigada de Información Interior, el esclarecimiento de un crimen que HB atribuyó desde un principio a miembros de los aparatos policiales del Estado. Mes y medio después, el 3 de enero de 1990, el policía redactó un primer informe dirigido al juez instructor, Baltasar Garzón, en el que daba cuenta de las pesquisas realizadas hasta ese momento. La investigación, centrada casi exclusivamente en torno al escenario del crimen, aseguraba que algunos de los clientes del hotel estaban en situación de busca y captura y que media docena de sus empleados tenían antecedentes policiales. También incluía las facturas del restaurante y una relación de ciento sesenta y seis números de teléfono con los que se había comunicado desde el hotel el día del atentado. Este último dato había sido recopilado gracias al sistema telefónico instalado en el local, que registraba los números a los que se llamaba desde recepción o cualquiera de las dos cabinas públicas del establecimiento y la hora de la comunicación.

Durante semanas dos inspectores investigaron uno a uno a los titulares de los teléfonos en busca de alguna pista que los relacionara con el crimen. Las comprobaciones se hicieron personalmente girando una visita a las direcciones que correspondían a cada número, según los datos aportados por Telefónica, y con entrevistas personales con los titulares. Uno de ellos, a nombre de una mujer, les llevó hasta el domicilio particular del comisario Manuel Ballesteros. La sorpresa fue mayúscula para los inspectores, que trasladaron la información a su superior. El comisario Elías, a su vez, dio cuenta al comisario general de Información, Jesús Martínez Torres. En Interior se encendió la luz de alarma.

Rafael Vera comentó con su hombre de confianza el dato que los investigadores habían puesto sobre su mesa. Ballesteros no pudo sino confirmar que, efectivamente, había recibido una llamada en su domicilio poco antes del atentado. El interlocutor había sido Iñaki Esnaola, con quien aseguró que había intercambiado impresiones sobre la jornada. Vera no tuvo la menor duda de que había sido así. Él estaba al tanto de la relación entre ambos. Pero quien seguro que no iba a ser tan fácil de convencer era el juez Garzón. Jesús Martínez Torres se desplazó hasta la Audiencia Nacional para exponer los hechos al magistrado y convencerlo de que aquello no era lo que parecía, que no había conspiración detrás del crimen y que Ballesteros podía justificar la llamada.

Días después, el comisario tuvo que acudir al despacho del juez para identificar a su interlocutor y explicar el contenido de la conversación. Garzón debió de darse por satisfecho, ya que el sumario se cerró sin que se incorporara este dato. Ni siquiera llegaron a remitirse al juzgado las identidades de los titulares de los teléfonos investigados. La anécdota quedó así en el conocimiento de un reducido grupo de personas.

Un año después de aquel atentado, Iñaki Esnaola cedió su escaño de diputado al secretario general del sindicato abertzale LAB, Rafael Díez Usabiaga, y renunció a la defensa de decenas de presos de ETA por «miedo a volver a Madrid». Las secuelas de los impactos de bala y su paulatino distanciamiento de la línea oficial de HB le llevaron a declarar que comprendía el sufrimiento de las víctimas del terrorismo, y en especial el de los familiares de los guardias civiles, objetivo prioritario de ETA. Fue la gota que colmó el vaso. El 11 de marzo de 1990 la Mesa Nacional de HB aceptó su dimisión, que había presentado con carácter irrevocable el 30 de enero.

La trayectoria de Fando había sido similar. También ella se había deslizado peligrosamente por el terraplén de la disidencia. De ser la abogada de la mayoría de los presos de

ETA detenidos en Francia y persona de la máxima confianza de «Txomin» había pasado a ser recusada por la mayoría de ellos, siguiendo instrucciones de la dirección. Tan sólo algunos, los más veteranos, habían decidido continuar con ella. Entre ellos estaba José Luis Arrieta Zubimendi, «Azkoiti», que permanecía preso en Francia desde noviembre de 1986, tras su detención en la cooperativa Sokoa de Hendaya, considerado el centro de las finanzas de la banda terrorista.

ETA no era ajena a los movimientos de los dos letrados desde la ruptura de Argel. Ambos eran considerados sospechosos de alta traición y de haberse prestado a participar en una operación de división de la izquierda abertzale. Sus nombres habían sido propuestos por el «botijero» durante la fase de contactos en Santo Domingo en sustitución de los dirigentes de ETA presos en Francia cuya presencia se reclamaba para la apertura de nuevas conversaciones.

Rafael Vera y los propios interesados estaban al tanto de las críticas internas que su papel había despertado tanto en ETA como en HB. De ello tenían constancia fehaciente a través de documentos internos de la organización terrorista en los que se aludía a ellos de forma peyorativa como «Puchades», el apodo con el que Esnaola era conocido en Deva, su localidad natal, y de «Sorgiña», bruja en euskera, en alusión a Fando. Ambos eran calificados también como «cáncer liquidacionista» por sus maniobras.

El avión aterrizó puntual en la capital italiana. Sin más demora, Vera y Ballesteros abandonaron el aeropuerto en dirección al hotel en el que habían concertado la cita. Llevaban meses discutiendo y estaban de acuerdo en lo sustancial, pero ahora se trataba de darle forma definitiva. El momento era, además, el adecuado. La dirección de ETA, representada por Francisco Múgica Garmendia, «Pakito»; José Luis Alvarez Santacristina, «Txelis», y José Arregui Erostarbe, «Fitti», acababa de ser detenida en Bidart, lo que originó un enorme desconcierto interno.

HB vivía también momentos de confusión. El mes anterior había concluido la renovación de su Mesa Nacional, que pasaba a ser controlada por miembros de la Koordinadora Abertzale Sozialista, de la que forma parte ETA y que, a su vez, había sufrido una profunda reorganización tras un debate abierto en el verano de 1991 que se había prolongado hasta primeros de 1992. Hasta entonces, KAS eran las siglas que englobaban al partido HASI, a la organización juvenil Jarrai, al sindicato LAB, a la organización de masas ASK y a la feminista Egizan, además de la propia banda terrorista. La disolución de HASI en febrero de ese mismo año supuso que sus miembros se integraran directamente en KAS, que pasó así de ser un marco de coordinación a una estructura de dirección política y estratégica.

ETA seguía siendo «la vanguardia» del Movimiento de Liberación Nacional Vasco (MLNV) y, como tal, la responsable de su dirección política, si bien en documentos internos señalaba que ésta pasaba a ser compartida con KAS. En definitiva, la coordinadora se convertía en el brazo político de la banda terrorista y, como tal, se aprestaba a tomar el poder en el resto de las organizaciones satélites, la más importante de las cuales era HB.

El desembarco de KAS en la Mesa Nacional se tradujo en la incorporación de quince de sus veinticinco componentes. De entre ellos destacaban Floren Aoiz, de veinticinco años, y Rufino Etxeberría, de treinta y dos. El primero asumió el papel de portavoz de la coalición, junto con Jon Idígoras, que hasta ese momento había ocupado el cargo en solitario. El segundo fue designado responsable de organización. La irresistible ascensión de KAS fue interpretada en Interior como el paso previo a un proceso de radicalización de ETA y HB, lo que hacía imprescindible introducir un elemento de equilibrio.

Esnaola había elaborado meses atrás un documento criticando la actividad armada de ETA con la intención de que fuera suscrito por «Azkoiti», que se convertiría así en punta de lanza de los sectores de la organización que se oponían a la espiral de violencia etarra. El dirigente etarra se resistía a suscribir el citado manifiesto. Aseguraba que lo haría, pero cuando la situación fuese insostenible. El momento se demoraba ya durante meses sin aparentes visos de solución.

El encuentro se desarrolló tal y como se había pactado, con la diferencia de que en esta ocasión no se hicieron análisis ni se discutió durante horas la nueva situación. Vera lo tenía claro y así se lo dijo a sus interlocutores. Sin apenas preámbulos puso su oferta sobre la mesa: excarcelación de «Azkoiti» con plena libertad de movimientos en Francia para que aunara las voluntades de los críticos. Este gesto supondría el inicio de unas nuevas conversaciones con ETA en el transcurso de las cuales la organización terrorista debía declarar una tregua. En definitiva, se trataba de que el etarra asumiera la tarea de encabezar el nuevo proceso al margen de la ortodoxia de la organización. Este era el mensaje. Esnaola y Fando aceptaron el envite y se comprometieron a trasladar la oferta al etarra, preso en Pau. La gran duda era si «Azkoiti» estaría dispuesto a seguir los pasos del guión trazado.

La estrategia de Interior era, sin embargo, muy distinta de la que se dibujó en esta reunión. «La "operación Azkoiti" no se planteó nunca como un proceso negociador —reconoce Rafael Vera—. Se inició como un instrumento para forzar una ruptura en la organización, aunque enseguida nos dimos cuenta de que ni era posible ni interesante. Tal como estaba ETA, romperla no conducía más que a arrastrar fuera de ella a un pequeño sector y a que la banda quedara en manos de un grupo mucho más homogéneo y radical, sobre el que sería mucho más difícil tener información. "Azkoiti" era un elemento al que conocía perfectamente la Policía francesa, el comisario Cathalá. También el PNV tenía mucho interés en él porque viejos militantes del partido tenían contactos con su entorno. Todo ello nos permitía disponer de abundante información con sólo controlar sus movimientos. En definitiva, pensé en "Azkoiti" como un caballo de Troya para crear una situación mala dentro de ETA y HB.»

CAPITULO VEINTIDOS

UN HISTORICO DE ETA

La figura de José Luis Arrieta Zubimendi, «Azkoiti», comenzó a forjarse en la fecha de su detención, el 5 de noviembre de 1986. Ese día, un centenar de agentes franceses de la Policía del Aire y Fronteras (PAF) al mando del comisario Joël Cathalá entraban en la cooperativa Sokoa, en el número 26 de la Route de Behobie, en Hendaya, una empresa dedicada a la fabricación de muebles, creada en 1971 y entre cuyos promotores se encontraba Benito del Valle, fundador también de ETA. El director de la cooperativa era en ese momento el médico francés Patxi Noblia.

Sokoa había sido señalada por los servicios de información españoles como una empresa utilizada por la banda terrorista para dar cobijo a militantes y colaboradores, además de «blanquear» el dinero cobrado a los empresarios vascos en concepto de «impuesto revolucionario» y procedente del pago de rescates. Se desmantelaba así el centro neurálgico de las finanzas de ETA y se detenía a once personas, de las que siete eran miembros de la organización, entre ellos «Azkoiti». La operación policial era, sin duda, el mayor golpe contra la banda terrorista en Francia.

Durante los cuatro años precedentes Madrid y París habían compartido gobiernos socialistas pero no estrategia contra ETA. El Gobierno español pedía mayor colaboración policial para acabar con el santuario etarra, mientras el Ejecutivo galo miraba para otro lado y reclamaba una solución política vía negociación. El interés de unos y la desidia de otros se dirimía a través de los Grupos Antiterroristas de Liberación (GAL), que habían aparecido en 1983 como instrumento de «guerra sucia» contra el terrorismo.

Paradojas del destino, el Ejecutivo de Felipe González encontró su mejor aliado en el país vecino en un gobierno de signo ideológico contrario. El 16 de marzo de 1986 los conservadores ganaron las elecciones en Francia y el presidente de la República, François Mitterrand, se vio obligado a nombrar primer ministro a Jacques Chirac. Nacía la cohabitación. Con Charles Pasqua al frente del Ministerio del Interior y Robert Pandraud como ministro delegado de Seguridad la colaboración dio un vuelco espectacular.

La «operación Sokoa» fue sólo el inicio de un entendimiento que tendría su mejor exponente durante los dos años siguientes, con la entrega de dos centenares de exiliados vascos mediante el procedimiento de urgencia absoluta, una ley de 1945 que los conservadores franceses desempolvaron para poder entregar en la frontera, de Policía a Policía, a cuantos etarras o sospechosos de colaboración con ETA fueran detenidos en Francia, sin necesidad de recurrir a los lentos trámites de una extradición.

La primera entrega había tenido lugar el 19 de julio de ese mismo año en la persona de José Manuel Varona López. El 6 de noviembre, al día siguiente del asalto a Sokoa, cruzaban la frontera española seis de los siete etarras detenidos: José Antonio Gogorza Zugarramurdi, José Miguel Urbistondo Ezcurda, Ramón Zagarzazu Gaztelumendi, Jesús María Zarraba Elcoroiribe, José Antonio Lizarribar Lopetegui y Juan Luis Zabaleta Elósegui. «Azkoiti» fue el único que eludió la entrega.

La medida supuso la mejor medicina para que desaparecieran los GAL y para sembrar el miedo en ETA y su entorno, que vieron cómo el que había sido su santuario durante años tocaba a su fin. Curiosamente, en Sokoa trabajaba Segundo Marey, secuestrado por los GAL tres años antes, en el primer atentado reivindicado por esta banda. Salvo eso, de poco más sirvieron las redadas y detenciones en el sur de Francia, porque entre los entregados por dicho procedimiento nunca figuró ningún dirigente y porque la mayoría de los que pasaron así a disposición de la justicia española fueron puestos en libertad sin cargo alguno.

Tras su detención en Sokoa, «Azkoiti» fue encarcelado en la prisión parisina de Fresnes y condenado el 13 de julio de 1987 por el Tribunal de París a cinco años de prisión por asociación de malhechores y posesión ilícita de explosivos. La condena llevaba aparejada la prohibición de estancia en Francia durante diez años a partir del cumplimiento de la pena.

Nacido en la localidad guipuzcoana de Azpeitia, ingresó en ETA en 1970. Tres años más tarde tomó parte en los preparativos del asesinato del entonces presidente del Gobierno, almirante Carrero Blanco, por el que fue procesado. Sin embargo, comenzó a ganar peso en la organización a partir de 1975, año en que se incorporó a la cooperativa Sokoa de Hendaya. Desde ella hacía de enlace entre la dirección de la banda y los comandos, acogía a los etarras que cruzaban la frontera tras ser identificados por la Policía española y proporcionaba trabajo a miembros de la organización. Hombre de confianza del número uno de ETA, Domingo Iturbe Abásolo, «Txomin», se encargó también de «lavar» el dinero que llegaba desde España procedente de secuestros y extorsiones a empresarios. Así hasta convertirse en el jefe de las finanzas etarras.

En 1978 participó en la creación del más secreto de los comandos que ETA ha tenido en toda su historia, el Itinerante, integrado exclusivamente por ciudadanos franceses. De Sokoa salieron precisamente dos de sus componentes: Jacques Esnal, jefe de una cadena de montaje de sillas de oficina, y Jean Vicente García, representante de la compañía. «Azkoiti» dirigió el comando tras la detención en 1985 de «Txikierdi», su anterior responsable.

Henri Parot, jefe del comando Itinerante, relató así su relación con «Azkoiti» [1]: «Tiene un metro setenta de estatu-

---

[1] Henri Parot fue detenido en Sevilla el 2 de abril de 1990. El entrecomillado que sigue forma parte de la declaración prestada ante la Guardia Civil el día 5 del mismo mes.

ra. Es de complexión delgada, aparenta unos cuarenta y cinco años y sé que se apellida Arrieta. Se trata de un individuo muy simpático pero poco formal, ya que llegaba tarde a las citas o bien a alguna ni acudía. De él, como de los anteriores responsables del comando, recibimos informaciones, armas y explosivos para llevar a cabo las acciones en el interior de España.»

La labor de «Azkoiti» al frente del comando Itinerante se prolongó durante un año. Suficiente para que ordenara el asesinato en Castellón del ciudadano francés Clement Perret Beniain, al que la banda consideraba uno de los dirigentes de los GAL, y el del vicealmirante Cristóbal Colón de Carvajal en Madrid. Hasta que la suerte le dio la espalda y la Policía francesa lo detuvo en Sokoa. Se trataba, en definitiva, de un terrorista heterodoxo: no había empuñado nunca un arma y carecía de historial en comandos operativos, aunque había ordenado asesinatos. Sin embargo, ejercía como «banquero» de ETA y conocía buena parte de la infraestructura de la organización en suelo francés. Dos circunstancias que le convertían en un «fontanero» muy valioso a los ojos del Ministerio del Interior español.

Rafael Vera comenzó a manejar su nombre poco después de que el comando Madrid que dirigía Ignacio de Juana Chaos fuera detenido en la capital en enero de 1987. Dos pistas habían llevado hasta él. La primera fue facilitada por un confidente del comisario Manuel Ballesteros, que aseguró que el comando utilizaba un chalé en las proximidades de Villalba. La zona fue barrida por un grupo de inspectores que comprobaron la propiedad de todas y cada una de las viviendas unifamiliares. Una de ellas, ubicada en Moralzarzal, estaba a nombre de una mujer a quien los investigadores situaban en la órbita de HB. La segunda pista se encontró en la cooperativa Sokoa. Entre la numerosa documentación incautada aparecían varias facturas por la compra de un camión para la empresa Transportes Zalacaín, que pasó a ser sospechosa del traslado de material para el comando e incluso de sus propios miembros. Los portes de esta compañía a

Madrid coincidían, además, con los desplazamientos a la capital de la propietaria del chalé. Ambas pistas confluían y eran buenas.

Unos días después de la desarticulación del comando Madrid, Rafael Vera y el director general de Policía, José María Rodríguez Colorado, convocaron a un reducido grupo de periodistas en la sede de la Secretaría de Estado para la Seguridad, en la calle Amador de los Ríos. En el transcurso de una reunión *off the record*, de la que se podían utilizar los datos pero no citar la fuente, se informó de la fuga del *laguntzaile* (informador) del comando, José María López Castañares, y se deslizó la versión de que el comando Madrid había sido entregado por un entonces bastante desconocido «Azkoiti», que había sido detenido hacía apenas tres meses.

La versión se sustentaba en que «Azkoiti» conocía el material incautado por la Policía en Sokoa, entre el que figuraban las facturas de Zalacaín, pese a lo cual no había informado a la dirección de ETA en Francia, permitiendo con ello la captura del comando que operaba en la capital. ¿Por qué? También había una explicación, aunque muy simple. El jefe de finanzas de la banda formaba parte del sector nacionalista liderado por «Txomin», que supuestamente estaba enfrentado con el identificado como marxista-leninista. En definitiva, una especie de ajuste de cuentas interno. La conclusión era falsa, pero servía para sembrar la duda. La operación no cuajó, pero «Azkoiti» empezó a dejar de ser un perfecto desconocido.

CAPITULO VEINTITRES

EL AMIGO FRANCES

La detención de José Luis Arrieta Zubimendi, «Azkoiti», sirvió para que el Ministerio del Interior español descubriera a un colaborador de muchos quilates: el comisario francés Joël Cathalá. El dirigió la «operación Sokoa», y la Policía del Aire y Fronteras (PAF) de Hendaya que mandaba fue el servicio policial más activo en las expulsiones de etarras por el procedimiento de urgencia absoluta.

Su protagonismo en la lucha antiterrorista había comenzado a labrarse un año antes, en enero de 1985, con la detención en un chalé de Anglet de los jefes etarras Juan Lorenzo Lasa Mitxelena, «Txikierdi», e Isidro Garalde Bedialauneta, «Mamarru», en la que fue considerada la primera redada policial contra la dirección de ETA en Francia. Un año después, en abril de 1986, la PAF detuvo en un control de carretera al entonces máximo responsable de ETA, Domingo Iturbe, «Txomin», que sería deportado a Gabón.

Cathalá los conocía a todos de los años en que se habían movido con total libertad por el sur de Francia sin que nadie los molestara. Nunca le ordenaron detenerlos, pero siempre estuvieron perfectamente localizados. La inesperada colaboración francesa lo convirtió en un consumado estratega del palo y la zanahoria. Primero los detenía y luego los visitaba en prisión para intercambiar opiniones que después trasladaba a sus colegas españoles. Un termómetro ideal para medir la temperatura del enemigo, lo que tanto gustaba a Rafael Vera. Su colaboración, sin embargo, no era sólo fruto de la nueva coyuntura política, sino también de las sustanciosas gratificaciones que el comisario francés recibía del Ministerio del Interior español, situación que a veces le impulsaba a adoptar sus propias decisiones en la lucha contraterrorista sin contar con la autorización previa de su ministro, al que presentaba los hechos consumados.

Fue así como se convirtió en la primera persona que visitó a «Azkoiti» tras su detención en 1986. Vera sostiene que de esos encuentros surgieron los primeros datos de interés sobre el etarra: «Cathalá fue el primero que nos mandó información sobre él. Fue él quien nos dijo: ojo con este individuo, que puede tener interés. Sostenía que no era una lumbrera ni tenía madera de líder, pero sí cierto peso histórico en la organización y, sobre todo, mucho interés policial, porque tenía en sus manos toda la logística de la banda, desde las armas al dinero. De hecho, si tras su detención hubiera entregado toda la infraestructura que conocía habríamos destrozado a ETA, pero no lo hizo.»

Desde ese momento «Azkoiti» estuvo siempre en la agenda de Interior. No sólo por los datos que conocía, sino también como histórico englobado en la denominada ETA *zarra* (vieja), a la que se identificaba con las posiciones menos radicales y con la que tenía buenos canales de comunicación el Partido Nacionalista Vasco (PNV), al que Vera consideraba un aliado imprescindible en cualquier proceso de diálogo con la banda.

La ruptura de las conversaciones de Argel hizo que Cathalá reanudase sus visitas a los jefes etarras presos durante los meses de mayo, junio y julio de 1989. Su intención en esa ocasión era conocer la opinión de los dirigentes encarcelados en Francia sobre el frustrado proceso de diálogo. José Antonio Urruticoechea Bengoechea, «Josu Ternera»; Eloy Uriarte y Díaz de Guereño, «señor Robles»; Isidro Garalde, «Mamarru», y también «Azkoiti» fueron sondeados sobre la disposición de la organización a retomar los contactos. Todos ellos dieron cuenta de sus entrevistas a la dirección en

Francia, que informó de ellas en un documento interno distribuido entre sus militantes [1]: «El discurso constante por parte de estos superpolicías era que ellos eran conscientes de que la cosa no había sido nada clara por parte de los españoles, que no habían tenido voluntad de negociación y que por nuestra parte también había habido una parte de inflexibilidad, de no haber sabido intentar recuperar el asunto. En cualquier caso, ellos estaban dispuestos a retomar el tema, y querían saber qué condiciones ponía la organización. La respuesta ha sido invariablemente que se pusieran en contacto con los interlocutores [en alusión a los deportados en Santo Domingo], que no había otro interlocutor oficial y que había que retomar los acuerdos del 23 de marzo de 1989 en Argel.» En resumen, la réplica ortodoxa.

Los contactos de Cathalá se complementaron en esta primera etapa con otros mensajes enviados a la abogada Christianne Fando, que tenía buenas relaciones con miembros del Partido Socialista Francés. La letrada hizo saber a la organización que ella misma había sido sondeada por un abogado de París en nombre del Gobierno galo sobre la voluntad de ETA para retomar los contactos y las condiciones que la banda ponía para ello. La respuesta fue la misma: cualquier contacto pasa por Santo Domingo y por los acuerdos alcanzados en Argel.

Fando, sin embargo, hizo caso omiso a las recomendaciones de la banda y mantuvo un encuentro con los intermediarios franceses y con Rafael Vera en París. De esta reunión dio cuenta previa en una carta en la que pedía autorización para participar en ella, aunque con un margen suficientemente breve como para que la dirección de ETA no tuviera tiempo de prohibirla.

Las críticas de ETA arreciaron sobre ella al conocer el encuentro [2]: «La carta llegó varios días más tarde que la cita y daba a entender que era cuestión de breves días, consciente

---

[1] *Barne Buletina* de agosto de 1991.

[2] Ibíd.

de que la respuesta de la organización no iba a llegar a tiempo. En cualquier caso, Fando no transmitió la respuesta que se le dio con la celeridad que requería el tema. Era muy importante, al tratarse al parecer de un contacto específicamente político, dejar bien claro a los franceses cuál era la posición de la organización, cuál era la lectura que se hacía de la ruptura de Argel y cuáles eran las condiciones para retomar el diálogo. Hasta septiembre [de 1989] no se supo que no había hecho llegar la respuesta a este emisario. Posteriormente pasaron dos meses sin contactos ni respuestas.»

Cathalá volvió de nuevo a la carga durante los meses de noviembre y diciembre, aunque ya con un único destinatario de sus mensajes: «Azkoiti.» Indeciso, el etarra se dirigió a la dirección de la banda para preguntar si era conveniente que accediera a estos contactos. El jefe de finanzas de ETA se sentía el objetivo de una estrategia que no terminaba de comprender. La respuesta le llegó a través de una carta entregada en mano. En ella, Francisco Múgica, «Pakito»; José Luis Alvarez Santacristina, «Txelis», y José Arregui Erostarbe, «Fitti», el triunvirato de poder en la banda, le reiteraban la posición oficial. ETA no aceptaba más contactos policiales. Los presos no eran los interlocutores. El portavoz seguía siendo «Antxon» y a él debían dirigirse si querían retomar el diálogo. Además, la organización no estaba dispuesta a que una hipotética reapertura de las conversaciones tuviera lugar ni en Francia, donde se sentían acosados, ni en la República Dominicana, que se consideraba un lugar de castigo.

La respuesta marcó el estancamiento de una emergente «operación Azkoiti». Vera decidió dejar esta iniciativa en punto muerto y reanudar los contactos a través de «Antxon» en Santo Domingo, tal y como exigía ETA. Su fracaso, la detención de la cúpula etarra en Bidart y el trabajo en la sombra de Cathalá y su amigo Guerrero Lucas pusieron de nuevo en marcha las visitas a «Azkoiti». Los tres recobraron el protagonismo perdido.

CAPITULO VEINTICUATRO

LOS PRIMEROS PASOS

La reunión de Vera y Ballesteros con Esnaola y Fando en Roma puso definitivamente en marcha la «operación Azkoiti». Sin embargo, no serían los letrados los primeros en tantear al ex jefe de finanzas de la banda en la prisión de Pau, a la que había sido trasladado desde la de Fresnes, sino el comisario Joël Cathalá. La visita, que tuvo lugar en los primeros días de junio de 1992, no sorprendió al dirigente etarra, con quien se había entrevistado ya en varias ocasiones a lo largo de 1989. Eran viejos conocidos. En esta ocasión, sin embargo, el comisario no acudía como coordinador antiterrorista en el Departamento de Pirineos Atlánticos, cargo en el que había sido sustituido por su compañero Roger Boslé al ser nombrado responsable policial al aeropuerto Charles Roissy de París. Fuera cierto o no, Cathalá aseguró actuar como emisario del Gobierno francés. Como tal se proponía trasladarle una oferta formal y firme.

—El Gobierno francés ha dado duros golpes a ETA en los últimos años —comenzó dubitativo el comisario—, pero eso no impide que siga siendo partidario de un arreglo político. Estamos convencidos de que una solución así tendrá más estabilidad que una salida estrictamente policial. Lo que ocurre es que tras la caída de la dirección en Bidart existe un vacío, no hay interlocutores a los que dirigirse.

Las palabras del comisario habían tenido reflejo unos

días antes, el 31 de mayo, con la detención en Bayona de Iñaki Bilbao Beaskoetxea, «Iñaki de Lemona», y Rosario Picabea Ugalde, «Errota», conceptuados como integrantes de la nueva dirección de la banda tras la caída de la cúpula en Bidart. El primero de los detenidos era considerado por la Policía como el sucesor del número uno de la banda, Francisco Múgica Garmendia, «Pakito». El implacable acoso de las autoridades francesas había facilitado la caída de la cabeza de la organización y de los encargados de reorganizarla en el plazo exacto de dos meses. Por el camino había sido detenido también el último responsable de las finanzas etarras, Sabino Euba Cenarruzabeitia, «Pelo Pintxo», cuando se disponía a tomar un avión en París con destino a México. Cathalá, pues, no hablaba en balde.

—La interlocución sigue estando en Santo Domingo, con «Antxon» —cortó de forma mecánica «Azkoiti» sin prestar atención a los acontecimientos acaecidos, repitiendo la línea ortodoxa que le había transmitido la *troika* dirigente detenida fechas antes.

—Sabe de sobra que eso no es así. Ni siquiera «Antxon» es ya una alternativa válida. Ha estado permanentemente cortocircuitado por sus propios compañeros. Por eso, mi Gobierno está dispuesto a propiciar un nuevo proceso de conversaciones del que ha puesto al tanto al español, que ha dado su visto bueno.

—¿Cuál es su propuesta concreta? —inquirió el etarra.

—En primer lugar, las conversaciones tendrán lugar en territorio francés. «Antxon» será trasladado desde Santo Domingo para participar en ellas. —Llegado a este punto, el comisario hizo un receso y tomó aire antes de avanzar la parte que implicaba a su interlocutor—. Usted tomaría parte en dichas conversaciones, para lo que le ofrecemos la posibilidad de ser puesto en libertad. Finalmente, mi Gobierno considera posible excarcelar a «Josu Ternera» y a «Mamarru» para que se sumen a la mesa.

La propuesta de Cathalá contenía importantes novedades con respecto a las que el «botijero» había trasladado durante meses a los interlocutores de ETA en Santo Domingo. «Antxon» seguía siendo el portavoz oficial, aunque de la mesa de Argel se «caían» Ignacio Aracama, «Macario», y Belén González Peñalva, «Carmen». A cambio estaban dispuestos a incorporar a dos de los tres dirigentes presos en Francia que habían sido propuestos por la dirección etarra para reforzar su representación: «Josu Ternera» y «Mamarru». El tercero, Juan Lorenzo Lasa Mitxelena, «Txikierdi», había sido extraditado poco antes, el 10 de abril, en una decisión que HB calificó como «un atentado a los caminos del diálogo y la normalización política» y «un nuevo paso del Gobierno francés que demuestra su absoluta identificación con la vía policial represiva alimentada por el Gobierno español». La entrega de «Txikierdi» había sido acompañada, además, por una extraña maniobra: su traslado de la prisión de El Puerto de Santa María a la de Nanclares de Oca, en Alava, donde Instituciones Penitenciarias agrupaba a los partidarios del abandono de las armas. No era ésta la posición del etarra, pero la medida servía para enrarecer aún más el ambiente y sembrar la duda. Finalmente, la oferta de Cathalá introducía como cuña al propio «Azkoiti», a quien el Gobierno francés ofrecía libertad de movimientos en su territorio. El dirigente etarra ya había cumplido los cinco años de condena impuestos por el «caso Sokoa», pero permanecía en prisión mientras se decidían las dos demandas de extradición planteadas por la justicia española.

Arrieta Zubimendi se limitó a responder como le habían indicado tres años antes en las primeras visitas del comisario.

—Deben dirigirse ustedes a «Antxon». El es el portavoz oficial de ETA y la persona a la que deben presentar su propuesta.

Cathalá no esperaba otra contestación. Sólo pretendía que «Azkoiti» se supiera el centro de una nueva estrategia negociadora y que aceptara asumir ese papel. No estaría solo, sino con «Antxon», el portavoz oficial a quien él mismo remitía de forma insistente. Ellos dos eran los elegidos ante la ausencia de líderes «históricos» a los que dirigirse para retomar los contactos.

Días después, el dirigente etarra recibió la visita de Iñaki Esnaola para trasladarle la oferta de Rafael Vera. Como en el caso de Cathalá, dicha oferta incluía su puesta en libertad y su residencia en el País Vasco francés con libertad de movimientos como punto de partida de unas nuevas conversaciones con ETA. A cambio, debía conseguir una tregua de la organización. En definitiva, lo acordado con el secretario de Estado para la Seguridad en la reunión mantenida en el hotel de Roma.

La réplica fue similar a la dada al comisario francés. Esnaola también la esperaba. El abogado sabía que su interlocutor no lideraría un proceso de estas características sin otros apoyos desde dentro de la organización. Por eso le aseguró que iba a buscar el respaldo de destacados líderes encarcelados como él.

—Voy a trasladar esta oferta del Gobierno a Santo Domingo, a «Antxon». También yo quiero saber su opinión —aseguró Esnaola—. Y también a «Josu Ternera» y a «Pakito». Fando y yo mismo nos encargaremos personalmente de ello.

A diferencia de la oferta del comisario francés, la propuesta de Vera otorgaba a «Azkoiti» el protagonismo absoluto, si bien se pretendía que el propio «Antxon» y dos importantes líderes presos en Francia autorizaran la iniciativa y, a ser posible, se sumaran a ella. Eran unos apoyos que se consideraban imprescindibles para que «Azkoiti» se decidiera a liderar el nuevo proceso con suficientes garantías de éxito. El de «Antxon», porque seguía siendo el portavoz de ETA; y el de «Josu Ternera» y «Pakito», porque habían mandado en la banda hasta su detención en Francia, lo que no impedía que continuaran ejerciendo una poderosa influencia desde la cárcel.

Con este objetivo, y tal como se habían comprometido con «Azkoiti», Esnaola y Fando hicieron llegar un mensaje escrito a Eugenio Etxebeste en la República Dominicana con el siguiente texto:

> «“Azkoiti” nos pide que te mandemos la siguiente nota: ha recibido una propuesta de Vera para salir de prisión cumpliendo las siguientes condiciones:
>
> 1º) Salida propiamente dicha y libertad en Euskadi norte.

2º) Inicio de conversaciones ETA-Gobierno desde este mismo momento.
3º) Tregua durante el transcurso de las conversaciones.

Por todo ello quiere conocer tu opinión y consiguiente aprobación o rechazo de la citada propuesta. Esto mismo va dirigido a otra gente, por lo que rogamos discreción máxima y contestación rápida. Contactaremos telefónicamente.»

La «operación Azkoiti» comenzaba a caminar, aunque por un terreno plagado de minas. El 26 de junio Roma fue elegida de nuevo como escenario para otra campaña contra intereses españoles en el extranjero. Cuando se cumplía un mes desde la reunión secreta entre los representantes del Ministerio del Interior y los dos abogados críticos de HB, tres artefactos explosivos estallaron en las agregadurías laboral y militar y en la propia cancillería de la embajada de España con un saldo de nueve personas heridas. Los atentados tenían un enorme valor testimonial. Si guardaban o no relación con la operación desplegada por Interior es algo que sólo ETA sabe.

La banda reflexionaba también en un documento interno sobre los movimientos del Gobierno francés y sobre el proceder de Esnaola y Fando, a quienes definía como «emisarios del Ministerio del Interior». ETA sostenía que, con su oferta de negociación, el Gobierno francés pretendía «huir de la grave responsabilidad que tiene en la represión y opresión de Euskal Herría. Ante esas supuestas muestras de voluntad conciliadora, hay que recordar el inequívoco gesto que supuso la materialización de la extradición de "Txikierdi" el pasado mes de abril, una semana más tarde de las detenciones de Bidart» [1].

No obstante, la crítica más dura era la reservada a los dos abogados de HB: «Habiéndose mostrado como mensajeros

[1] Diario *Egin* del domingo 29 de agosto de 1993.

de Vera ante "Azkoiti", con posterioridad, y valiéndose del nombre de éste, han intentado cumplir una función de intermediarios entre él y otros compañeros de la organización. En la nota enviada a Santo Domingo aparece claramente que asumen un cometido que va mucho más lejos que la supuesta buena intención de transmitir una determinada información a secas. No sólo se ofrece información, sino que hay, además, una petición de posicionamiento. Se pide aceptar o rechazar, eso sí, rápida pero discretamente, la propuesta del Gobierno español. Y los receptores de dicha aceptación o rechazo serían, en primera instancia, Esnaola y Fando.» A la vista de todo ello, ETA acusaba a los dos letrados de haber adoptado iniciativas «a espaldas de la organización, poniendo en marcha una nueva y rápida maniobra escisionista».

Desenmascarada la operación, el documento elaborado por la banda recogía la respuesta oficial a las dos ofertas transmitidas a «Azkoiti». «Ni que decir tiene que las propuestas realizadas por el Gobierno francés a través de Cathalá, y por el Gobierno español a través de Esnaola, no obtendrán respuesta por parte de la organización mientras no sean transmitidas por los canales habituales: los tres interlocutores en Santo Domingo.»

De forma simultánea a la reacción de ETA a los tanteos de Esnaola y Fando, la nueva Mesa Nacional de HB decidía expulsar de la coalición al abogado Txema Montero, quien, al igual que los dos anteriores, había participado en las conversaciones de Argel. El motivo era la publicación en el diario vasco *Deia* de un artículo de opinión titulado «Por la independencia de Euskadi», en el que defendía el Estatuto de Autonomía de Gernika y la Ley de Amejoramiento Foral navarro como instrumentos suficientes para trabajar por la independencia del País Vasco, y rechazaba la lucha armada como medio para alcanzarla. En apenas unos folios, el ex dirigente *batasuno* echaba por tierra el eje teórico fundamental esgrimido por la coalición abertzale y por ETA durante los quince años precedentes.

Txema Montero asegura que, pese a la coincidencia de fechas, no tuvo «nada que ver con los movimientos de Esnaola y Fando, que ni conocía. Es más, a mí nunca se me hizo partícipe de alguna conducta desleal en relación con la negociación. Si todos estos hechos estaban en la mente de quienes decidieron mi expulsión es algo que desconozco».

Para el abogado, «mi asunto, hasta donde yo conozco, arranca en el año 1987 con el atentado de Hipercor, lo que pasa es que acababa de ser elegido diputado europeo y HB nunca había obtenido tantos votos; de hecho, es la única vez que ha sido la primera fuerza electoral en el País Vasco. Con posterioridad, en 1989, ya no me iba a presentar a las europeas porque las diferencias eran muy agudas, pero me pidieron que lo hiciera porque había cierto temor a perder el escaño, que era de interés estratégico. Yo dije que sí si estaba sólo un año. Cumplido el plazo, en 1990 dimití e inicié un debate interno, y a la primera ocasión que tuvieron, que fue con motivo de mi artículo en *Deia*, me echaron».

Su expulsión por situarse «fuera de la dinámica política y orgánica de HB», según el acuerdo de su Mesa Nacional, se producía meses después de la renuncia de su compañero Iñaki Esnaola, que había abandonado el órgano de dirección de la coalición en marzo. Era la prueba palpable de que la disidencia interna se pagaba con el ostracismo político. ETA estaba dispuesta a acabar con la «operación Azkoiti» y con cualquier movimiento interno que pudiera interpretarse como un intento de resquebrajar la unidad del colectivo en el que se sustentaba.

CAPITULO VEINTICINCO

«AZKOITI» LIBRE

Lo que aparentaba ser un domingo más en la prisión de Pau se convirtió en un día muy especial. A las cinco y media de la tarde del 4 de julio de 1992 el director del centro penitenciario comunicó a José Luis Arrieta Zubimendi, «Azkoiti», que iba a ser puesto en libertad. Era el primer paso de las ofertas realizadas el mes anterior por el comisario Joël Cathalá, como portavoz del Gobierno francés, y por el abogado Iñaki Esnaola, en nombre de Rafael Vera. El, sin embargo, no había contestado aún a la propuesta de encabezar un movimiento para acabar cuanto antes con la violencia.

Hacía ocho meses que había cumplido la condena de cinco años impuesta por el «caso Sokoa», a pesar de lo cual continuaba en prisión a la espera de ser entregado a las autoridades españolas tras ser aceptadas dos demandas de extradición. La que le acusaba de ser el inductor del asesinato del vicealmirante Cristóbal Colón de Carvajal y de su conductor, Manuel Trillo Muñoz, cometido por el comando Itinerante, había sido aprobada por la justicia francesa y se encontraba pendiente de su ratificación por el Consejo de Estado, el paso previo a la entrega. La otra, por ordenar al mismo comando el asesinato del miembro de los GAL Clement Perret, había sido admitida también por los tribunales, pero le quedaba aún por delante un largo rosario de recursos antes de ser efectiva.

«Azkoiti» se mostró sorprendido al conocer una decisión para él inesperada.

—¿En qué condiciones quedo libre? —inquirió al director de la cárcel.

—Con asignación de residencia y bajo control policial.

Se trataba, pues, de una libertad entre comillas. La misma por la que habían pasado antes otros destacados etarras, como Isidro Garalde, «Mamarru», Eloy Uriarte y Díaz de Guereño, «señor Robles». El primero había sido confinado en Douai tras cumplir una condena de cinco años, y allí fue detenido de nuevo para ser extraditado a España. El segundo vivía desterrado en París.

Se mitigaba su situación en prisión, pero, al menos inicialmente, no tendría la libertad de movimientos que le habían prometido. Se trataba de dar un empujón a un hombre indeciso por naturaleza, incapaz de decidir por sí solo si aceptaba el envite que le hacían. Así lo reconoce Rafael Vera, que asegura que su liberación fue una decisión política: «Podía haber seguido en prisión por las peticiones de extradición, pero de acuerdo con nosotros se le puso en libertad argumentando razones de salud.»

Tras recoger sus cosas y rellenar los formularios de rigor, «Azkoiti» cruzó el umbral de la prisión para reunirse con su mujer, Itziar Imaz. Fuera le esperaban también quince policías de paisano que se iban a encargar de conducirlo hasta un pequeño chalé de la localidad de Corbéres les Cabanes, en las proximidades de Perpiñán, su primer destino en libertad. Desde allí fue trasladado días después a un hostal en las afueras de Toulouse. En aquel lugar, y siempre bajo vigilancia policial, el dirigente etarra recibió las visitas de sus familiares y amigos, entre los que no faltaron Iñaki Esnaola y Christianne Fando.

La liberación de «Azkoiti» desorientó a ETA. La banda se encontraba debilitada tras las sucesivas detenciones de sus más cualificados dirigentes en Francia y veía cómo una operación que consideraba desbaratada, por conocida, se ponía de nuevo en marcha con una decisión inesperada. La organización no tardó en poner en marcha todos los mecanismos a su alcance para impedir que surtiera efecto. El 11 de julio, sólo una semana después de que «Azkoiti» recobrase la libertad, la banda difundió un comunicado a través del diario *Egin* con una nueva oferta para retomar los contactos.

En ella se mostraba dispuesta a declarar una tregua de dos meses de duración durante los cuales se abriría un nuevo periodo de contactos oficiales en un país neutral acordado por ambas partes. Los interlocutores por parte de la organización serían los tres deportados en Santo Domingo, a los que se sumarían de forma paulatina otros nuevos. Cumplida esta etapa inicial, la banda terrorista prolongaría la tregua para dar paso ya a las conversaciones políticas. De forma previa, aunque en el escrito ETA lo colocaba al final, debía darse un contacto físico entre los interlocutores de ambas partes para preparar todo el proceso.

El comunicado no aportaba novedades a las que habían sido las propuestas de ETA durante la etapa del «botijero». Seguía pidiendo un contacto previo en Santo Domingo, aunque no citaba explícitamente a Rafael Vera. Prometía dos meses de tregua, ya ofrecidos en la República Dominicana y reiterados en una entrevista concedida meses antes, en diciembre de 1991, al diario *Egin*. Y hablaba de reforzar su mesa de interlocución, algo que venía repitiendo desde Argel, aunque, eso sí, no mencionaba ya expresamente la incorporación a ella de «Josu Ternera», «Txikierdi» y «Mamarru».

Lo más importante de todo era que el periodo de tregua ofrecida abarcaba la celebración de los Juegos Olímpicos que se iniciaban el día 24 de ese mismo mes. La banda estaba dispuesta a sacrificar el que había sido señalado como uno de sus objetivos prioritarios junto a la Expo de Sevilla. Otra cosa era saber si lo hacía por propia voluntad o por falta de capacidad operativa como consecuencia de las numerosos detenciones de los meses previos. En cualquier caso, para Interior suponía salvar sin incidentes un evento que había sido su obsesión durante los dos años precedentes.

Las escuetas novedades del comunicado no impedían que tuviera un importante efecto propagandístico para ETA.

Repitiendo lo mismo que en anteriores ocasiones, daba la imagen de una renovada voluntad negociadora y suponía una carga de profundidad contra la «operación Azkoiti». También tenía efectos internos, ya que su difusión coincidió con el día en que la Mesa Nacional de HB se reunía para discutir el futuro de su estrategia negociadora. Las opiniones se encontraban divididas en su seno; por una parte, los ortodoxos de KAS, al igual que ETA, sostenían que la única negociación posible era entre la banda y el Gobierno, entre el PSOE y la propia coalición; por otra parte, estaban quienes apostaban por pedir a ETA una tregua y constituir un frente nacionalista con PNV y EA que reivindicara la independencia de Euskadi.

Esta segunda opción, minoritaria, coincidía con la propuesta presentada por los representantes del PNV a HB en la mesa de conversaciones que ambos partidos habían abierto el 5 de junio con el objetivo de establecer un «diagnóstico común sobre la violencia». Los encuentros entre las dos formaciones habían sido avalados un día antes por ETA en un comunicado difundido a través del diario *Egin* en el que, sin embargo, la banda insistía en que «el marco ETA-Gobierno es la única base sólida de la necesaria negociación política».

En las primeras reuniones entre ambos partidos los representantes del PNV propusieron elaborar un comunicado conjunto pidiendo a ETA una tregua unilateral, convencidos de que la banda no podía negarse tras el apoyo que había dado a los contactos. Como contrapartida, los dirigentes nacionalistas se comprometían a presionar al Gobierno para que retomase los contactos con la banda terrorista. También se evitaría la extradición de «Antxon», que los portavoces del PNV creían inminente. Finalmente, los peneuvistas consideraban que sin atentados sería posible crear una alianza nacionalista para presionar a Madrid en favor del hecho diferencial vasco.

HB, representada en la mesa por Floren Aoiz, Iñigo Iruin y Jon Idígoras, insistía en que el comunicado no se dirigiera sólo a la banda, sino también al Gobierno, y que la tregua de ETA se viera acompañada del cese de las hostilidades policiales. En definitiva, que fuera bilateral. Los dirigentes abertzales sacaron a relucir sus demonios particulares y acusaron al

PNV de estar tras las maniobras de Txema Montero, Iñaki Esnaola y Christianne Fando, las caras conocidas del ala crítica de la coalición. El PNV lo negó.

El inesperado comunicado difundido por ETA el 11 de julio, en pleno fragor de los debates, supuso el final de éstos. La banda prescindía de intermediarios, hacía su propia oferta negociadora y de tregua y reclamaba para sí todo el protagonismo y la iniciativa. El 16 de julio, el PNV llevaba a la mesa de conversaciones con HB su última propuesta: si antes del 1 de septiembre no se producían atentados, se comprometía a reclamar al Gobierno un contacto físico con ETA. El plazo marcado suponía, de hecho, la petición de una tregua tácita, no declarada públicamente, de mes y medio.

El comunicado de ETA no fue el único paso dado por la banda para desbaratar la «operación Azkoiti» y cualesquiera otras maniobras que pusieran en duda su condición de vanguardia. Días después, el 20 de julio, *Egin* recogía unas declaraciones del propio etarra plegándose a los designios de la organización. El diario vasco señalaba que con su testimonio, Arrieta Zubimendi quería «salir al paso de especulaciones periodísticas y políticas que se han multiplicado a raíz de su puesta en libertad condicional y vigilada, acentuando informaciones interesadas difundidas cuando estaba preso. En estos momentos, "Azkoiti", con sus palabras, desea cortar esas especulaciones acerca de su persona y quiere dejar constancia de su total identificación y disposición hacia la propuesta realizada por Euskadi Ta Askatasuna».

Pese a este preámbulo, el testimonio de «Azkoiti», lejos de ser clarificador, era en realidad lacónico y sumamente breve. «El Gobierno español, y también el francés —decía—, deben comprender que hay una voluntad unánime para exigir la reanudación de las conversaciones políticas, y que esa voluntad está recogida en el comunicado hecho público por ETA hace diez días. Las condiciones para una tregua y la reapertura de conversaciones están claramente expuestas en ese comunicado. También está claro que los interlocutores de ETA con el Gobierno español son los tres que se encuentran deportados en Santo Domingo. Es allí donde deben ir los enviados cualificados del Gobierno español para entablar el contacto físico y abrir el proceso. Que vayan a Santo Domingo, porque allí están los portavoces oficiales, y que cumplan lo propuesto por ETA.»

Nada más. Ni un dato o denuncia de los tanteos y ofertas de las que venía siendo objeto, y menos aún de su situación de libertad.

Rafael Vera asegura que, pese a todo, la banda no debía estar completamente segura de la fidelidad de «Azkoiti», ya que en dos ocasiones le ofreció fugarse de su confinamiento en Toulouse, para lo cual le facilitaba la cobertura necesaria. Su huida, sin embargo, no se produjo y, en cambio, recobró una mayor libertad de movimientos en Francia, tal y como le habían prometido. «Esnaola y Fando me apuntaron la necesidad de darle más capacidad de maniobra —señala Vera—. Ellos veían que los detractores de "Azkoiti" dentro de ETA y de HB lo acusaban ya de traidor y de pretender dinamitar la organización desde dentro. Fue entonces cuando decidimos que pudiera moverse con libertad por Francia.»

En cualquier caso, ETA y su entorno debieron dar por finiquitada la maniobra preparada para su cualificado militante. Habían conseguido su testimonio de apoyo y habían tomado la iniciativa con una nueva oferta negociadora. Dos días después, el 22 de julio, concluían las conversaciones PNV-HB sin que ambas formaciones suscribieran un documento común o alcanzaran algún acuerdo concreto.

Luis Roldán, director general de la Guardia Civil, se sumó desde el Ministerio del Interior a las maniobras para abortar la «operación Azkoiti». Para ello ordenó al Servicio Central de Información que elaborara un informe sobre los contactos con ETA desde la ruptura de Argel, con la conclusión preestablecida de que tras la detención de la cúpula en Bidart era posible una solución estrictamente policial al problema de la violencia. El estudio, encomendado al comandante Pablo Martín Alonso, considerado el mejor analista de la Benemérita, estuvo concluido a principios del verano de 1992 y fue actualizado en dos ocasiones más hasta finales de 1993.

El máximo responsable de la Benemérita solicitaba siempre tres copias: una para el vicepresidente del Gobierno, Narcís Serra, otra para el ministro y una más para él. A las dos primeras se incorporaba algún error para que, si se producía su filtración, los servicios de información conocieran el origen de ésta. «Más que informes secretos eran clandestinos, porque nos saltábamos la escala de mando, ya que Roldán nunca dio cuenta de ellos a Rafael Vera —asegura un mando de la Guardia Civil que pide mantener el anonimato—. Además, a los datos se incorporaba siempre un análisis negativo de la negociación para que el director hiciera valer su posición contraria a la misma ante el ministro y en Presidencia del Gobierno.» A sus maniobras de altos vuelos Roldán sumó las filtraciones a la prensa de los movimientos de Vera para sacar adelante la «operación Azkoiti». Un capítulo más del enfrentamiento que ambos altos cargos mantenían dentro de la casa.

Las escaramuzas de uno y otro lado dieron paso a tres meses de intensos enfrentamientos. El 3 de agosto se abrió la veda. A las nueve y media de la mañana, la Policía francesa detenía en Burdeos a Faustino Estanislao Villanueva Herrera, «Txapu», considerado candidato a heredar uno de los puestos de dirección en ETA tras las sucesivas detenciones de otros destacados terroristas que figuraban por delante de él en las quinielas. Natural de la localidad guipuzcoana de Gernika, de cuarenta años de edad y fontanero de profesión, llevaba escondido en Francia desde los dieciocho años. Su detención no era un hecho casual, aunque así se presentara oficialmente. Llevaba meses controlado por la Policía, que incluso le había fotografiado en varias ocasiones durante sus encuentros con otros etarras. Su interés policial era relativo. En el momento de su detención llevaba una pistola, hecho suficiente para ser condenado en Francia y quedar fuera de la circulación, pero en España no estaba procesado en ninguna causa y contaba, además, con el estatuto de refugiado político, lo que impedía su hipotética entrega si antes no le era retirado.

Su captura, en cambio, se producía tres semanas después de la oferta negociadora de ETA, tras la cual no se había registrado ni un solo atentado, lo que permitió al Gobierno sortear con éxito la Olimpiada, algo que era interpretado como tregua tácita de la organización. La respuesta por parte del entorno de la banda fue contundente. La Koordinadora Abertzale Sozialista calificó la captura del etarra como la respuesta a la oferta de tregua efectuada por ETA el 11 de julio. «Madrid y París han vuelto a sabotear la esperanza levantada por la propuesta de ETA y el arduo trabajo de HB para facilitar el camino hacia un avance en la solución del contencioso. Ellos serán los únicos responsables de la continuidad del enfrentamiento», recogía un comunicado difundido al día siguiente.

En términos similares se expresaba HB, para cuyos dirigentes la detención de «Txapu» demostraba «la nula voluntad del Gobierno central para poner fin al contencioso violento en Euskadi... Es la confirmación del no de Madrid a abrir periodos de distensión y del sí a seguir la vía del enfrentamiento violento». Incluso Joseba Azkárraga, parlamentario de Eusko Alkartasuna, señalaba que se trataba de «un jarro de agua fría» y reflexionaba en voz alta sobre si la detención no suponía un intento de invalidar la posibilidad de una solución dialogada al problema de la violencia.

ETA respondió dos semanas más tarde, el 17 de agosto, con el asesinato en Oyarzun de los guardias civiles José Manuel Fernández Lozano, de veinticinco años, y Juan Manuel Martínez Gil, de veintitrés. El atentado zanjaba las cábalas sobre la tregua tácita de la banda, que al día siguiente del crimen anunciaba que seguiría matando hasta forzar la negociación política, y «mientras el Gobierno español no abandone el juego sucio y la estrategia de alargamiento del conflicto que está llevando a cabo con el Gobierno francés». En definitiva, volvía a reiterar su oferta de tregua del 11 de julio, condicionada al inicio de negociaciones en un país neutral. «Queremos dejar claro —concluía el comunicado— que ETA no ha recibido otra respuesta del Gobierno español que las detenciones desarrolladas con la Policía francesa.»

La última palabra la diría el Gobierno español. El 21 de octubre Francia extraditaba al dirigente etarra Isidro Garalde, «Mamarru», cuya entrega había acordado en junio de 1991, pese a lo cual había sido demorada más de un año por indicación del Ejecutivo español. «Mamarru» formaba parte del grupo de tres etarras, junto con «Josu Ternera» y «Txikierdi», cuya presencia había sido reclamada reiteradamente por ETA para reforzar su mesa de interlocutores ante una hipotética reanudación de las conversaciones. Su compañero Juan Lorenzo Lasa Mitxelena, «Txikierdi», ya había sido extraditado en abril de ese mismo año.

La banda veía cómo en medio año dos de sus futuros portavoces ingresaban en cárceles españolas. El Ministerio del Interior los deslegitimaba. En Castellana 5, sede del departamento, se disponían a dar un nuevo impulso a «Azkoiti».

CAPITULO VEINTISEIS

JUANJO ETXABE

La reactivación de la «operación Azkoiti» en noviembre de 1992 se inició con una importante novedad: la incorporación de Juan José Etxabe Orobengoa, un antiguo dirigente de ETA que había abandonado la organización en 1971 y que vivía a caballo entre San Sebastián, donde regentaba varios restaurantes, y el sur de Francia, donde años atrás residió como refugiado. Militante de la primera hornada, fue jefe del Frente Militar, en el que dieron sus primeros pasos destacados etarras como Eustakio Mendizábal, «Txikía»; Domingo Iturbe, «Txomin»; José Miguel Beñaran Ordeñana, «Argala», o el propio José Luis Arrieta, «Azkoiti», y como tal participó en el primer secuestro de la organización, perpetrado en 1970 en la persona del cónsul alemán en la capital donostiarra, Eugene Beihl, coincidiendo con la celebración del consejo de guerra de Burgos. Su pasado le otorgaba un enorme caudal de credibilidad en el entorno de la banda, y un desconcertado «Azkoiti» por su recién recobrada libertad decidió llamarlo para recabar su opinión sobre la operación que se urdía en torno a su figura.

La primera entrevista entre ambos tuvo lugar en el hotel de Toulouse donde «Azkoiti» permanecía confinado. Allí le expuso las ofertas negociadoras que había recibido. Como dos viejos amigos discutieron la situación y sus posiciones antes de tomar una decisión. Ambos coincidían en que había dos temas irrenunciables: el reconocimiento del derecho de autodeterminación y la amnistía para los presos. Otras cuestiones, como la unidad territorial con Navarra y el País Vasco francés, les parecían reivindicaciones muy difíciles de obtener y que sólo entorpecían las líneas fundamentales de lo que ellos entendían que debía ser una futura negociación con el Gobierno. «Azkoiti» no era representante de ningún sector «blando» dentro de ETA, como se pretendía hacer creer desde el Ministerio del Interior, sino un destacado miembro de los grupos más posibilistas de la banda, pero nada más. Desde esta posición se le podía considerar un radical que apoyaba la lucha armada y que estaba dispuesto a mantener sus posiciones hasta la muerte. Las diferencias eran, pues, de matices, aunque éstos no fueran desdeñables.

El resultado del encuentro fue el compromiso de Etxabe para hacer de embajador de su compañero, que tenía muy restringida su capacidad de movimiento. Para él no era una misión nueva, aunque sus antecedentes en una tarea similar se remontaban a 1977. Ese año había mantenido varias entrevistas en el sur de Francia con el periodista José María Portell, redactor jefe de *La Gaceta del Norte* y director de *La Hoja del Lunes* de Bilbao, que hacía de emisario del entonces ministro del Interior, Rodolfo Martín Villa, y había aceptado hacer de intermediario con ETA [1].

Un año después de los primeros contactos, el 28 de junio de 1978, Portell fue asesinado a tiros en Portugalete, Vizcaya, por un comando de la banda que le acusó de actuar como agente del ministro. Días más tarde, el 2 de julio, el propio Etxabe y su mujer, Agurtzane Arregui, fueron ametrallados en San Juan de Luz. El resultó herido de gravedad y su esposa murió en un atentado reivindicado por el Batallón Vasco Español, los GAL de la transición. Tres años antes, en 1975, uno de sus hermanos había sido asesinado en Mondragón en un atentado de la extrema derecha.

---

[1] La afirmación aparece recogida en el libro de José María Portell *Euskadi: amnistía arrancada,* DOPESA, julio de 1977.

Todas las acciones contra él y su familia tuvieron lugar mucho tiempo después de que abandonara ETA en 1971 y se dedicara a los negocios de hostelería en compañía de uno de sus hermanos, con quien montó dos restaurantes en Bayona y San Juan de Luz que fueron objetivos de la «guerra sucia». Beneficiado por la amnistía de 1978, regularizó su situación en España y trasladó sus negocios a San Sebastián.

Pese a los años transcurridos desde entonces, Etxabe seguía en el punto de mira de la Policía, que lo consideraba implicado en asuntos de contrabando y relacionado de forma colateral con ETA. Su entrada en la «operación Azkoiti» supuso que fuera sometido a un férreo seguimiento para controlar sus movimientos y contactos. Los agentes encargados de la misión recibieron por toda explicación que debían investigar su participación en una operación de tráfico de armas y en el paso de militantes de la banda por la frontera. El comisario Manuel Ballesteros, jefe del Gabinete de Información de Vera, se encargó de ponerle sal al tema al asegurar que un confidente le había informado de que Etxabe tuvo escondido en Francia a «Pakito», máximo dirigente de la organización, poco antes de su detención en Bidart.

Su papel como valedor de «Azkoiti» le supuso una actividad frenética. Su primer interlocutor fue el comisario Joël Cathalá, con quien se entrevistó en el aeropuerto Charles Roissy de la capital francesa para calibrar la fiabilidad de la oferta que había trasladado a su compañero. El comisario le reiteró la disposición del Gobierno francés a apoyar una negociación entre ETA y el Ejecutivo español en Francia cuyas condiciones debían contar con el visto bueno de Rafael Vera. Como contrapartida, la banda debía decretar una tregua de seis meses de duración.

Desde ese momento, las entrevistas y viajes de Etxabe a París se sucedieron de forma vertiginosa, contando con dos interlocutores principales: Cathalá y el dirigente de HB José Luis Elkoro. El policía recibía los mensajes dirigidos a Vera y transmitía, a su vez, los de éste, en ocasiones con promesas y ofertas que iban mucho más lejos de los ofrecimientos del secretario de Estado. Elkoro, a su vez, era el lazo de conexión con el entorno de la banda. Tampoco faltaron los encuentros de Etxabe con «históricos» de ETA como Julen Madariaga o Juan Manuel Pagoaga, «Peixoto», entre otros.

Etxabe llegó a despertar tanto interés que fue sondeado incluso por el entonces teniente coronel de la Guardia Civil, Enrique Rodríguez Galindo, jefe del acuartelamiento de Intxaurrondo, en un intento de la Benemérita de meter las narices en el asunto. La intromisión se zanjó con la advertencia desde Interior de que se trataba de una operación controlada por la Policía.

De forma simultánea, el comisario francés Joël Cathalá retomó sus visitas a la cárcel para conocer la opinión de los dirigentes detenidos meses antes en Bidart. Francisco Múgica, «Pakito», y José Luis Alvarez Santacristina, «Txelis», le remitieron una vez más a Santo Domingo y a «Antxon» como único interlocutor válido. No aceptaban contactos policiales y los presos no eran portavoces válidos. La misma respuesta que ellos habían trasladado a «Azkoiti» cuando éste comenzó a recibir las visitas del policía.

Convencidos de que el fin de la violencia no podía conseguirse sin el previo consentimiento de quienes tenían las armas, Juan José Etxabe visitó a «Pakito» a finales de 1992 en la prisión de Fresnes, en las proximidades de París. Su condición de antiguo dirigente le otorgaba mayor credibilidad que la del policía que se había destacado por sus operaciones anti-ETA. Fuentes de los servicios de información que conocen dicho encuentro aseguran que el «histórico» de ETA intentó convencer a quien había sido su máximo dirigente hasta hacía sólo unos meses de la necesidad de apoyar la figura de «Azkoiti» como nuevo portavoz y de la conveniencia de una tregua como paso previo para reanudar los contactos con el Gobierno.

Etxabe echó mano de un nuevo argumento para convencer a «Pakito»: había acaparado demasiado poder y su detención y la de otros destacados militantes había causado el desconcierto en ETA, que aún tenía pendiente de resolver el relevo de su dirección. Con esta perspectiva, una tregua le serviría a la banda para reorganizarse e intentar retomar los contactos con el Gobierno. El silencio de las armas facilitaría,

93.I.18 - 24

Hemen gaituzue berriro,Gabonetako "oporraldiak" iragan eta gero eta gure iturriak izandako arazo guztiak konpondu eta gero,espero dezagun hemendik aurrera honelako arazorik es degula berriro topatukoea ba.

EN RELACION A LOS ULTIMOS RUMORES ACERCA DE UNA TREGUA ...,en principio no hay nada nuevo, de tal forma que nos encontramos en la clásica reedición de sondeos a presos en el estado francés sin otra intnción que la de tantear,conocer y tratar de romper el diseño de interlocución de la ETA.Como datos concretos están,por una parte,el que es cierto que se ha dado un sondeo sobre Pakito y Txelis,en principio bajo la dirección de Cathala.La propuesta es la misma de siempre y la respuesta es la misma de siempre (remisión a santo Domingo). Por lo tanto,nada de especial.Otro "dato" lo constituiría la situación de Azkoiti,mantenido en suelo francés a pesar de que es obvio que los trámites de su extradición podrían ir mucho más rápido.

A modo de valoración,se constata una vez más la actitud del PPy sus círculos (GC,..), que vuelven a utilizar el tema con obejtivos claramente electoralistas ,desgastando al PSOE desde los mecanismos clásicos (ABC).Por otra parte,ahí está DV,a quien alguien está convirtiendo en destino de las más interesantes filtraciones (por ejemplo,la última, la filtración del viaje realizado a Santo Domingo por parte de intermediarios y personas de la IA).Finalmente,es de destacar la postura de "El País" (acompaño copia del artículo), el cual de entrada echa un capote al PSOE resituando la cuestión en un contexto en el que,supuestamente,los contactos no serían síntomas de debilidad del PSOE (como acusa el PP) sino que responderían a una situación de debilkidad de ETA,con problemas internos, con un debate acerca de la actual estrategia,...Por lo tanto,El País se sitúa en la línea más clásica de intoxicación,aunque hay que reconocer que contiene elementos nuevos (que señalo).Por un lado se reconoce que la situación de Azkoiti lo es "a su pesar",lo que indica claramente su actual actitud.Por otro lado,trata de negar los contactos en cárceles francesas (pero ciertos).En tercer lugar insiste en la falta de dirección real en ETA,ya que los "nuevos" dirigentes no parecen ser quienes realmente mandan (línea intoxicadora clásica).A la vez tratan de aventurar diferencias entre Pakito/KAS frente a otros sectores de ETA y HB.En cuarto lugar (cómo cambian las cosas),resulta que uno de los problemas para que se imponga esa nueva línea es el hecho de que para Artapalo/KAS Antxon es interlocutor inamovible.En quinto lugar,se incluye por primera vez a peixoto en este guirigai.Y, para acabar,la inevitable referencia a una jugada en las cárceles que acompañe estos movimientos.Una perla.

EN RELACION A LA UNIDAD DE FUERZAS ENTRE LAB y ELA ue debía estar en marcha para el pasado día 15,la situación actual es que ELA está estudiando una contrapropuesta de LAB.En la propuesta de ELA,como ya recordaréis,se incluían tres cuestiones absolutamente incardinables en el actual marco jurídico-político.Pues bien : LAB ha hecho una contrapropuesta en la que incluye otros nuevos elementos,que sin tener cabida en el actual marco estatutario-amejoramentario,tampoco resultan inasimilables por ELA.En concreto,

capacidad para las dos comunidades autónomas para LEGISLAR en materia laboral (esto es,la base para la cración de un marco autónomo de relaciones laborales).

- la creación de una suerte de INI en Euskal Herria,dependiendo de las correspondientes autoridades autonómicas,de tal forma que las mismas se hagan con la titularidad de las empresas con proyección estratégioca en la estructura productiva del país.
- en relación a la SS,no sólo reclamar la gestión de sus fondos sino también,en buena lógica,la recaudación de los mismos.

En principio,pues,la cosa está clara.A ver lo que responde ELA.De momento ya se ha llegado a un triple acuerdo,no de contenidos,sino de "metodología" y desárrollo :

- cada uno de los sindicatos guarda absoluta autonomía para tratar como considere convenientes cuantos conflictos locales y sectoriales vayan apareciendo.
- el acuerdo al que se pretende llegar no va a ser en ningún caso una acuerdo político global (algo qye ya sabíamos de sobra).
- respecto del discurso de cada sindicato,cada uno está libre para proyectar sobre la sociedad la interpretación de los acuerdos a los que se llegue considera oportuna.Así, LAB lo hará de acuerdo con sus principios políticos fundamentales,presentado el actual acuerdo como lo que es,un acuerdo de mínimos que ni mucho menos agota la perspectiva socio-política de LAB sobre la cuestión.

En lo que se refiere a CCOO,no hay noticias claras de su posicionamiento.Parece ser que en principio quedan fuera (ya lo adelantamos).A su vez hay que señalar que dentro de este sindicato,en Euskal Herria,debe haber una pequeña marejada,con claras opiniones enfrentadas acerca de la línea sindical global (en concreto,línea divergente de la oficial de la tendencia "Izquierda Sindical".

Boletín interno de KAS correspondiente a la semana del 18 al 24 de enero de 1993 en el que desmiente a sus militantes los rumores sobre una posible tregua de ETA.

además, que Francia relajara el cerco que mantenía sobre la organización, e incluso podía utilizarse para implicarla en el proceso de paz como observador. Finalmente, si tras la tregua no había acuerdo, ETA podía volver a atentar con la justificación de que no le quedaba otro remedio al no atender el Gobierno sus gestos de buena voluntad. «Pakito» evitó pronunciarse con claridad. Se limitó a contestar a su interlocutor que se trataba de una decisión de mucha trascendencia, que no se podía decidir a la ligera y que quería saber lo que pensaba la gente que estaba fuera antes de apoyar el cese temporal de la actividad armada.

Estas visitas a «Pakito», de las que sólo trascendió públicamente la del comisario francés, dieron lugar a todo tipo de especulaciones sobre la inminencia de una tregua de ETA para principios de 1993. La propia KAS se encargó de tranquilizar a sus militantes en un documento interno[2]: «En relación a los últimos rumores acerca de una tregua, en principio no hay nada nuevo, de tal forma que nos encontramos en la clásica reedición de sondeos a presos en el Estado francés sin otra intención que la de tantear, conocer y tratar de romper el diseño de interlocución de ETA. Como datos concretos están, por una parte, el que es cierto que se ha dado un sondeo sobre "Pakito" y "Txelis", en principio bajo la dirección de Cathalá. La propuesta es la misma de siempre y la respuesta es la misma de siempre [remisión a Santo Domingo]. Por lo tanto, nada de especial. Otro dato lo constituiría la situación de "Azkoiti"; mantenido en suelo francés a pesar de que es obvio que los trámites de su extradición podrían ir mucho más rápido.» El documento no hacía alusión ninguna a las gestiones de Etxabe.

ETA se encargaría, una vez más, de rebatir las elucubraciones. El 19 de enero, víspera de la fiesta patronal donostiarra, José Antonio Santamaría, de cuarenta y siete años, pro-

[2] KAS reparte semanalmente un boletín entre sus militantes en el que analiza los acontecimientos políticos y marca su posición ante ellos. En este caso, el documento hace referencia a la semana del 18 al 24 de enero de 1993.

pietario del restaurante Basque, antiguo socio de la discoteca Ku y ex jugador de la Real Sociedad, fue asesinado de un disparo en la nuca cuando cenaba en una sociedad gastronómica en San Sebastián. Tres días más tarde, el funcionario de prisiones José Ramón Domínguez Murillo era asesinado de dos disparos en la cabeza también en la capital guipuzcoana. La banda definía su posición sobre la tregua con dos cadáveres. Pese a ello, Etxabe [3] continuó sus idas y venidas durante los meses siguientes en su intento de acumular apoyos.

[3] Etxabe fue detenido el 21 de mayo de 1996 en la localidad francesa de Urrugne por orden de la juez francesa Laurence Le Vert, que le acusó de haber mediado en el pago del rescate por el ingeniero Julio Iglesias Zamora, secuestrado en 1993. Tras permanecer un mes en prisión, Etxabe falleció el 11 de julio en su domicilio a consecuencia de un ataque cardiaco.

CAPITULO VEINTISIETE

TRASLADO A PARIS

El 5 de febrero de 1993, rotas las esperanzas de que ETA decretara una tregua, la juez Laurence Le Vert, que instruía en París la mayoría de las causas contra miembros de la banda terrorista detenidos en el país vecino, ordenó el traslado de «Azkoiti» a la capital francesa. El motivo: comunicarle su procesamiento como inductor del asesinato de Clement Perret en 1985 en Castellón a manos del comando Itinerante. Se trataba de una de las dos causas por las que España había solicitado su extradición. Sin embargo, la justicia francesa se declaraba competente para instruir este sumario argumentando que la víctima era un ciudadano francés, que dos de los autores materiales eran también franceses y estaban detenidos en su territorio y que el delito de inducción cometido por «Azkoiti» había tenido lugar también en Francia, en la etapa en que dirigió el mencionado comando.

El procesamiento impedía que se ejecutara la extradición ya concedida hasta que fuera juzgado y cumpliera la condena que le fuera impuesta. Pese a la gravedad de la acusación, la magistrada, la misma que había decretado su excarcelación y confinamiento en Toulouse, mantuvo su situación de libertad vigilada, aunque con la obligación de residir en la capital francesa con la excusa de que estuviera a disposición de su juzgado para la práctica de futuras diligencias.

La decisión era un paso más de la operación urdida desde Madrid y se había fraguado tres semanas antes, el miércoles 13 de enero, en una comida en París organizada por Jacinto Angel Guerrero Lucas y a la que asistieron Rafael Vera, la juez Le Vert, la fiscal Irene Stoler —que, al igual que la anterior, llevaba las causas de terrorismo— y el comisario Roger Marion, jefe de la VI División de la Policía Judicial de París e importante colaborador de las dos anteriores. Una vez más, el mediador en la sombra de Interior sentaba a una misma mesa a algunos de los más importantes protagonistas de la colaboración anti-ETA.

Para Rafael Vera este encuentro era, sin duda, mucho más importante que la reunión oficial a la que debía asistir al día siguiente con el ministro José Luis Corcuera para cumplimentar al nuevo titular galo del Interior, Paul Quiles, y otros altos cargos de su departamento. Estas reuniones políticas pocas veces daban fruto, mientras que de los encuentros que le preparaba su asesor personal se obtenían siempre resultados prácticos. En esta ocasión, sin embargo, la comida fue descubierta y vigilada por los servicios de información franceses, que dieron cuenta de ella al ministro Quiles.

Guerrero Lucas sostiene que «Vera tenía a través mío una privilegiadísima relación con cuantiosas personalidades y autoridades de Francia. En esta ocasión acababan de pasar las Navidades y Vera, que tenía previsto mantener una reunión oficial en París, decidió unir lo útil con lo agradable e invitó a comer a las personas que colaboraban con él en la lucha contra ETA. En lugar de enviarles una fría tarjeta de felicitación quiso montar algo más humano y directo. Yo organicé el encuentro, que tuvo lugar en un saloncito de un conocido hotel de la capital francesa, y el anuncio de quien había reservado la mesa estuvo puesto a la entrada, en un tablero grande. Fue un encuentro amistoso, no oficial, y en él no hubo contubernio alguno. Lo que pasa es que el ministro Quiles, desorientado o intoxicado por su entorno, desmadró el tema de una forma totalmente ridícula y organizó un incidente».

Al día siguiente, José Luis Corcuera tuvo que aguantar el chaparrón por lo que su homólogo francés consideraba una injerencia inadmisible en la política de su Ministerio. No podía consentir que desde otro país se reconviniera a sus funcionarios a actuar en un sentido u otro, al margen de las directrices que emanaban de su Gobierno. El incidente estuvo a punto de costar el cese a Rafael Vera. Así al menos se encargó de difundirlo el director general de la Guardia Civil, Luis Roldán, entre sus hombres de confianza, según ha contado uno de ellos, que prefiere mantener el anonimato. Según su versión, un irritado Corcuera por las iniciativas personales de su número dos, de las que en esta ocasión tampoco estaba al tanto, telefoneó a Felipe González para relatarle el estirón de orejas que había tenido que soportar. La contestación del Presidente fue un rotundo «¡césalo de una vez!». Vera, sin embargo, continuó en el cargo y el incidente no pasó finalmente a mayores.

Lo cierto es que la reunión no resultó tan intrascendente como pretende Guerrero Lucas, pues en ella se abordaron los nuevos pasos a dar en la estrategia terrorista. Entre ellos, el traslado de «Azkoiti» a París. Su nueva asignación de residencia no fue en absoluto gratuita, ya que fue conducido a una vivienda localizada en las afueras en la que vivían otros dos deportados: Eloy Uriarte y Díaz de Guereño, «señor Robles», y José Luis Ansola Larrañaga, «Pello el Viejo». Ambos, al igual que «Azkoiti», formaban parte del grupo «histórico» de ETA al que desde el Ministerio del Interior se identificaba con las posiciones menos radicales. A los tres los unía también un pasado común, ya que en diferentes etapas habían sido responsables de las finanzas y la infraestructura de la banda.

«Pello el Viejo» había sido el último en ser detenido, el 4 de mayo de 1992, en una redada policial realizada en el sur de Francia que se saldó con la captura de cuarenta y dos personas. En el momento de su captura el etarra residía legalmente en el área de confinamiento que tenía asignada en Seine Saint Denis, cerca de la capital. «Señor Robles», por su parte, había sido detenido en Bayona el 11 de julio de

1989. Dos días más tarde fue puesto en libertad provisional y confinado en París. La decisión de hacer que convivieran los tres repondía a la intención de conseguir que «Pello el Viejo» y «Señor Robles» se unieran a la vía que lideraba «Azkoiti». La medida fue jaleada desde el PNV, cuyo portavoz, Joseba Egibar, aprovechó la ocasión para pedir a ETA la declaración de una tregua indefinida a cambio de una salida digna para sus presos.

Una vez más, ETA se puso en marcha para abortar una situación que se le iba de las manos. Como ya había hecho con «Azkoiti» meses antes, tras su deportación en Toulouse, los tres «históricos» hicieron el 17 de febrero una declaración conjunta al diario *Egin* en la que desmentían liderar dentro de la organización una corriente crítica partidaria del cese de la violencia, tal y como habían publicado distintos medios de comunicación tan pronto se conoció que estaban viviendo juntos.

El diario abertzale publicaba que los tres etarras se habían puesto en contacto telefónico con su redacción para efectuar una «primera y última» declaración sobre su posición personal. En esencia, los confinados negaban que «haya nada sobre duros y blandos, turrones y mazapanes», en alusión a su adscripción menos radical, y desmentían que hubiesen cuestionado «la estrategia desarrollada en los últimos años por ETA», así como que fuesen partidarios «de declarar una tregua unilateral para poner en marcha un proceso de diálogo». En definitiva, todos ellos aseguraban que «no hay nada de nada», anunciaban «nuevas intoxicaciones, sin duda», y sostenían que «seguimos en la línea de siempre, el camino que tomamos al principio, y no hemos variado nuestros principios».

Lo escueto de su testimonio dio paso, una vez más, a todo tipo de especulaciones, que se incrementarían días más tarde, cuando a la lista de inquilinos de la misma vivienda se sumase otro «histórico»: José Manuel Pagoaga Gallastegui, «Peixoto», responsable del Comité de Refugiados Políticos Vascos en Francia. Su detención se produjo el 16 de febrero, en una nueva redada policial en suelo francés ordenada por la juez Le Vert en la que también fue detenida la compañera de «Azkoiti», Itziar Imaz. Ese mismo día la Policía francesa desmantelaba en Bidart, la misma localidad en la que un año antes había detenido a la cúpula de la banda, una importante fábrica de armas de la organización.

«Peixoto» había formado parte de la dirección de ETA hasta que, en 1979, un atentado perpetrado por el Batallón Vasco Español lo dejó prácticamente ciego. Aquello le sirvió para conseguir el estatuto de refugiado político en el país vecino, que le servía para moverse con total libertad como coordinador de la ayuda a los refugiados que cruzaban la frontera para instalarse en Francia. Aunque era un «histórico», como «Azkoiti», «Señor Robles» o «Pello el Viejo», se diferenciaba de ellos por su sintonía sin ambages con la estrategia de la banda terrorista. Quizá por ello fue el primero en abandonar la vivienda y volver a su domicilio de Baigorri en libertad sin cargos.

Las permanentes marchas hacia adelante y hacia atrás de la «operación Azkoiti» abrieron la puerta a otras vías de exploración del entorno de ETA.

CAPITULO VEINTIOCHO

LA VIA BENEGAS

El asesinato de José Antonio Santamaría, que había puesto fin a las especulaciones sobre una posible tregua de ETA, abrió de forma imprevista una nueva vía de comunicación con la banda y su entorno. El origen fue un encuentro casual en una calle de San Sebastián entre el dirigente de los socialistas guipuzcoanos, Fernando Múgica Herzog [1], abogado de la víctima y hermano del ex ministro de Justicia Enrique Múgica, y el ex director del diario *Egin*, Pablo Muñoz, en ese momento miembro del equipo de investigación del rotativo que había publicado varias informaciones relacionando a Santamaría con actividades de narcotráfico. Múgica, que iba acompañado de uno de sus tres hijos, con los que compartía su despacho jurídico, acusó al periodista y a su compañero Pepe Rei de ir señalando con sus informaciones a las futuras víctimas de la banda. La hostilidad inicial dio paso a un intercambio de opiniones que se prolongó ante un café en el bar Oñamendi, en la calle Fuenterrabía. De aquel

[1] Fernando Múgica fue asesinado el 6 de febrero de 1996 de un disparo en la nuca cuando salía de su despacho en San Sebastián. Un mes y medio más tarde, el 25 de marzo, la Ertzaintza detuvo en Oyarzun a Valentín Lasarte, miembro del comando Donosti, quien reconoció haber participado en el crimen, aunque atribuyó la autoría material a su compañero Javier García Gaztelu, «Jon».

encuentro informal surgió el compromiso de una futura cita en el despacho del letrado para continuar la conversación.

«Nos volvimos a reunir a los pocos días —cuenta Pablo Muñoz— y me planteó que había que terminar con la violencia de una vez por todas, aunque sin precisar nada. Fechas después me trasladó una propuesta etérea, que no concretaba nada, para que la hiciera llegar a Herri Batasuna. Decidí llamar a José María Benegas para preguntarle en nombre de quién hablaba Múgica, y me dijo que cualquier contacto pasaba por él.»

En aquella conversación improvisada el dirigente socialista comentó a su interlocutor que no estaba cerrado a futuros contactos con ETA, siempre y cuando se mantuviesen en secreto y fuesen acompañados de un cese de los atentados. El periodista se puso manos a la obra.

José María Benegas y Pablo Muñoz se conocían desde sus años de juventud, de cuando estudiaban juntos en el colegio de los jesuitas, y conservaban una buena amistad aunque sintonizaban con mundos completamente diferentes. Muñoz continuó sus estudios de Filosofía en Zaragoza, hizo el noviciado en el convento de capuchinos de Sangüesa y estudió Teología en Extramuros, en Pamplona, para terminar ordenándose en 1967. Eran los años de la lucha antifranquista y dio con sus huesos en la cárcel de Zamora, donde cumplió tres años y medio de condena por rebelión militar. Uno de sus abogados defensores fue precisamente Fernando Múgica, junto con Juan María Bandrés y Miguel Castell. Secularizado a mediados de los setenta, en 1977 ingresó en el diario *Egin* como corrector, y a finales de los ochenta se hizo cargo de la dirección del rotativo abertzale durante dos años y medio. Tras su cese fue destinado al equipo de investigación. Su condición de hombre de confianza del Movimiento de Liberación Nacional Vasco (MLNV), aunque no militaba en ninguna de sus organizaciones, y su relación con el número tres del PSOE lo convirtieron en el intermediario perfecto [2].

---

[2] Pablo Muñoz fue uno de los periodistas despedidos de *Egin* a finales de 1993 como consecuencia de una regulación de plantilla.

«Trasladé el contenido de la conversación que había tenido con Benegas a Iñigo Iruin, que me dijo que él ya no pintaba nada y que no quería hacer ningún movimiento en ese tema —afirma Pablo Muñoz—. A cambio me sugirió que me dirigiera a KAS y me dio los nombres de José Luis Elkoro, Rufi Etxeberría y José María Olarra como interlocutores.» El entonces senador Iruin atravesaba malos momentos en HB. Asesor de ETA en las conversaciones de Argel, había pasado de ser uno de los hombres fuertes de la coalición abertzale a caer en desgracia. El desmantelamiento por la Ertzaintza de una red de cobro del impuesto revolucionario de ETA lo había salpicado y marcado el inicio de su declive. De hecho, el pleno del Senado celebrado el 10 de febrero de 1993 concedió el suplicatorio para que el Tribunal Supremo pudiera encausarlo en dicho sumario.

Iruin había participado en 1991 en dos encuentros con Rafael Vera para desbloquear los contactos con «Antxon» en Santo Domingo, aunque sin éxito, y en julio de 1992 intentó una aproximación al PSOE a través de Benegas, a quien el partido había responsabilizado de los temas de terrorismo desde que en 1987 propiciara la firma del Pacto de Madrid. Pablo Muñoz fue también entonces el intermediario elegido. En aquella ocasión, Iruin y Benegas se entrevistaron en Madrid, donde el primero le entregó un documento propuesta de la Mesa Nacional de HB para abrir un diálogo con el PSOE. La reunión trascendió y los contactos se malograron antes de que se iniciaran. «Mi impresión —concluye Pablo Muñoz— es que el tema lo abortó alguien del PSOE a quien no le interesaba que aquello cuajara.»

Pese a la frustrada experiencia anterior y a la negativa de Iruin a entablar nuevos contactos con Benegas, el periodista decidió seguir adelante en su intento por encontrar un interlocutor para el dirigente socialista. «Como no tenía una buena relación con ninguna de las tres personas propuestas por Iruin, decidí buscar otra vía y me dirigí a Jonan Fernán-

---

Desde entonces trabaja en una compañía de seguros. Está considerado como contrario a las tesis de KAS.

dez, cabeza visible de Elkarri, un movimiento ciudadano que acababa de nacer con el padrinazgo de KAS. Le pregunté si podía llegar a la cúpula de ETA y al contestarme afirmativamente le dije que le iba a proponer a Benegas como intermediario entre ambas partes.»

El dirigente socialista asintió la propuesta de su amigo, que coincidía en esencia con sus planteamientos. Benegas, partidario de un final dialogado para el problema de la violencia, pensaba que los contactos con ETA no podían ser directos en una primera etapa, sino que era imprescindible un intermediario que asumiera toda la responsabilidad si los pasos iniciales trascendían o fracasaban.

Jonan Fernández aceptó el reto e inició su labor trasladando un primer mensaje de la banda terrorista a Pablo Muñoz para que éste, a su vez, lo hiciera llegar a Benegas. El periodista asegura que en este cruce inicial de propuestas «ETA estaba dispuesta a decretar una tregua si el Gobierno mandaba a alguien a Santo Domingo, aunque fuera un "botijero". El Gobierno, por su parte, pedía el cese de la violencia, aunque no se hiciera público». El secretario de Organización del PSOE no estaba solo. Contaba con el respaldo del ministro del Interior, José Luis Corcuera.

Esta emergente vía de contacto provocó el desconcierto y la desconfianza en ETA, que vio cómo se superponían en el tiempo los mensajes de Benegas, a través de Elkarri, y los de Vera no sólo con el comisario francés Cathalá como transmisor, sino también a través de Gernika Gogoratuz, un Centro de Estudios para la Paz constituido en noviembre de 1987 bajo los auspicios del Parlamento Vasco. Aunque no se trataba de una organización de mediación en conflictos, sino de estudio de éstos, desde 1989 mantenía encuentros periódicos con todos los partidos políticos para buscar soluciones al problema de la violencia terrorista, y desde finales de 1992 hacía de puente entre Rafael Vera y Rafael Díez Usabiaga, secretario general del sindicato abertzale LAB.

La labor mediadora de Gernika había comenzado en septiembre de 1991, tras organizar un encuentro de cinco días con trece políticos vascos en una casa de campo del estado norteamericano de Virginia. La reunión fue promovida por el Centro de Análisis y Resolución de Conflictos de la Universidad George Mason, que en la primavera del año anterior se había interesado por la labor del instituto vasco y había desplazado a varios de sus miembros a España para estudiar sobre el terreno el problema de la violencia. A la cita acudieron Juan María Ollora y Gorka Aguirre por el Partido Nacionalista Vasco, José Antonio Maturana y Jon Juaristi en representación de los socialistas vascos, Javier Peón y Eugenio Damboriena por el Partido Popular, Mario Onaindía y José Luis Lizundia por Euskadiko Ezkerra, Joseba Azkárraga y Juan Porres por Eusko Alkartasuna y Floren Aoiz, Iñaki Aldekoa y Andoni Gorostiza por Herri Batasuna. El encuentro no deparó ningún resultado concreto, pero sirvió para sentar alrededor de una misma mesa a formaciones irreconciliables.

La experiencia americana debió ser positivamente valorada por todos, ya que a aquella reunión siguieron otras, con cada partido por separado, en las que el líder de Gernika Gogoratuz, Juan Gutiérrez, pasó a tener como interlocutores a los primeros espadas de la política vasca. Ramón Jáuregui tomó las riendas de los contactos por parte del PSE-PSOE y Jaime Mayor Oreja lo hizo en nombre del PP. HB designó a Rafael Díez Usabiaga y a José Luis Elkoro.

Gutiérrez era hasta ese momento un perfecto desconocido en el panorama político. Ingeniero de caminos y ex militante de la Organización Revolucionaria de Trabajadores (ORT), había emigrado a Alemania durante el franquismo. Allí se doctoró en Filosofía y contactó con los verdes en el momento de máximo apogeo de esta alternativa política, para regresar al País Vasco tras más de veinte años fuera. Su labor al frente de Gernika lo convirtió en el depositario de todas las posiciones, en la coctelera a la que iban a parar todos los ingredientes, a pesar de las no pocas suspicacias que levantaba la tutela norteamericana, tras la que algunas formaciones sospechaban que podía estar la Central Intelligence Agency (CIA).

Con el tiempo, Gernika amplió su campo de actuación al Ministerio del Interior. A fin de cuentas era el representante directo de una de las partes en conflicto: el Gobierno. Juan Gutiérrez ya había tenido ocasión de entrevistarse por primera vez con Rafael Vera en la primavera de 1990, al año de la ruptura de las conversaciones de Argel, para plantearle dos cuestiones: por qué se habían roto los contactos y qué se podía hacer.

Las reuniones con unos y otros terminaron por convertir a Juan Gutiérrez en el mensajero entre Vera y Usabiaga, los cuales le hicieron destinatario de sus propuestas. Así, HB le trasladó a finales de 1992 sus quejas por la falta de voluntad negociadora del Ejecutivo, que quedaba demostrada con la incomunicación en que se encontraba «Antxon» desde la ruptura de los contactos en Santo Domingo en el verano de 1990. Su situación personal se había ido agravando a lo largo de 1991, hasta el punto de que se le habían prohibido los encuentros con los asesores de HB. Sus contactos con el exterior eran nulos. «"Antxon" está lleno de telarañas y carcoma» fue la frase utilizada para resumir su estado.

Juan Gutiérrez comunicó el mensaje a Rafael Vera, que decidió levantar el aislamiento de quien había sido su anterior interlocutor e incluso permitió que se le instalara un fax en su vivienda. José Luis Elkoro, miembro de la Mesa Nacional de HB y, junto con Iñigo Iruin, las dos personas que se habían entrevistado con Vera en 1991 tras la ruptura del proceso de Santo Domingo, viajó días después a la capital dominicana para comprobar que la mediación de Gernika Gogoratuz había dado resultado. Ni él ni los dirigentes de KAS que viajaron en fechas sucesivas para entrevistarse con «Antxon» tuvieron problemas para reunirse con el etarra. El secretario de Estado quiso dejar claro con esta decisión que no tenía la menor intención de excluir a nadie de su política de contactos, pero que también él necesitaba gestos de buena voluntad y que el mejor de ellos sería la declaración de una tregua por parte de ETA.

Pese al éxito de esta primera gestión, KAS nunca vio con buenos ojos el papel de Gernika. Al menos así queda reflejado en una circular interna fechada en la semana del 14 al 20 de diciembre de 1992, poco después de que su mediación sirviera para desbloquear el aislamiento de «Antxon»: «Recientemente han celebrado su tan cacareado seminario acerca de resolución de conflictos en el mundo. Tuvimos asistencia directa. ¿Valoración? Que esto es mucho más ful y flete de lo que se pretende. En principio, poca calidad y organizativamente bastante desastre. Estuvo presente el mandamás de la historieta (un tal Gutiérrez) y un montón de gente. Pero, tal y como debíamos haber esperado, de hecho se trataba de una reunión de resabiados, de obsesos anti-MLNV [...]. La única conclusión válida que se puede sacar es que, efectivamente, este Gutiérrez tiene todas las bendiciones y parabienes de las más altas instancias: contactos e influencias. Y, en segundo lugar, que él es el único cerebro de la historia, ya que el comportamiento de la gente que tiene alrededor se asemeja mucho al de una secta, en lo que se refiere al proselitismo *itsu-itsuan* de las ideas del jefe: una servidumbre ante él. Sin más. Nos hemos desilusionado (y alegrado, que para eso es enemigo) un poco.»

ETA intentó zanjar la confusión creada con la irrupción de Benegas mediante una carta remitida a Rafael Vera para que aclarara y simplificara las numerosas vías de contacto en marcha. La mala impresión que el entorno de ETA tenía de Gernika Gogoratuz no impidió que fueran sus representantes los encargados de hacer llegar la misiva a su destinatario. «Me dijeron que había un documento de la organización para Vera recuerda Juan Gutiérrez y me pidieron que lo transmitiera. Coincidió con un viaje a Beirut y fue una persona de mi equipo, Mikel Ubillos, quien se trasladó a Madrid y la entregó en mano sin conocer su contenido.»

La carta iba dirigida «al Gobierno del PSOE» y estaba fechada el 15 de marzo de 1993, aunque el número dos de Interior no la recibió hasta primeros de abril. Decía literalmente así:

> «1. Han llegado hasta nuestros oídos rumores sobre una posible oferta de miembros del PSOE acerca de una tregua. Esos rumores se hallan bastante extendidos

en diversos círculos, pues al parecer se han utilizado una vez más vías y canales inusuales, favoreciendo la difusión distorsionada de dicha oferta.

2. Queremos mostrar nuestra extrañeza tanto por el contenido como por el modo de hacerlo, que denotan una muy preocupante falta de coordinación y seriedad del Gobierno y el PSOE.

3. Nos cuesta creer la sinceridad de dichas propuestas (que por cierto presentan distintas versiones según los círculos en los que se hallan difundidas),

Al Gobierno del PSOE:

1.- Han llegada hasta nuestros oidos rumores sobre una posible oferta de miembros del PSOE acerca de una tregua. Esos rumores se hallan bastante extendidos en diversos circulos, pues al parecer se han utilizado una vez más vías y canales inusuales, favoreciendo la difusión distorsionada de dicha oferta.

2.-Queremos mostrar nuestra extrañeza tanto por el contenido como por el modo de hacerlo, que denotan una muy preocupante falta de coordinación y seriedad del Gobierno y el PSOE.

3.-Nos cuesta creer la sinceridad de dichas propuestas (que por ciertos presentan distintas versiones según los circulos en los que se hallan difundidos), teniendo en cuenta que parecen contar con el aval de Benegas y Corcuera, y que el Estado español (con la colaboración del francés) se empeña en seguir utilizando la vía represiva y un lenguaje prepotente que contrasta tremendamente con el apremio que muestran en dicha(s) propuesta(s).

4.-Nuestra Organización como lo hemos venido manifestando hasta la saciedad tanto pública como privadamente, está dispuesta a hacer el gesto que fuera necesario con vistas a empezar a buscar [illegible] de solución negociada al largo y duro conflicto que enfrenta a Euskal Herria y al Estado español. Nuestra propuesta no han sido respondida desde Febrero del 92.

5.-Para poder dar alguna credibilidad a esos rumores que se hallan extendidos en determinados circulos politicos vascos, españoles y franceses, seria necesario algún tipo de documento oficial escrito que avale la veracidad de dicha propuesta.

6.-Esta posibilidad de hacerle llegar un documento oficial y escrito a nuestra Organización puede presentar la misma dificultad que la supuesta intención de hacernos llegar el mensaje fuente de todas estos rumores. Para evitar esa dispersión Euskadi Ta Askatasuna propone al Gobierno del PSOE, una vez más, que se dirija a nuestra interlocución hoy en la República Dominicana.

En Euskal Herria, a 15 de Marzo de 1993

Euskadi Ta Askatasuna
E.T.A.

EUSKADI TA ASKATASUNA
E.T.A.

Carta de ETA a Rafael Vera en la que le pide que aclare las numerosas vías de contacto con la banda. La misiva le fue entregada al secretario de Estado de Interior por Gernika Gogoratuz en abril de 1993.

teniendo en cuenta que parecen contar con el aval de Benegas y Corcuera, y que el Estado español (con la colaboración del francés) se empeña en seguir utilizando la vía represiva y un lenguaje prepotente que contrasta con el apremio que muestra en dicha(s) propuesta(s).

4. Nuestra organización, como lo hemos venido manifestando hasta la saciedad, tanto pública como privadamente, está dispuesta a hacer el gesto que fuera necesario con vistas a empezar a buscar vías de solución negociada al largo y duro conflicto que enfrenta a Euskal Herría y al Estado español. Nuestra propuesta no ha sido respondida desde febrero del 92.

5. Para poder dar alguna credibilidad a esos rumores que se hallan extendidos en determinados círculos políticos vascos, españoles y franceses, sería necesario algún tipo de documento oficial escrito que avale la veracidad de dicha propuesta.

6. Esta posibilidad de hacerle llegar un documento oficial y escrito a nuestra organización puede presentar la misma dificultad que la supuesta intención de hacernos llegar el mensaje fuente de todos estos rumores. Para evitar esa dispersión, Euskadi Ta Askatasuna propone al Gobierno del PSOE, una vez más, que se dirija a nuestra interlocución hoy en la República Dominicana.»

La carta de ETA mostraba el recelo de la banda por la multiplicidad de mensajes y mensajeros, y le pedía a Vera, a quien consideraba el interlocutor gubernamental, que cualquier propuesta fuera refrendada por escrito y a través de «Antxon».

CAPITULO VEINTINUEVE

ELKARRI ENTRA EN ESCENA

Los mensajes entre José María Benegas y Jonan Fernández a través de Pablo Muñoz dieron paso a un encuentro personal en marzo de 1993, con el periodista como maestro de ceremonias dada su amistad con ambos. Esta primera cita se limitó a un contacto político en el que intercambiaron impresiones y sus particulares puntos de vista para poner fin al problema de la violencia. El momento era de enorme complejidad, con las elecciones generales a la vuelta de la esquina y con unos sondeos que vaticinaban, cuando menos, la pérdida de la mayoría absoluta de los socialistas en el Congreso de los Diputados. El margen de maniobra era muy pequeño e inestable, en espera de que se clarificase el panorama político.

La entrevista suponía el espaldarazo definitivo para Elkarri, que se había constituido en enero de ese mismo año sobre la experiencia de Lurraldea, otro movimiento ciudadano surgido en abril de 1986 con el objetivo de modificar el trazado de la autovía Irurtzun-Andoain, que iba a unir Guipúzcoa y Navarra y que preveía atravesar zonas de gran valor ecológico, como el valle de Leitzaran y el desfiladero de Dos Hermanos. El grave conflicto planteado se solventó con un trazado alternativo consensuado entre Lurraldea y la Administración. El acuerdo para el tramo guipuzcoano se alcanzó en abril de 1992, con el apoyo del Partido Nacionalista Vasco,

Herri Batasuna y el Partido Socialista de Euskadi (PSE-PSOE), mientras que el que afectaba a Navarra se demoró hasta septiembre de ese mismo año y contó con el respaldo de todos los partidos políticos del Parlamento Foral, salvo el de los socialistas.

Ambos acuerdos no eran ajenos a la intervención de ETA en el conflicto a partir de 1989, con amenazas a las empresas concesionarias de las obras y colocación de numerosas bombas. Ello hizo que la autovía de Leitzaran dejara de ser un problema regional para convertirse en un conflicto de Estado. La banda terrorista se apropió de esta reivindicación, como había hecho años antes con la central nuclear de Lemóniz, y la incluyó como un punto prioritario de su negociación con el Gobierno, según consta en algunos de sus documentos internos.

El resultado fue una experiencia de laboratorio en la que se reproducían todos los componentes del conflicto vasco. Había violencia y arraigo social, y los partidos que más se implicaban en el proceso de contactos con ETA repetían de forma simétrica sus posturas en el tema de la autovía. El PNV mantuvo una posición de diálogo para resolver el problema, mientras el PP insistió en su postura de fuerza. Tan mimético resultaba todo que Rafael Vera y José Luis Corcuera intervinieron personalmente, aunque entre bambalinas, en las conversaciones entre su partido y el PNV para consensuar el nuevo trazado. Su resolución suponía, por encima de todo, un importante precedente de desenlace dialogado de un grave conflicto. Algo que, sin duda, influyó en la decisión de José María Benegas de acercarse a Elkarri a través de su líder.

Cuando ambos se encontraron por primera vez Elkarri tenía sólo tres meses de vida, pero había experimentado un crecimiento inesperado hasta para sus dos promotores principales: el propio Jonan Fernández y Víctor Ayerdi, que procedía también de Lurraldea. Los dos habían soportado una campaña previa de desprestigio por parte de los departamentos de Interior de los gobiernos central y vasco, que los acusaban de ser meros «tapados» del entorno de ETA para transformar el movimiento ecologista de la autovía en otro pacifista con la pretensión última de justificar los atentados de la banda. Los argumentos utilizados eran la militancia de Jonan Fernández en HB entre 1987 y 1991 (llegó a presentarse como candidato de la coalición abertzale al Ayuntamiento de Tolosa en las municipales de 1987) y unos documentos internos de KAS, el brazo político de ETA, en los que se aludía a la creación de Elkarri como una organización controlada por ella. Uno de estos documentos [1] señalaba: «Por lo que se refiere al Movimiento Social por la Paz, el programa se va cumpliendo aun sin sus manifestaciones exteriores, ruedas de prensa previstas [...]. La asamblea nacional fundacional se mantiene para el 20 de diciembre [de 1992]. Se desarrollará tras una convocatoria pública de un grupo de notables, entre los que se pretende que se encuentren caras muy conocidas y secularmente enfrentadas a nosotros; por lo tanto, no sorprenderse si aparecen gentes que nos hacen vomitar en otras ocasiones. Se trata tan sólo de una llamada a la constitución de este movimiento, de tal forma que no van a ser personas que posteriormente intervengan en la elaboración de la línea del mismo hipotecando su desarrollo.»

Jonan y Ayerdi venían meditando la creación de Elkarri desde la primavera y verano de 1992. Lo habían consultado con varias formaciones políticas y con la propia KAS, que terminó por asumir el proyecto como suyo. Los hechos, sin embargo, se encargarían de demostrar que tenían la clara voluntad de que fuera un movimiento independiente. Para ellos, ETA identificaba paz con soberanía, mientras que para los partidos del Pacto de Ajuria Enea significaba que ETA dejara de matar; lo que propugnaba Elkarri era diálogo y acuerdo, éste era su único credo.

Para comenzar, el nombre elegido no fue el previsto por la coordinadora abertzale, Bakebidea, sino el propuesto por el escritor Bernardo Atxaga a petición de Ayerdi: Elkarri. Una palabra intraducible pero asimilable a la idea de «en-

---

[1] El texto aludido está fechado en la semana del 23 al 29 de noviembre de 1992.

cuentro». Pronto se encendieron las luces de alarma en KAS, cuya intención era que Elkarri no fuera algo neutro. En un documento interno, fechado en la semana del 14 al 20 de diciembre de 1992, la coordinadora mostraba su preocupación por que la imagen del nuevo movimiento fuera la de «un nuevo elemento más disidente que comienza a criticar la l.a. [lucha armada]. [...] Mucho cuidado», y avanzaba ya lo que consideraba «imprescindible marginación de J.F. [Jonan Fernández] y V.A. [Víctor Ayerdi] de la imagen pública».

Sin embargo, sería en junio, apenas tres meses después del primer encuentro entre Jonan y Benegas y recién celebradas las elecciones generales, que rebajaron inesperadamente la derrota de los socialistas [2], cuando se produciría la primera decisión de Elkarri que la enfrentaría abiertamente con KAS y HB.

Jonan Fernández escribió dos cartas, una a Felipe González y otra a ETA. En la primera pedía al Presidente que, con el horizonte de otros cuatro años en el Gobierno, resolviera el problema vasco por la vía del diálogo, y le emplazaba a tomar las iniciativas que fueran necesarias para ello. Sin citarlo, Elkarri reclamaba que se reanudaran los contactos con la banda, tal y como ésta venía exigiendo. La segunda carta reiteraba el mensaje de diálogo e invitaba a ETA a crear las condiciones que lo hicieran posible. También sin citarlo, sugería la conveniencia de que declarase una tregua, tal y como pedía el Gobierno.

Fiel a su compromiso, Elkarri se situaba equidistante de ambas partes, sin supeditarse a ninguna de ellas, con el único objetivo de servir de intermediario. La misiva no gustó ni a ETA ni a su entorno, para quienes este movimiento social no era más que un instrumento para conseguir el objetivo de la negociación. En consecuencia, no podía arrogarse el contacto directo con la banda y mucho menos colocar a ésta y al

---

[2] Las elecciones del 6 de junio de 1993 otorgaron 159 escaños al PSOE, 16 menos que en 1989, y 141 al PP, 34 más que en los anteriores comicios. El apoyo de CiU permitió un cuarto Gobierno de Felipe González. HB perdió dos de sus cuatro representantes.

Gobierno en un plano de igualdad. Fue el primer choque, pero no el último, en un momento de máxima actividad terrorista. El día 18 de ese mismo mes de junio Francisco Múgica Garmendia, «Pakito», el máximo dirigente de ETA detenido en Bidart, era condenado a diez años de cárcel por el Tribunal Correccional de París. La banda terrorista respondía tres días después con la explosión de un coche-bomba en la confluencia de las calles López de Hoyos y Joaquín Costa, de Madrid, que acababa con la vida de siete personas que viajaban en una furgoneta militar. La escalada terrorista tuvo continuidad el 5 de julio con el secuestro en San Sebastián del empresario Julio Iglesias Zamora.

La intensa actividad de Elkarri se concretó también en una campaña de recogida de firmas en favor del diálogo[3] que fue secundada de forma inesperada por dos destacados etarras presos en Francia: José Luis Alvarez Santacristina, «Txelis», y Rosario Picabea, «Errota». A ello se sumó su labor de mediación para que los presos de ETA de la cárcel de El Salto del Negro depusieran su actitud en la huelga de hambre que mantenían, y poco después la convocatoria en Aranzazu de otros ocho grupos que trabajaban en el campo de la paz y los derechos humanos: Gernika Batzorea, Gestoras pro Amnistía, Bakea Orain, Fundación Jóvenes por la Paz, Gernika Gogoratuz, Gesto por la Paz, Herri Eliza 2000 y Senideak. Algunos pertenecían al entorno de la banda y otros eran considerados enemigos por dicho entorno.

El creciente protagonismo de Elkarri no impidió que Gernika Gogoratuz continuara la labor mediadora emprendida a finales del año anterior. Juan Gutiérrez, su máximo responsable, asegura que «el cruce de mensajes, que había sido espaciado, se hizo muy intenso a partir de agosto. Yo personalmente transmití ofertas muy interesantes entre Vera y Díez Usabiaga, con propuestas que sonaban muy bien pero que no voy a revelar».

---

[3] La campaña se inició el 2 de mayo de 1993 y concluyó el 19 de junio de 1994. Se recogieron 251.323 firmas.

No era el único que hacía de mensajero. Juanjo Etxabe continuaba también sus idas y venidas a París para entrevistarse con el comisario Cathalá, al que por estas mismas fechas trasladó una propuesta que intentaba unificar la alternativa «Azkoiti» con la posición oficial de ETA de que su único portavoz era «Antxon». Etxabe sugirió que si Vera no quería viajar a Santo Domingo, como pedía la banda, podía trasladar a «Antxon» a Francia para constituir allí una mesa negociadora. Esta debía estar integrada, además de por «Azkoiti» y «Antxon», por «Josu Ternera» o «Santi Potros» (presos en cárceles francesas y cuya liberación suponía implicar al Gobierno galo en el nuevo proceso) y los dirigentes extraditados y presos en España «Txikierdi» y «Mamarru», cuya incorporación al grupo demostraría a los ojos de ETA la voluntad inequívoca del Ejecutivo español de iniciar un nuevo proceso de diálogo. Cathalá aceptó la propuesta, aunque sugirió que si España no se comprometía a soltar a los dos jefes presos en sus cárceles, él podía asegurar que, en compensación, Francia liberaría a cinco que permanecieran recluidos en su territorio. Etxabe no aceptó esta posibilidad y, fuera por esta razón o por otra, de la nueva mesa negociadora nunca más se supo.

En los meses siguientes, pese a este tumultuoso escenario de cruce de mensajes y mensajeros, José María Benegas y Jonan Fernández continuaron sus entrevistas, que decidieron rodear del máximo secreto para impedir que trascendieran. De hecho, ni la Ejecutiva del PSOE ni la dirección de Elkarri estuvieron al tanto de ellos, o al menos de muchos de sus pormenores. A lo largo de todos estos encuentros, el dirigente socialista dejó claro que el Gobierno no negociaba, que él se limitaba a trasladar ideas y que Jonan, tras escuchar también las posiciones de ETA, debía establecer los puntos de encuentro y presentar a ambas partes una propuesta de consenso. En definitiva, ofrecía un método de diálogo sin más, convencido de que las conversaciones de Argel habían estado mal planteadas porque se había empezado la casa por el tejado. El error, repetía, era perderse en el final, en el qué se puede ofrecer, cuando ese escenario final podía ser dinámico en función de las circunstancias. Con estas premisas, la labor de Jonan como intermediario era correr con todo el gasto y el riesgo. De él sería el éxito o el fracaso del camino iniciado.

En octubre, el líder de Elkarri asistió a un nuevo encuentro con Benegas con una oferta concreta y por escrito: establecer un espacio secreto de diálogo entre el Gobierno y ETA con unos portavoces por determinar. Con estas nuevas conversaciones se trataría de acercar posturas de forma oficiosa, de avanzar posiciones aunque no se concretara nada. Dos personas que conocieron directamente el documento, y que exigen mantener el anonimato, discrepan sobre un último punto de su contenido. Así, mientras una asegura que recogía como premisa el cese de la violencia durante un tiempo significativo, trascurrido el cual comenzaba a trabajar el grupo secreto, la otra afirma que la propuesta eludía expresamente cualquier alusión a una tregua. Fuera de una u otra manera, el documento era novedoso e interesante y ambos interlocutores acordaron que el propio Jonan se lo mostrara a «Antxon». Interior no pondría impedimentos al encuentro con el portavoz etarra en Santo Domingo.

HB se adelantaría al líder de Elkarri, aunque sin saberlo. Ese mismo mes de octubre, Rafael Díez Usabiaga y Karmelo Landa utilizaron de nuevo a Gernika Gogoratuz para comunicar a Rafael Vera que iban a desplazarse a Santo Domingo para entrevistarse con «Antxon» y preguntarle si tenía algún mensaje que trasladar al portavoz etarra. La respuesta fue negativa. El Ministerio tenía ya otro mensajero. El encuentro fue vigilado por los servicios secretos, que fotografiaron a los dos dirigentes abertzales y al portavoz etarra paseando por la calle y mientras comían en el restaurante La Terraza, del hotel El Embajador de la capital dominicana, el 6 de octubre entre las 13:30 y las 14:45 horas.

Al mes siguiente, el 21 de noviembre, Jonan Fernández viajó por sorpresa a la República Dominicana, tal y como había convenido con Benegas, sin que HB ni KAS conocieran previamente el desplazamiento. Un gesto más de insubordinación. Su llegada a la capital caribeña coincidió con el asesinato por ETA en Bilbao del sargento mayor de la Ertzaintza Joseba Goicoechea Asla, que supuso el primer atentado directo de la banda contra la Policía Autónoma Vasca, en la persona de uno de sus mandos, que además era militante del PNV. Ayerdi tuvo que poner al tanto a su compañero por teléfono. Un contratiempo para que su misión tuviera éxito. Fuera por esa u otra razón, Jonan no pudo entrevistarse con el portavoz de ETA durante su primer día de estancia en la isla. Los servicios secretos no se lo permitieron y tuvo que llamar al número tres del PSOE para que el Ministerio del Interior español diera las instrucciones oportunas y le permitieran acceder a él.

El encuentro entre ambos tuvo lugar al día siguiente en el vestíbulo del hotel en que Jonan se alojaba. «Antxon» no dejó presentarse a su interlocutor: «Ya sé quién eres, te conozco por la voz», le dijo al tenerlo frente a sí. A renglón seguido, el portavoz etarra le recriminó el método utilizado para verlo. El mismo empleado por el «botijero» años atrás en su primera entrevista. Era imperdonable, y más cuando de su visita no tenían conocimiento ni HB ni KAS.

Salvado el encontronazo inicial, «Antxon» no tuvo inconveniente en escuchar a quien en pocos meses se había convertido en toda una referencia en el proceso de diálogo. Saltando de sofá en sofá para evitar ser grabados, Jonan Fernández desgranó la propuesta que había presentado a José María Benegas y que éste había aceptado. No comprometía a nada. Se trataba tan sólo de acercar posiciones de forma confidencial y con otros portavoces no mediatizados por años de contactos permanentemente frustrados. «Antxon» dio una respuesta diplomática que no suponía ni la aceptación ni el rechazo de lo que acababa de oír. Pese a ello, el portavoz de ETA designó a tres personas como futuros intermediarios con la banda: Karmelo Landa, Rafael Díez Usabiaga y José Luis Elkoro. Con quién consultó el dirigente etarra la elección de estas tres personas es una incógnita. La única certeza es que acababa de nacer el Frente Negociador.

REFLEXIONES SOBRE ELKARRI

1. ALGUNAS ACLARACIONES ANTES DE ENTRAR EN MATERIA

El primer elemento que se ha de tener en cuenta al afrontar este tema es la necesidad de no perderse en discusiones sobre detalles, reproches, declaraciones concretas y otras menudencias.

Nos hallamos ante una cuestión muy seria que debe analizarse desde una perspectiva ideológica y política. Elkarri, y especialmente algunos de sus representantes han optado por un discurso y una estrategia que van en una dirección muchas veces contradictoria con los planteamientos con que dicho organismo nació. De ahí que propongamos una reflexión sobre los planteamientos ideológicos en que se basa Elkarri, sobre el papel político que desempeña y sobre su estrategia.

Por otro lado, debe quedar claro que todas nuestras consideraciones, sean de crítica o de alabanza, no ponen en duda que Elkarri es un movimiento social autónomo que toma sus propias decisiones.

Ahora bien, de la misma manera que defendemos el derecho de los movimientos sociales a enjuiciar y criticar a las fuerzas políticas, hacemos uso del derecho que nos corresponde a realizar nuestras valoraciones sobre Elkarri.

Obviamente, Elkarri es tan independiente de HB como HB de Elkarri, y por ello no hay contradicción entre la crítica y el respeto a la autonomía.

Para la Mesa Nacional éste es un momento preocupante. El curso de los acontecimientos nos inquieta y creemos que es imprescindible clarificar nuestra visión y nuestro discurso.

Aunque el tema no es nuevo, hemos hecho todo lo posible por dar tiempo al tiempo y evitar realizar ningún movimiento que pudiera enrarecer el ambiente entre HB y Elkarri, incluso a sabiendas de que nuestro silencio estaba siendo incómodo y resultaba difícil de entender por diversos sectores que no se explicaban por qué no intentábamos acabar con la confusión existente.

Si bien sabíamos que mucha gente estaba apoyando o por lo menos no cuestionando algunas actuaciones de Elkarri creyendo que HB la aplaudía, hemos evitado hacer ninguna consideración crítica, y, al contrario, hemos sido más que prudentes.

Hemos mantenido reuniones con Elkarri y entrevistas personales con sus representantes, les hemos transmitido nuestras valoraciones y manifestado estas

Documento de HB fechado el 2 de marzo de 1994 en el que se critica la labor de Elkarri y el viaje de Jonan Fernández a la República Dominicana para entrevistarse con «Antxon».

El primer resultado del viaje fue un enorme revuelo en HB, que inicialmente incluso llegó a negar que el encuentro entre Jonan y el portavoz etarra se hubiese celebrado. Elkarri había establecido un canal de comunicación directo con ETA al margen de los intermediarios habituales, algo considerado inaceptable. Un documento de la Mesa Nacional de HB, titulado «Reflexiones sobre Elkarri» y fechado tres meses más tarde, el 2 de marzo de 1994, sostiene que Jonan Fernández aprovechó la ocasión para criticar a la coalición abertzale dentro de «una campaña de manipulación y desprestigio de Herri Batasuna y algunas personas concretas». Fue la gota que colmó el vaso de los desencuentros.

Ello no impidió que el recién constituido Frente Negociador de HB solicitara a Gernika Gogoratuz y a Elkarri que organizaran un encuentro con Rafael Vera y con José María Benegas para unificar y aclarar las propuestas oficiales. El primero de ellos intercambiaba mensajes con Díez Usabiaga a través de Gernika, mientras que el dirigente del PSOE había utilizado a Elkarri como emisario con ETA y su entorno. Esta gestión supuso el final de la labor mediadora de Gernika Gogoratuz. José Luis Corcuera, que estaba al tanto de las gestiones de ambos, consideró que la vía abierta por el dirigente socialista era más rápida y eficaz, y Vera optó por sumarse a la iniciativa de su compañero. «Quita tu caballo de la pista», fue la frase con que el alto cargo ministerial anunció a Juan Gutiérrez que dejaba de hacer de recadero.

Vera y Benegas aceptaron el encuentro propuesto por el triunvirato abertzale, pero la reunión no llegó a celebrarse pese al interés de ambas partes. Los acontecimientos, una vez más, volvieron a ser esquivos. El 19 de noviembre José Luis Corcuera presentó la dimisión como ministro del Interior tras conocerse la sentencia del Tribunal Constitucional que anulaba uno de los artículos más controvertidos de su Ley de Seguridad Ciudadana, el relativo a la entrada en los domicilios sin previa autorización policial, conocido popularmente como «patada en la puerta». La ley había entrado en vigor el 13 de marzo de 1992 tras innumerables críticas a algunos puntos de su articulado y la presentación de tres recursos de inconstitucionalidad.

El ministro se vio atrapado por sus propias palabras, lanzadas en el fragor de la campaña electoral previa a las elecciones de junio. Entonces había asegurado con toda solemnidad: «Si fuera negativa la decisión del Tribunal Constitucional y yo estuviera ejerciendo mi actual responsabilidad, le presentaría mi dimisión al Presidente del Gobierno.» Así lo hizo, y Felipe González, aunque intentó disuadirlo, no tuvo más remedio que aceptar su salida del Gobierno. Comenzaba el asalto al Ministerio del Interior, que habría de variar radicalmente el rumbo de los acontecimientos.

TERCERA PARTE

ASALTO A INTERIOR

CAPITULO TREINTA

NUEVO MINISTRO

—Antoni, supongo que sabes para qué te llamo —anunció sin preámbulos Felipe González.

—Sí, Presidente, algo me han comentado ya —respondió Antoni Asunción con la tranquilidad de quien conoce con antelación el desenlace de los acontecimientos.

—Te pasas por aquí mañana a las doce y hablamos.

Era media tarde del miércoles 24 de noviembre de 1993 cuando el secretario de Estado de Asuntos Penitenciarios supo con certeza que iba a ser el nuevo ministro del Interior. Ya se lo habían adelantado el titular de Justicia, Juan Alberto Belloch, y el hombre a quien iba a sustituir, José Luis Corcuera. La llamada del Presidente ponía fin a una borrascosa semana desde que el Tribunal Constitucional anulara uno de los preceptos de la Ley de Seguridad Ciudadana y Corcuera decidiera dimitir.

La primera crisis del Gobierno surgido tras las elecciones del mes de junio tenía como protagonista al último ministro que se había incorporado a él. Los éxitos acumulados al frente del departamento en la anterior legislatura y su papel conciliador en las disputas internas del partido lo habían promocionado políticamente, hasta el punto de que durante algún tiempo se especuló con la posibilidad de que ocupara el nuevo Ministerio de la Presidencia y un cargo de relevancia en la Ejecutiva del PSOE que surgiera tras el XXXIII

Congreso, a celebrar en marzo de 1994. Ninguna de las dos hipótesis llegó a cumplirse y Corcuera, que se resistía a renovar como ministro del Interior, no tuvo más opción que atender la petición del Presidente y continuar al frente del departamento.

Su precipitada salida, tan sólo cinco meses después de los comicios, planteaba un problema de complicada resolución. José Manuel Eguiagaray, que ante las dudas iniciales de Corcuera fue el mejor colocado para hacerse cargo del Ministerio, había sido nombrado titular de Industria y su traslado suponía ampliar la crisis gubernamental. Se imponía buscar otro aspirante, y el propio ministro dimisionario elaboró una lista de sus posibles sucesores.

Corcuera propuso sus candidatos a Felipe González en una reunión que ambos tuvieron en el Palacio de La Moncloa el domingo 21 de noviembre, tres días después de que el ministro renunciara al cargo. Luis Roldán, director general de la Guardia Civil, era el mejor colocado. Había desarrollado una gestión sin sobresaltos, había capturado a la cúpula etarra en Bidart y, además, contaba con el respaldo del vicepresidente Narcís Serra. Tras él figuraban el entonces fiscal general del Estado, Eligio Hernández, con quien ya en años anteriores se había especulado para ocupar cargos en el departamento, desde director de la Policía a ministro; y Antoni Asunción, que desde Instituciones Penitenciarias había protagonizado la política de dispersión de los presos de ETA.

La presencia o no de Rafael Vera en la lista es una incógnita, ya que mientras algunas fuentes afirman que figuraba entre los candidatos, otras sostienen lo contrario y aseguran que su figura estaba ya condenada al ostracismo en Interior. Sus opciones a la cartera sí fueron reales en 1989, tras la salida de José Barrionuevo, pero la muerte en accidente de tráfico de uno de sus hijos estuvo a punto de retirarlo de la política. Finalmente, a los nombres propuestos por Corcuera se unía el de José María Benegas, a quien postulaban desde las filas guerristas del partido.

Lo que parecía una sucesión sin problemas, sujeta tan sólo a la elección del Presidente, se tornó en sobresalto el martes 23, el día elegido por José Luis Corcuera para explicar públicamente su dimisión. El Presidente le había pedido mesura pero, pese a ello, se temía que el ministro no dejara títere con cabeza en su despedida. No tuvo ocasión. Esa mañana *Diario 16* publicó en su portada que el máximo responsable de la Benemérita había acumulado un patrimonio superior a los 400 millones de pesetas. Una exclusiva periodística que agrió el adiós del ministro y que terminaría por desvelar uno de los mayores escándalos de la democracia: el denominado «caso Roldán». Las iniciales muestras de apoyo desde las filas socialistas no impidieron que el director general del instituto armado quedara descabalgado de la carrera por la sucesión en el último momento.

El miércoles 24, el Presidente despejó las dudas con la elección de Antoni Asunción como nuevo ministro. Con él se rompía una norma no escrita según la cual los tres ministerios claves del Gobierno —Exteriores, Economía e Interior— eran ocupados por personas que reunían la doble condición de ser amigos personales y hombres de la máxima confianza política del Presidente. Ni una ni otra circunstancia recaían sobre el elegido, que tan sólo podía demostrar una dilatada y estrecha colaboración con el departamento que iba a dirigir.

Un factor resultó determinante para decantar la balanza de su lado en detrimento del resto de pretendientes: los apoyos de Corcuera y Belloch. Felipe González quería que el binomio Justicia-Interior funcionara con la sincronización que había tenido con el tándem Múgica-Corcuera, y Asunción era un hombre del equipo de Juan Alberto Belloch, cuyas relaciones con Eligio Hernández no eran precisamente fluidas. Además, el candidato contaba también con el respaldo del PNV, al que había implicado de lleno en la política de dispersión de los presos de ETA. Como resume el propio Asunción: «Era secretario de Estado y miembro del equipo de Belloch. Estaba ahí, en la melé, y pensaron en mí.»

El nuevo ministro tomó posesión de su cargo el jueves 25 y, apenas concluida su comparecencia ante los medios de comunicación, Rafael Vera y Luis Roldán anunciaron a los periodistas su intención de abandonar el Ministerio a la mayor brevedad posible. El primero dijo sentirse parte del mobiliario de la casa tras once años en el cargo, y el segundo vivía las apreturas que suponían las primeras noticias sobre su enriquecimiento. Asunción se estrenó con dos airosos desplantes a los que públicamente hizo frente como pudo. Vera tuvo tiempo de matizar su postura horas más tarde, en la comida organizada por José Luis Corcuera en el restaurante Currito para dar la bienvenida al nuevo ministro, a la que asistieron todos los altos cargos de Justicia e Interior, salvo Roldán. Allí el secretario de Estado aclaró que sus palabras sólo eran un gesto de cortesía para con el recién llegado, a disposición del cual ponía su cargo. Pero no acabaron ahí las sorpresas. A los postres, el ministro saliente anunció a su sucesor: «En unos meses, el tema de ETA se acaba. Tenemos en marcha una operación que te va a resolver el problema.» Corcuera se refería a los contactos abiertos con el Frente Negociador de HB. La continuidad de Vera parecía así no sólo necesaria, sino imprescindible.

Asunción no tardó en demostrar que estaba dispuesto a coger las riendas del departamento y a romper con la política del equipo que le había precedido. A la semana de su nombramiento, el 3 de diciembre, nombró a Ferrán Cardenal director general de la Guardia Civil en sustitución de un abatido Roldán, y al mes justo, el 4 de enero de 1994, forzó la marcha de Rafael Vera del Ministerio al anunciar públicamente que dejaría su cargo a finales de ese mes. Ni sus explicaciones ni la anunciada operación en marcha debieron convencerlo. ETA perdía a quien había sido su principal interlocutor, y el diario *Egin* expresó las dudas que ello planteaba en su editorial del día 5: «Está por ver si de la marcha de Vera cabe deducir que el Gobierno desiste de las vías de contacto o si la realidad acabará imponiéndose.»

El hombre elegido para sustituirlo fue el ex magistrado Baltasar Garzón, que pasó desde el Ministerio de Asuntos Sociales al del Interior como delegado del Plan Nacional sobre Drogas, aunque con mayores competencias y ascendido a secretario de Estado. Asunción traicionaba así la voluntad de Corcuera, que en junio había aceptado renovar como ministro con la condición de que el juez no ocupara ningún cargo en su Ministerio, como sugerían algunos dirigentes del partido. No podía aceptar a quien había criticado su Ley de Seguridad y puesto cerco al departamento con sus investigaciones sobre los GAL y los fondos reservados, aunque ahora viajara en el mismo barco.

Garzón tuvo también algunos roces con Antoni Asunción mientras éste permaneció al frente de Prisiones, lo que induce a pensar que su incorporación a Interior fue una decisión del propio Felipe González, con quien el magistrado se había entrevistado en varias ocasiones en los meses precedentes para convencerlo de que el Plan Nacional sobre Drogas pasara a depender de Interior. Sólo desde allí sería posible coordinar las fuerzas de la Policía y de la Guardia Civil implicadas en la lucha contra el narcotráfico. El cargo era también consecuente con el papel que Garzón había desempeñado en la campaña electoral como número dos de la candidatura por Madrid, tras el Presidente. Un puesto exigido por el magistrado como señal inequívoca de que el partido se comprometía a luchar contra la corrupción. Con estos precedentes, Asunción no tuvo más opción que aceptar las insinuaciones y presentó el fichaje como «una decisión del Gobierno». Pese a ello, intentó que la llegada de Garzón fuera una operación controlada. Así, evitó nombrarlo secretario de Estado para la Seguridad, a fin de que no acaparara todo el poder y también porque temía una auténtica revuelta en el Ministerio. Asunción dejó vacante el puesto de Vera y asumió todas sus competencias para delegar después en Garzón las relativas a narcotráfico. El Ministerio quedaba así dividido en dos: el ministro como responsable antiterrorista y el ex magistrado como jefe antidroga. Era el primer aviso de que se avecinaba un cambio radical en el rumbo del departamento.

Nombramientos y ceses al margen, una de las primeras decisiones de relevancia del nuevo ministro fue poner fin a la política de contactos con ETA que había acaparado buena parte de la gestión del equipo anterior. Si el cese de Vera era ya una señal, ésta era la prueba de que el nuevo ministro hacía borrón y cuenta nueva. La gran duda es saber si la decisión de Asunción, y antes las de Corcuera y Vera, estaban o no avaladas desde Presidencia del Gobierno. Las versiones contradictorias de unos y otros impiden conocer la verdad, aunque inducen a pensar que ambos actuaron por iniciativa propia, que cada cual aplicó su particular fórmula magistral para acabar con el terrorismo.

El resultado inmediato del cambio de política fue el paso a la clandestinidad de José Luis Arrieta Zubimendi, «Azkoiti», quizá temeroso de que la salida de escena de su principal mentor en Interior acabara con su situación de libertad condicional y provocara su ingreso en prisión o su extradición a España. Juan José Etxabe Orobengoa, el hombre que durante más de un año le había apoyado y aconsejado como líder de una nueva opción negociadora, fue quien le recomendó que se quitara de en medio hasta ver cómo evolucionaban los acontecimientos.

Su paradero pasó a ser un misterio pese a que desde el año anterior era sometido a un férreo seguimiento para obtener información operativa. Para algunos, «Azkoiti» se incorporó a la dirección de la banda, mientras que para otros fue retirado de la circulación por la propia organización y enviado a algún país de Sudamérica [1]. Ninguna de las dos hipótesis inquietó a Asunción: «Su fuga no nos preocupó porque era un personaje que no servía para nada.»

La postura del ministro, contraria al diálogo con ETA, no impidió que Rafael Vera le anunciara que la dimisión de Corcuera había dejado pendiente una entrevista con el Frente Negociador de HB, integrado por Rafael Díez Usabiaga, José Luis Elkoro y Karmelo Landa, que él consideraba interesante mantener. Se trataba del encuentro que Elkarri había gestionado durante el mes de noviembre de 1993 y que Corcuera

---

[1] El primer dato sobre su paradero lo facilitó el etarra Koldo Domínguez, extraditado por México en febrero de 1996, quien manifestó a la Policía española que su presencia en la capital mexicana era un rumor muy extendido entre la colonia vasca allí asentada.

le había anunciado en su despedida como la gran panacea que iba a acabar con ETA. Asunción reclamó al que todavía era su secretario de Estado para la Seguridad una carta de sus interlocutores en la que quedara constancia de su petición de mantener un encuentro. La misiva, fechada el 30 de noviembre de 1993 en Donostia, le fue entregada al número dos de Interior por Gernika Gogoratuz y decía literalmente así:

> «Ante la confusión existente por las diferentes propuestas y/o reflexiones que, desde distintas fuentes promotoras y mediadoras, se vienen canalizando en el objetivo de desbloquear el actual estado de confrontación y abrir un marco de diálogo y negociación, los abajo firmantes —intermediarios en el diálogo ETA-Estado— plantean la necesidad de una reunión urgente con los promotores directos de las citadas propuestas y/o reflexiones con el fin UNICO de situar el estado de la cuestión; es decir, en qué coordenadas de posición se está por parte del Gobierno del Estado para modificar el estadio actual de confrontación violenta. Consideramos que esta gestión, sin querer asumir competencias que le compiten a la interlocución de ETA en Santo Domingo, es totalmente imprescindible para clarificar la actual situación.»

Con sólo un día de demora, el 1 de diciembre, ETA hizo público un comunicado que incidía también en la multiplicidad de mensajes recibidos y los descalificaba por su escasa credibilidad: «Desde principios de año —desvelaba el texto difundido por el diario *Egin*—, los hermanos Múgica Herzog, Benegas, Corcuera y Vera han tratado, uno tras otro, de conseguir una tregua incondicional por parte de ETA antes y después de las elecciones legislativas.» Según la banda, esos intentos «han sido seguidos muy de cerca por la Guardia Civil y el Cesid, quedando una vez más en evidencia cuán escaso es hoy en día el margen de maniobra del Gobierno español». También era citado el comisario Cathalá: «Este policía, en nombre del Gobierno francés y cumpliendo la

Excmo. Sr. RAFAEL VERA

Secretario Seguridad del Estado

Ante la confusion existente por las diferentes propuestas y/o reflexiones que, desde distintas fuentes promotoras y mediadoras, se vienen canalizando en el objetivo de desbloquear el actual estado de confrontacion y abrir un marco de dialogo y negociacion, los abajo firmantes - intermediarios en el dialogo ETA-Estado - plantean la necesidad de una reunion urgente con los promotores directos de las citadas "propuestas y/o reflexiones" con el fin UNICO de situar el "estado de la cuestion" ; es decir, en que coordenadas de posicion se esta por parte del Gobierno del Estado para modificar el estadio actual de confrontacion violenta.

Consideramos que esta gestion, sin querer asumir competencias que le compiten a la Interlocucion de ETA en Santo Domingo , es totalmente imprescindible para clarificar la actual situacion.

ATENTAMENTE

Jose Luis ELKORO | Rafa DIEZ | Karmelo LANDA

P.O.

Donostia, 30 de Noviembre de 1993

1

Carta entregada por el Frente Negociador de HB a Rafael Vera en noviembre de 1993 solicitando una entrevista para clarificar la situación de los contactos con ETA.

función de mensajero del Gobierno español, hizo llegar una propuesta a nuestra organización. Mientras tanto, Rafael Vera, con la mediación del colectivo Gernika Gogoratuz, nos hizo llegar otra propuesta de contenido totalmente diferente [...]. Con estas iniciativas poco serias, el Gobierno español ha manifestado, una vez más, la falta de voluntad y la clara apuesta policial de las operaciones que pone en práctica.» El comunicado concluía con la firme decisión de ETA de continuar con la lucha armada.

Asunción guardó la carta remitida por el Frente Negociador de HB en la caja fuerte del Ministerio y ordenó a Vera que no tomara ninguna iniciativa hasta que él se lo dijera. El ministro no respondió y Vera y Benegas decidieron actuar por su cuenta. La cita con los intermediarios de la banda terrorista quedó concertada para el 8 de enero de 1994 en un domicilio particular de un pueblo de la comarca navarra de Tierra Estella. A la reunión acudieron en representación de ETA José Luis Elkoro y Rafael Díez Usabiaga. Aquel día nevaba copiosamente.

«Les planteamos que ETA debía declarar una tregua indefinida o, al menos, de seis meses de duración —explica Vera—, y que entonces nosotros nos comprometíamos a iniciar un proceso de diálogo. Además, se podría adoptar algún gesto de buena voluntad, como el traslado de ochenta o cien presos al País Vasco. Ellos nos pidieron que prescindiéramos de "Azkoiti" y que margináramos a Jonan Fernández, para dejar tan sólo la vía del Frente Negociador que ellos representaban.»

El nuevo proceso de diálogo ofrecido por los dos representantes oficiales no tenía un diseño establecido, aunque en el transcurso de la entrevista se perfilaron algunas cuestiones novedosas en relación con las ofertas que se venían manejando desde la ruptura de Argel.

«Las condiciones no quedaron fijadas; ellos hablaron de una mesa negociadora integrada por "Antxon", "Txikierdi" y "Josu Ternera" —recuerda Vera—. Con el primero no había problemas, pero el segundo había sido extraditado a España y estaba en prisión, y en cuanto al tercero, permanecía encarcelado en Francia y les dijimos que su caso había que estudiarlo. Estuvimos de acuerdo en que los aspectos políticos tenían que discutirse en una mesa con todos los partidos, aunque constituiríamos un grupo secreto para desbloquear los aspectos difíciles del proceso. En esa célula podíamos estar dos o tres personas en representación del Gobierno y, por su parte, algún miembro de HB y de ETA. Se reuniría en Francia y se utilizaría sólo para solucionar conflictos. La reunión fue muy interesante y ellos plantearon que éste debía ser el último intento negociador.»

El encuentro no le fue comunicado al ministro, pero ello no impidió que conociera su celebración. La insubordinación de su segundo no le importó. Cuatro días antes había fijado su salida del Ministerio para finales de mes y había telefoneado al ministro de Asuntos Exteriores, Javier Solana, para plantearle la posibilidad de ofrecerle a Vera una embajada en recompensa por los once años al frente de la Seguridad del Estado. Asunción le había puesto fecha de caducidad y, a cambio, le ofrecía elegir como retiro entre las delegaciones diplomáticas de España en Buenos Aires y Lisboa. Vera declinó el ofrecimiento.

Con el secretario de Estado ya fuera del Ministerio, la reunión del 8 de enero tuvo continuidad el día 29 del mismo mes, aunque a este segundo encuentro asistió sólo Benegas, lo que importunó a sus interlocutores. Vera había sido fulminado y no podía hablar en nombre ni en representación de nadie. Además, el ministro le había prohibido expresamente que continuara por dicho camino. En cambio, el dirigente del PSOE no estaba sometido a la disciplina del ministro y, pese a la oposición de Asunción a los contactos, consiguió importantes apoyos en el Gobierno para continuar. En esta segunda reunión se perfilaron los puntos tratados en la primera. El Frente Negociador aceptaba el cese temporal de la violencia, aunque sin hacerlo público, y a cambio se constituía un grupo secreto de contactos en alguna de cuyas reuniones debía participar «Antxon». Si el trabajo tenía éxito, el proceso llevaría a una tregua explícita de la banda. Llegado a este punto, los dos interlocutores abertzales manifestaron que antes de continuar debían consultar los acuerdos para obtener el visto bueno de ETA. Los prolegómenos de unas nuevas conversaciones parecían establecidos, aunque los problemas seguían siendo múltiples. Ese mismo día ETA asesinaba en Barcelona al coronel Leopoldo García.

El 14 de febrero, Karmelo Landa viajó a Santo Domingo para trasladar a «Antxon» el contenido de las dos entrevistas mantenidas por el Frente Negociador el mes anterior y para recabar su aprobación. De forma imprevista, Asunción prohibió por primera vez el encuentro, pese a que un mes antes los dos portavoces de HB, Floren Aoiz y Jon Idígoras, no habían tenido problemas para reunirse con el portavoz etarra en una escala de su gira americana para visitar a los deportados de la banda. El cambio de actitud desde Interior era la prueba palpable de que las ofertas que los intermediarios de ETA habían recibido fechas antes no contaban con el beneplácito del nuevo ministro.

Benegas volvió a reclamar el apoyo del Gobierno para que permitiera lo que consideraba una reunión clave. Pese al desaire que ello podía suponer para el titular de Interior, consiguió la autorización para que el encuentro prohibido pudiese celebrarse pasados veinte días. Así se lo comunicó a los tres intermediarios abertzales que, irritados por lo sucedido, declinaron la oferta y dieron por rotos los contactos en una rueda de prensa celebrada en Bilbao, en la que se presentaron por primera vez en público como el Frente Negociador de HB. En el transcurso de esta rueda de prensa Karmelo Landa aseguró que el Gobierno había decidido interrumpir bruscamente la única vía de comunicación abierta con los interlocutores de la banda en la República Dominicana, lo que interpretaban como «un paso muy grave» que, de no rectificarse, podría «agravar» el conflicto. El intento más serio y avanzado de retomar el diálogo con ETA desde la experiencia de Argel se venía abajo tras un año de trabajo en la sombra.

Pese a las amenazas, el ministro del Interior no sólo no rectificó el rumbo de su departamento, sino que un mes después confirmó su intención de acabar con los contactos al solicitar la entrega de «Antxon» y sus compañeros de deportación. Una decisión que fue consultada y aprobada previamente por Felipe González. La gestión se hizo de forma secreta por temor a que el Presidente dominicano, Joaquín Balaguer, decidiera no atender la petición. Incluso llegó a plantearse la posibilidad de implicar al Rey en la operación y que fuera él quien mediara en el asunto dada su relación de amistad con Balaguer. Esta posibilidad se desechó por miedo a comprometer a don Juan Carlos en una operación de resultado dudoso.

«Nunca entendí —explica Asunción— que mantuviéramos a la cúpula de ETA pagada en Santo Domingo mientras la banda cometía atentados. Mi propósito era acabar con ese escaparate que inducía a pensar que si los teníamos allí era que queríamos negociar. Yo quería enfriar ese tema y endurecer la vía policial para, cuando se pudiera, hacer algún tipo de oferta, que no podía ir más allá de los presos. Planteamos la entrega de "Antxon" al presidente Balaguer, pero estaba en plena campaña electoral y nos pidió que esperásemos a que concluyera[2]. Nuestro único temor era que "Antxon" no tenía imputaciones claras y podía darse el caso de que al llegar a Madrid quedara en libertad, pero aun así decidimos correr el riesgo.»

Elkarri, cuyas gestiones durante los meses precedentes para encontrar un marco estable de diálogo entre el Gobierno y ETA se venían abajo, convocó para el 12 de marzo una manifestación en Bilbao con el lema «Diálogo y distensión, ahora es el momento», en un intento por reforzar la denominada «vía del 8 de enero», en alusión a la reunión de Vera y Benegas con el Frente Negociador. De forma simultánea, su líder, Jonan Fernández, escribió una carta al ministro del Interior francés, Charles Pasqua, en la que le reclamaba su mediación en el conflicto y le pedía que intentara convencer

---

[2] Joaquín Balaguer, de ochenta y siete años de edad, venció por tercera vez consecutiva en las elecciones celebradas el 16 de mayo de 1994, aunque, como había ocurrido en 1990, con la denuncia de fraude masivo. Pese a su triunfo, la entrega de «Antxon» no se concretó.

a su homólogo español de la conveniencia de mantener la vía del diálogo. Como medida inexcusable para ello, solicitaba que el Ejecutivo galo se opusiera al traslado de «Antxon» a Madrid y facilitara que los intermediarios de HB pudieran volver a entrevistarse con él. La misiva concluía asegurando que «el periodo actual es propicio para una solución equitativa del violento conflicto que afecta al País Vasco. Pero una actitud como la del ministro del Interior español y la presión ejercida por el Partido Popular en contra del diálogo retrasan el apaciguamiento de este conflicto».

Antoni Asunción estaba convencido de que «Antxon» era una mera referencia sin poder dentro de ETA a quien la banda utilizaba como termómetro para tomar la temperatura a las intenciones negociadoras del Gobierno. El ministro pensaba que para mandar mensajes a la organización no eran necesarios ni él ni Elkarri ni el Frente Negociador de HB. Su experiencia en prisiones le indicaba que los presos eran perfectos mensajeros con la dirección. Esa era la vía que él había utilizado durante los cinco años precedentes con excelentes resultados. Su nombramiento como ministro era la mejor prueba de ello.

CAPITULO TREINTA Y UNO

LA POLITICA DE DISPERSION

La carrera política de Antoni Asunción hacia el Ministerio del Interior se inició de la mano de Enrique Múgica, que en julio de 1988 fue nombrado ministro de Justicia. Con él se vino a Madrid para hacerse cargo de la Dirección General de Instituciones Penitenciarias en sustitución de Manuel Blanque, tras cinco años como alcalde de su localidad natal, Manises, y cinco más como presidente de la Diputación de Valencia. Juntos darían un vuelco a lo que hasta ese momento había sido la política oficial del departamento con los presos de ETA.

José Barrionuevo, que cedió la cartera de Interior a José Luis Corcuera en la misma remodelación ministerial, y Rafael Vera, responsable de la Seguridad del Estado con ambos ministros, habían tenido permanentes conflictos con el anterior titular de Justicia, Fernando Ledesma, por su permanente negativa a acabar con la concentración de los presos de la banda, cuyo núcleo más importante estaba reunido en la cárcel de Herrera de La Mancha, en Ciudad Real.

La decisión de agrupar al grueso de los terroristas en una sola cárcel se había adoptado tras el asesinato, el 14 de octubre de 1983, de Alfredo Suar Muro, médico de la prisión de El Puerto de Santa María. La víctima fue secuestrada en su consulta privada de Cádiz por un falso paciente, y su cadáver fue hallado tres horas más tarde con dos disparos en la cabeza en el interior de su coche, que fue abandonado en un pasaje bajo la residencia sanitaria de la ciudad. Ese mismo día, la otra rama de la banda terrorista, la político-militar, asesinó al capitán de Farmacia Alberto Martín Barrios, apresado también fechas antes.

A la mañana siguiente del asesinato del doctor Suar, el diario *Egin* denunciaba en sus páginas la situación del etarra Juan Carlos Martínez Bastarrika, interno en la prisión gaditana, que desde hacía tres semanas venía padeciendo una progresiva hemiplejía en la parte derecha de su cuerpo sin que, según su familia, hubiera sido atendido adecuadamente. ETA reivindicó la autoría del crimen en un comunicado en el que amenazaba a todos los funcionarios de las cárceles donde había presos de la organización, aunque sin explicar si su estrategia guardaba o no relación con el incidente antes descrito. Se daba la circunstancia de que el penal de El Puerto no era en ese momento un centro penitenciario más, sino, dada su lejanía del País Vasco, el laboratorio de pruebas al que se trasladaba a los etarras a quienes se quería castigar y donde se observaba su integración al mezclarlos con presos comunes.

El asesinato de Alfredo Suar y las amenazas de ETA provocaron un enorme desasosiego entre los funcionarios de prisiones, y el ministro Ledesma desistió de nuevos experimentos que pudieran poner en peligro a sus subordinados. Quizá por eso sobre su mesa se acumulaban los informes contrarios a la dispersión. La Administración Penitenciaria consideraba que tenerlos a todos juntos facilitaba su control ante posibles evasiones, evitaba conflictos con otros presos al formar un grupo homogéneo y anulaba el riesgo de atentados.

Como contrapartida, la concentración permitía a los etarras organizarse en comunas autosuficientes y sometidas a escaso control. Sólo periódicamente se practicaban una especie de redadas carcelarias para requisar documentos, en la mayoría de las ocasiones de escaso interés policial. Esta práctica y el sistema de grabación instalado en los locutorios de la prisión de Herrera eran las únicas fuentes de información sobre este colectivo. Algo que no preocupaba en exceso en el Ministerio de Justicia, cuyo titular y su equipo sostenían que la lucha contra ETA era una labor policial y que cuando sus miembros eran detenidos y encarcelados pasaban a ser unos internos más de su sola competencia. Este planteamiento chocaba con el de Interior.

También ETA se había encargado de cortar de raíz cualquier iniciativa de reinserción con el asesinato, el 10 de septiembre de 1986, de María Dolores González Catarain, «Yoyes», una de las primeras mujeres que desempeñó cargos de responsabilidad en la organización, a la que se había incorporado en 1970. Tras alejarse de ella se trasladó a México a principios de 1980 y allí cursó estudios de Sociología, hasta que en octubre de 1985 regresó a su Villafranca de Ordizia natal acogiéndose a la amnistía de 1977. Un año después fue asesinada a tiros delante de su hijo por el etarra José Antonio López Ruiz, «Kubati», después de que la banda la condenara a muerte por traidora [1].

Los cambios ministeriales colocaron de nuevo las cosas en su punto de partida y, pese a los antecedentes, José Luis Corcuera y Rafael Vera hicieron un nuevo intento con Enrique Múgica. No tenían diseñado un proyecto concreto para dispersar a los presos etarras, pero la medida les parecía la más idónea para romper el monolitismo de las cárceles. Así se lo expusieron al ministro de Justicia y a su máximo responsable de Prisiones, que aceptaron el envite. Se iniciaba así la etapa de mayor colaboración entre los ministerios de Justicia e Interior de un Gobierno socialista.

El estudio de la operación le fue encargado a Antoni Asunción, que en mayo de 1989 tuvo preparado un plan, aunque antes abordó una remodelación interna de su departamento que lo hiciera posible. Angel Lara [2], inspector gene-

[1] La experiencia vital de «Yoyes» desde que tomó la decisión de abandonar ETA hasta su regreso al País Vasco fue contada por sus hermanas y su marido en un libro editado en 1987 con el título *Yoyes, desde su ventana* (impreso en Bayona en 1987). En él se recoge el diario personal de la etarra y el testimonio de su familia y amigos.

[2] Angel Lara fue nombrado inspector general en 1983, tras la llegada de Ledesma a Justicia. Tras su cese fue destinado a la Subdirección General de Objeción de Conciencia.

ral, número dos del anterior equipo y uno de los más significados enemigos de la dispersión, fue cesado y sustituido por Gerardo Mínguez, que en ese momento era director de la Central Penitenciaria de Observación de Madrid, ubicada en la prisión de Carabanchel, donde se estudiaba a los reclusos más complejos. El sería el responsable de pilotar una renovada inspección, convertida en una especie de servicio de información de Prisiones que se encargaría de recabar y trasmitir de forma inmediata las novedades que se registraran en cada centro. La información así obtenida sería evaluada por una nueva Subdirección General de Gestión Penitenciaria, dirigida por Angel López Tajuelo, que haría también las veces de enlace con el Ministerio del Interior. Para el intercambio de información con este Ministerio, Asunción creó el Departamento de Coordinación de Seguridad, una unidad integrada por policías y guardias civiles con la misión de obtener datos de interés policial. Para facilitar su labor se instalaron nuevos sistemas de grabación en los locutorios y se organizó un servicio de euskera para traducir toda la correspondencia que entraba o salía de las cárceles en dicha lengua, una práctica inédita hasta ese momento. Su primer responsable fue el comandante de la Benemérita Rafael Ferreras.

El número de presos de ETA ascendía en ese momento a cuatrocientos cincuenta y seis, a los que se decidió repartir por todas las cárceles del Estado a razón de tres a siete por centro, en el caso de los hombres, y una por prisión, en el caso de las mujeres. La medida debía ser dinámica, con periódicos traslados de prisión de los internos que más se significaran para evitar nuevos núcleos de reorganización. Rota la concentración, el reparto por las cárceles tampoco sería gratuito, sino que se realizaría en función de las áreas geográficas norte-centro-sur como estímulo o presión y desorientación de la organización, ubicando a los etarras discrecionalmente en dichas zonas según la conveniencia estratégica.

El plan de Asunción iba más allá de la mera operación represiva, de castigo, y proponía que de forma simultánea se aplicaran a los etarras los criterios de clasificación y tratamiento utilizados con el resto de reclusos, llegándose a la concesión selectiva de permisos de salida y clasificaciones en tercer grado o régimen abierto para conseguir su reinserción. En definitiva, la exacta aplicación del ordenamiento penitenciario vigente, sin excepciones ni privilegios. El estudio elaborado por el nuevo titular de Prisiones echaba por tierra la política penitenciaria mantenida durante los años precedentes y sostenía que la concentración de los terroristas potenciada hasta ese momento resultaba «más impermeable a influjos externos de reinserción, por la alta fuerza de cohesión que poseen sus componentes, debido a las coacciones y presiones que la comuna ejerce en sus integrantes» [3]. Al repartirse por prisiones se rompía esta disciplina impuesta, lo que permitía ejercer «la adecuada influencia sobre estos internos, tanto los más receptivos a un posible cambio de actitudes, con vistas a la reinserción, como a los más reticentes y contrarios a la misma».

El proyecto tenía una tercera pata. Asunción quería que al binomio dispersión-reinserción se sumara la participación del PNV. Un alto responsable de Prisiones, que pide no ser identificado, asegura que el plan se discutió con los peneuvistas, a quienes se propuso hacer de intermediarios entre las familias de los presos y la Administración, cediéndoles el protagonismo de la política de reinserción. Joseba Zubía, senador y consejero de Presidencia del Gobierno Vasco entre 1990 y 1994, y Gorka Aguirre, hombre de confianza del presidente del partido, Xabier Arzalluz, fueron los interlocutores nacionalistas. La labor del PNV consistió desde ese momento en contactar con los reclusos y sus familias para ofrecerles el asesoramiento jurídico necesario para poner sus causas al día y reclamar beneficios penitenciarios.

El plan recogía finalmente un catálogo de riesgos que

[3] «Informe sobre dispersión de internos pertenecientes a bandas armadas», elaborado por la Dirección General de Asuntos Penitenciarios. Los entrecomillados que aparecen a partir de este punto están extraídos del mencionado documento.

había que correr. Se estimaba que ETA respondería con una contraofensiva provocando alteraciones del orden en las prisiones y llevando a cabo intentos de fuga para lograr el reagrupamiento de sus presos. Igualmente, era posible el quebrantamiento de los permisos por decisión personal del beneficiario o mediante coacciones de la organización, que buscaría conseguir la involución de esta vía. Para evitarlo se proponía intensificar el filtro para dichas concesiones y potenciar el seguimiento y el control de los reclusos que saliesen a la calle. Finalmente, resultaba evidente el riesgo de atentados como medida de disuasión y paralización de esta nueva política.

Pese a las dudas, Corcuera y Múgica estuvieron de acuerdo en poner en marcha el plan, que sería supervisado periódicamente por una mesa de coordinación entre ambos ministerios. Tras el placet de ambos ministros, Asunción convocó en Madrid durante los primeros días del mes de julio de 1989 a los directores de todas las prisiones para explicarles el proyecto y ponerlo en marcha. Antes se hizo un estudio por centros para determinar los etarras que podía acoger cada uno de ellos con suficientes garantías de seguridad. Ese mismo mes, los presos de ETA comenzaron a ser dispersados en tandas de veinte.

El primer efecto de la medida fue un enorme desconcierto en ETA y en los afectados por ella, que no sólo dejaban de formar parte de un colectivo sino que en sus nuevos destinos compartían celda con presos comunes. Los directores se encargaron de observar sus reacciones, estado de ánimo e integración en la vida de la prisión, así como de informar de las personas que los visitaban y de quienes en cada prisión adoptaban mayor protagonismo y planteaban las reivindicaciones en nombre del colectivo. El resultado fue considerado muy positivo en Justicia, que vio cómo un buen número de etarras comenzaba a acudir a los talleres y escuelas y establecía buenas relaciones con el resto de los presos. Su integración era mucho más sencilla de lo esperado.

La respuesta de ETA no tardó en llegar. El 12 de agosto la madre de un funcionario murió en Granada al abrir un paquete-bomba dirigido a su hijo. Era el inicio de una escalada terrorista que alcanzaría su mayor virulencia durante 1990.

CAPITULO TREINTA Y DOS

ETXABE Y URRUTIA

La política de dispersión, que tan buenos resultados había dado en los primeros meses de su puesta en práctica, estuvo a punto de venirse abajo en marzo de 1990. El día 13 de ese mes, un comando de ETA asesinó a tiros en San Sebastián al funcionario Angel Mota cuando se dirigía a recoger a su mujer a la salida del trabajo acompañado de su hija de corta edad. La víctima estaba destinada en la prisión donostiarra de Martutene, que junto con la de Basauri, en Bilbao, y la de Nanclares de Oca, en Vitoria, había sido elegida para acoger a los etarras que se mostraban más favorables al abandono de las armas. Todos ellos pasaban antes por la cárcel de Burgos, convertida en una especie de antesala donde se observaba la respuesta de los internos. Los que se mantenían irreductibles eran enviados a centros penitenciarios situados en el sur de España, mientras que los que demostraban interés por alejarse de ETA subían a alguna de las tres cárceles vascas.

La muerte de la madre del funcionario de Granada en el verano del año anterior había suscitado una tibia reacción del colectivo, pero el asesinato del compañero de Martutene produjo un auténtico terremoto. Los funcionarios iniciaron una huelga salvaje que, de haber sido acompañada por alteraciones del orden en los centros penitenciarios, podría haber hecho dimitir al equipo de Prisiones, según reconoce uno de sus responsables. Inesperadamente, los presos comunes se solidarizaron con los funcionarios y la consigna fue aguantar.

ETA tensó aún más la cuerda con una cadena de atentados mediante paquetes-bomba para acabar con el plan de Antoni Asunción. El 10 de abril la Policía desactivó una bomba enviada a un funcionario de la prisión de Alcalá-Meco; nueve días más tarde la Guardia Civil hizo lo mismo en Murcia con otro paquete explosivo remitido al domicilio de otro funcionario, y el día 23 de ese mismo mes los servicios de seguridad del Ministerio de Justicia detectaron un artefacto enviado por correo. La propia secretaria del ministro fue quien mandó inspeccionar la carta al infundirle sospechas. Ese día, otro paquete amputó dos dedos de la mano a un conserje de la Escuela de Estudios Penitenciarios.

El cerco de ETA no conseguiría, sin embargo, sus objetivos, y desde Instituciones Penitenciarias se comenzó a trabajar para dar una respuesta adecuada a la ofensiva terrorista. Los análisis llevaron a la conclusión de que las cárceles de Martutene y Basauri podían suponer una presión demasiado fuerte para los internos trasladados a ellas cuando éstos no tenían aún suficientemente aquilatada su decisión de abandonar las armas. La solución fue convertir la cárcel de Nanclares de Oca en el núcleo en el que madurasen los indecisos. Su propia estructura interna la convertía, además, en la prisión ideal para establecer las fases.

El director del centro era Pedro Sánchez Calderón, un hombre de edad, valorado profesionalmente pero que no reunía el perfil requerido para su nueva misión, la cual requería un profesional joven y dinámico que supiera contactar y congeniar con los ámbitos del País Vasco. Gerardo Mínguez, jefe de la Inspección y uno de los hombres fuertes del equipo de Asunción, barajó una terna de candidatos a la dirección del centro. Dos de ellos declinaron el cargo por el riesgo que suponía y los problemas familiares que ello les podía acarrear, y Mínguez ofreció el puesto a un funcionario con quien había coincidido durante algunos meses: Manuel

Avilés. El elegido era subdirector de la prisión alicantina de Foncalent, donde había desarrollado prácticamente sus trece años de carrera, primero como jefe de servicio y después como gerente. Se trataba de un joven de treinta y cinco años, discreto, con inquietudes y sin cargas familiares al estar separado. El hombre ideal para la misión a encomendar.

Avilés no tardó en demostrar que su elección había sido un acierto. Su carácter extrovertido le ayudó a congeniar con sus interlocutores en el Gobierno y en la judicatura vasca, aunando apoyos en su labor. «Yo no era el prototipo de funcionario burócrata —cuenta Manuel Avilés—. Entraba dos veces al día en el centro, una por la mañana y otra por la tarde, iba a los talleres, tomaba café en el economato con los internos, charlaba con ellos. Fue así como empecé a relacionarme con los presos de ETA, a escuchar sus críticas y a tirarles de la lengua.»

La labor de Avilés discurrió con gran discreción, pese a que durante 1990 y 1991 numerosos condenados por colaboración con ETA fueron clasificados en el tercer grado o consiguieron la libertad condicional. Un atentado sin relación con el mundo de las cárceles puso al descubierto su labor como tapado de Asunción. El 7 de noviembre de 1991, el niño de dos años Fabio Moreno Asla moría asesinado en Erandio, Vizcaya, al estallar una bomba colocada en los bajos del coche de su padre, un guardia civil destinado en la comandancia de Bilbao. Hacía menos de un mes, el 17 de octubre, que otra bomba similar había mutilado en Madrid a la niña de doce años Irene Villa y a su madre, María Jesús González, funcionaria de la comisaría de Policía de Los Cármenes, en Madrid [1].

El atentado de Erandio decidió a Asunción a dar un paso adelante en su política de dispersión y reinserción. Avilés le había informado de las críticas que desde hacía tiempo venían vertiendo dos destacados militantes de ETA presos en

[1] ETA perpetró ese año veinte atentados con bomba-lapa, el mayor número desde que comenzara a utilizar este sistema en 1981, según datos del Servicio de Desactivación de Explosivos de la Guardia Civil.

Nanclares, Juan Antonio Urrutia Aurtenetxe e Isidro Etxabe Urrestilla, «Zumai», y el director de Prisiones consideró que había llegado el momento de que se implicaran en público. Asunción comunicó al ministro Tomás de la Quadra, que había sustituido a Enrique Múgica en Justicia a principios de año, su decisión de entrevistarse con los etarras y arrancarles una declaración pública de condena.

Asunción y Avilés se reunieron con los dos presos el primer sábado del mes de noviembre en la prisión de Nanclares, dos días después de la muerte del pequeño Fabio. En esa reunión pactaron que los grabarían aprovechando una comunicación con sus familiares, en el transcurso de la cual debían lanzar duras críticas contra la organización por los últimos atentados. Las grabaciones serían después filtradas a los medios de comunicación para que las difundiesen, mostrando así las diferencias existentes dentro de ETA y el descontento de un amplio sector de las cárceles con la dirección. Los dos portavoces oficiales se comprometieron a concederles el tercer grado penitenciario y a no desvelar sus identidades e, incluso, a distorsionar sus voces para que no fueran reconocidas.

La operación tenía gran importancia dado el peso que Etxabe y Urrutia tenían dentro de ETA, en la que eran considerados dos «históricos». El primero de ellos, de treinta y ocho años de edad y natural de la localidad guipuzcoana de Zumaya, había formado parte del comando Madrid y participado en varios asesinatos, por los que había sido condenado a doscientos un años de reclusión. Su compañero, de treinta y un años y nacido en Amorebieta, tenía una condena de treinta y dos años por su implicación en varios crímenes. Ambos llevaban ya más de diez años recluidos, lo que les otorgaba una notable capacidad de influencia sobre otros presos. La primera parte de lo acordado se puso en marcha tal y como estaba previsto. Urrutia y Etxabe se encontraron en días sucesivos con sus familiares en los locutorios de la prisión y sus conversaciones fueron grabadas[2].

---

[2] La reproducción de las conversaciones es una cita textual de la que se facilitó a los medios de comunicación.

Familiar: —¿Qué te cuentas?

Urrutia: —¡Qué voy a contar, hasta las narices!

F.: —No me extraña.

U.: —Ya viste la que liaron el otro día también, ¿no?

F.: —Anteayer.

U.: —¡Qué cuadrilla de subnormales son!

F.: —Unos cabrones de mucho cuidado.

U.: —Son unos impresentables. Yo no entiendo ya nada. Es que esto no lo entiende ni el más subnormal. No sé a dónde quieren ir... Increíble. Estoy alucinado. No sé si el deporte nacional de los cuatro imbéciles que hay por ahí arriba es matar a chiquillos.

F.: —Pero no te rompas el coco.

U.: —¡Cómo no me voy a romper el coco! Mira, sólo hoy en día ya hacer lucha armada es cuestionable, ¿no?, más que cuestionable, ¿no?, pero encima, hacerlo de esa manera, matando chavales, es que ya no sé ni lo que queremos. Que potencien el rollo político. Que empiecen a hacer política de una puta vez.

F.: —Eso es cagarla.

U.: —Pero si es que hoy en día, tal y como están las cosas, lo que hay que hacer es política. Dejar la lucha armada y dejar todo y empezar a hacer política. Si es que hay capacidad, y si no, a coger los trastos y para casa, que aquí no hemos entrado para imponer nuestra razón. Hemos entrado para hacer las cosas lo mejor posible, y si la gente y el pueblo y la sensibilidad van por otro lado, se hace lo que dice la gente y punto. Y la historia va por otro lado. Yo no entiendo. Sólo sé que estamos de sobra. Cada vez pintamos menos. De locura. Estamos hasta las narices, vamos. Yo estoy asfixiado.

F.: —No me extraña.

U.: —Ayer, viendo el telediario, estaba flipando, pero flipando.

F.: —Si no me extraña, todo el mundo, creo yo, ¿eh?

U.: —Es que a una criatura de ésas, y que van a seguir, ¿eh?, y que van a seguir en ese plan hasta que se les diga basta en la calle, porque decimos nosotros basta y no vale para nada. Lo hemos dicho cien mil veces y no vale para nada. Lo único que hacen es criticarte por todos los lados, te descalifican por las esquinas y a la mierda. Al final, pues eso, nos sacarán a gorrazos, que es lo que nos merecemos con historias de éstas.

F.: —No le des vueltas a eso.

U.: —Tengo ganas de desahogarme...

F.: —Ya os llegará como a Olábarri [en alusión a Ignacio Olábarri, un preso de ETA que había sido clasificado en tercer grado y sólo acudía a prisión a dormir].

U.: —A ver si llega.

La conversación grabada a Etxabe discurría también por similares derroteros y era incluso más crítica con la banda terrorista. La charla se inicia cuando el familiar le comenta la posibilidad de que publique sus opiniones en una revista:

Etxabe: —Vale, vale. Ya haremos algo.

Familiar: —Sí, sí, estaba interesado en eso.

E.: —Le diré lo que pienso.

F.: —Sí, sí, eso es lo que quiero. A ver si se rompe el bloque...

E.: —Es que eso, siempre están dando la imagen de un bloque, un bloque, y aquí hay formas diferentes de pensar. Y yo creo que ya ha llegado la hora de explicar cómo están las cosas. Es que si no, el poder siempre estará mostrando una imagen falsa. Ya veremos...

F.: —Vale, hacedlo deprisa.

E.: —La *ekintza* [atentado] de anteayer, ¿qué? [se refiere al asesinato de Fabio Moreno], es que somos la hostia.

F.: —Dura, dura, dura.

E.: —En los últimos dos años, de cada cuatro, tres mal hechas. Es verdad, ¿eh? Mira, nosotros ya desde hace tiempo no estamos de acuerdo con algunas cosas, pero con este tipo de *ekintzas* no vamos a ningún sitio. La gente en el pueblo está pasando de ellos. Están creando odio en todos los sitios. Tanto crío... Si este tipo de *ekintzas* no se controla puede caer cualquiera, el crío, la abuela, la madre o la hermana.

F.: —Siempre críos, críos...

E.: —Una cosa es ir por un objetivo concreto... Pues bueno, vale, aunque lo aceptes o no lo aceptes. Pero críos, críos, críos... Y no se dan cuenta de que en la misma Euskal Herría está creándose un ambiente contra nosotros, pero totalmente... Si hay que hacer una *ekintza* es mejor que sea limpia, pero no. Y antes, por ejemplo, cuando había una metedura de pata, pues se sentía, ¿no?, pero hoy parece que no se siente.

F.: —Está claro que no hay vuelta de hoja.

E.: —No hay vuelta, pero podría haber ganas de enmienda. Yo no sé quién estará arriba, pero los que están no quieren ponerse a pensar, no quieren hacer un análisis. No quieren. Así nos estamos cerrando todas las puertas.

F.: —... cago en ...

E.: —Eso es así. En España ya nos odian, y en Euskal Herría se está empezando a crear el odio. Eso es así. No sé qué es lo que ven, no sé... es que no lo entiendo, no lo entiendo. En los momentos más críticos, en los momentos en que hay mayor sensibilización, es cuando se hacen las mayores salvajadas. No lo entiendo... es que es de risa... Y yo pienso, esto genera odio, y cuando se crea odio, ellos también pueden empezar.

F.: —Por supuesto.

E.: —Eso es así. ¿Te acuerdas de los familiares en Alcalá, de las pedradas? [se refiere al apedreamiento de un autobús de familiares de presos de ETA en mayo de 1989 en las proximidades de la prisión de Alcalá-Meco].

F.: —Sí, sí.

E.: —Coño, es que son personas y tienen también sentimientos. Es que una hija, la hermana... es que, ¿es eso lo que se quiere? Es que si es eso lo que se quiere, chico, yo no sé. ¿Tú qué crees?

F.: —Igual. Lo mismo.

E.: —Así es, y lo que pasa es que la gente tiene miedo de hablar. Nos hemos metido ya en este mundo y ¿quién dice que está mal hecho? Porque, ¿qué ha pasado con el crío? [en alusión a Fabio Moreno). Después se dice que no tienen que andar con la familia [los policías y los guardias civiles]. ¡Coño!

Un padre puede llevar al crío a la escuela, a la piscina, es normal.

F.: —Es que cada uno tiene su familia.

E.: —Por supuesto. Y eso, que uno ande con la familia, no se puede evitar.

F.: —Es que ese razonamiento es muy simple, decir que no anduviese con la familia.

E.: —Decir eso no vale. Entonces, ¿qué tiene que hacer, dejar a la familia de lado?... Al decir eso da la impresión de que no hay argumentos y de que se agarra uno a eso, y no vale.

F.: —Esa justificación no tiene ningún tipo de base. Y luego, como lo de Madrid [alude al atentado contra Irene Villa y su madre], lo graban en televisión y están todo el mes dándolo. El sábado dan en *Informe Semanal* lo que ha pasado, y al siguiente sábado, una entrevista con la chica.

E.: —Sí, sí, y uno lo ve y dice: joder, hostia, ya vale, chicos. Una chica joven inválida para toda la vida. Joder, chicos.

F.: —Y luego, alguien te pide explicaciones y ¿qué le puedes decir?

E.: —Es que los razonamientos que dan no valen para nada. ¿Qué quieren?, ¿negociar así? Están poniendo a todo el mundo en contra, a todos. El respeto a la imagen que antes teníamos se está perdiendo.

F.: —Ahora, que la *ekintza* de hace poco en Donosti fue bonita.

E.: —Vale, al menos limpia... Y fíjate cuántos niños van.

F.: —Veintiséis.

E.: —Para mí está ya perdido el norte. Para mí hemos quedado en algunas manos, y no hay capacidad. Y lo más fácil, a tiros. Que nos matan, sí, pero muero disparando. Morir matando, no sé dónde está la lucidez. Europa ya ha tomado un camino bastante claro. Algunos esquemas políticos han quedado patas arriba y todo esto nos tiene que dar que pensar. No me vale pedir la independencia con un determinado gesto, tenemos que trabajar eso políticamente. Para mí es hora de trabajar políticamente y no a base de gestos, manifestarse y adiós. Eso vale para mostrar nuestras fuerzas, pero se queda ahí.

Antoni Asunción trasladó el contenido de las conversaciones grabadas a Rafael Vera. Aquello era dinamita pura. Tras analizar la forma en que sería filtrado se decidió que el mensaje perdería credibilidad y fuerza si no se desvelaban los nombres de los etarras. Suponía incumplir lo pactado, pero así se hizo, con una repercusión enorme, aunque con interpretaciones muy dispares. Desde el Gobierno se anunció el inicio de un debate en las cárceles; el PP expresó sus reservas, temeroso de que tras la filtración se escondiera un intento de crear un clima favorable a la reanudación de los contactos con la banda terrorista, y la Mesa Nacional de HB advirtió de una campaña de intoxicación contra los presos etarras con el objetivo de «alimentar y generar imaginarias realidades de división y debilidad, tanto en el colectivo de presos de la organización armada ETA como en la propia Herri Batasuna».

Manuel Avilés fue el encargado de dar la cara ante los etarras para pedirles calma. No sería éste, sin embargo, el único acuerdo roto. Etxabe y Urrutia comenzaron a disfrutar de permisos penitenciarios, pero no accedieron al tercer grado hasta octubre de 1992, un año después de que fueran grabadas sus conversaciones, y por decisión del juez de vigilancia penitenciaria, que fue recriminado por el ministro De la Quadra.

No sólo ellos salieron «quemados» de la operación. Manuel Avilés, que hasta entonces se había movido entre bambalinas, comenzó a ser conocido por ETA y señalado como uno de sus objetivos prioritarios. Nanclares se convirtió en el centro de referencia de la reinserción, y su director, en la cabeza visible de ésta, el hombre en la sombra al que se dirigían todos los que pretendían acogerse a ella.

CAPITULO TREINTA Y TRES

LA LISTA DE LOS CIEN

Las críticas de Etxabe y Urrutia tuvieron repercusión no sólo fuera de los muros de la prisión, sino también dentro, donde su ejemplo encontró continuidad en los primeros meses de 1992 con otro significado etarra: José Miguel Latasa Guetaria, «Fermín», sobre el que pesaba una condena de setecientos diez años, diez meses y diez días. Una mujer, cuya identidad se mantiene en secreto, fue la encargada de comunicarle a Antoni Asunción la decisión del recluso de abandonar la disciplina de la organización y encabezar un proceso al que aseguraba que se sumaría un importante número de compañeros.

José Miguel Latasa, un agente de seguros nacido en la localidad guipuzcoana de Villafranca de Ordizia en 1948, no era propiamente un pistolero, aunque había colaborado con sus informaciones en los atentados más graves del comando Gohierri Costa, dirigido por José Antonio López Ruiz, «Kubati». Detenido en julio de 1988, tenía por delante un buen puñado de años de prisión: hasta el 22 de mayo del 2009, si se le aplicaba la redención de penas por el trabajo, o hasta el 26 de julio del 2018, si renunciaba a los beneficios penitenciarios. Así constaba en su expediente del Fichero de Internos de Especial Seguimiento (FIES) por su pertenencia a ETA. Latasa no había destacado precisamente por un buen comportamiento en prisión, donde había sido sancionado en treinta ocasiones (diez por causas muy graves y el resto por motivos graves) y había participado en dos huelgas de hambre y varias protestas colectivas. Sus relaciones con los funcionarios y el resto de internos comunes eran consideradas frías. En definitiva, un caso más del prototipo de etarra que sigue al pie de la letra la ortodoxia de la organización. Un duro, como lo atestiguaban las condenas impuestas en los años precedentes por la Audiencia Nacional. Una de ellas se debía al asesinato en 1986 de la ex dirigente de ETA María Dolores González Catarain, «Yoyes», que había regresado a su Ordizia natal tras abandonar la organización. Latasa, amigo de la familia, fue el encargado de identificarla momentos antes de que fuera abatida a tiros por «Kubati».

«Fermín» se encontraba en ese momento en la prisión de Almería, a la que había sido trasladado el 24 de marzo desde la de Ocaña I al descubrirse un plan de ETA para liberarlo junto a sus compañeros Jesús Etxeberría y Juan Carlos Balerdi. La fuga le había sido encomendada al recién creado comando Askatu, del que formaba parte un hermano de Latasa cuyo seguimiento policial llevaría hasta la cúpula terrorista en Bidart ese mismo mes. Pese a sus antecedentes, en abril fue enviado a la cárcel de Castellón, y en diciembre de ese mismo año a la de Burgos. Sus sucesivas entrevistas con Avilés llevaron a éste a la conclusión de que tenía ante sí a un objetivo muy interesante, y desde Instituciones Penitenciarias se puso en marcha un plan para organizar una auténtica desbandada dentro de las cárceles. El objetivo final era elaborar un manifiesto contra la lucha armada de ETA y que lo suscribiera un centenar de presos. Latasa facilitó información sobre los internos que estaban en su misma línea y la prisión de Burgos comenzó a acoger a los integrantes de lo que en medios penitenciarios se conoció como «la secta». Igual que en Nanclares con el colectivo que lideraban Etxabe y Urrutia, en Burgos eran los propios etarras quienes hacían de filtro de los internos que recalaban en el centro penitenciario y señalaban a los que podían continuar en él, dada su afinidad ideológica, o debían ser trasladados a otros recintos porque ocasionaban problemas.

Latasa aseguró que entre los presos dispuestos a seguir su camino se encontraba el propio «Kubati», con quien mantenía una estrecha relación tras años de militancia en común. El dato causó asombro, ya que, tras difundirse las conversaciones grabadas a Etxabe y Urrutia, «Kubati» había elaborado un informe dirigido a la dirección de la banda en el que acusaba a sus dos compañeros de liderar un plan «dirigido a hacer mucho daño» y expresaba su preocupación por las repercusiones que podía tener su actitud sobre el colectivo de presos. «Kubati» tildaba a ambos de «estar vendidos» y de actuar como colaboradores «que lo único que desean es salir a la calle, pero destruyéndolo todo... No podemos aceptar la justificación de que el enemigo los ha derrotado. Lo más correcto es decir que ahora ellos forman parte del enemigo. La historia los juzgará por traidores» [1].

Desde Instituciones Penitenciarias se pensó que, de ser cierta la información que facilitaba Latasa, debía ser el propio «Kubati» quien liderase el proyecto y la firma del documento contra la violencia. De conseguirlo, el golpe a ETA sería tremendo, ya que la organización le consideraba uno de sus baluartes en las cárceles, junto con Ignacio de Juana Chaos, ex jefe del comando Madrid, e incluso lo había propuesto como futuro integrante de una hipotética nueva mesa de conversaciones con el Gobierno.

La primera decisión fue trasladarlo a Castellón en junio de 1992, siguiendo la estela de su compañero de comando. La dirección de ETA que integraban Francisco Múgica Garmendia, «Pakito»; Joseba Arregui Erostarbe, «Fitti», y José Luis Alvarez Santacristina, «Txelis», había sido detenida tres meses antes en Bidart y la banda vivía momentos de gran desconcierto. El etarra escribió desde su nuevo destino una carta de dieciséis folios a su compañera Belén González Peñalva, deportada en la República Dominicana. La misiva fue interceptada y fotocopiada en Prisiones, aunque se deci-

[1] La carta de «Kubati» fue difundida por *El Correo Vasco* el 2 de mayo de 1992.

dió no desvelar su contenido para no estropear lo que se consideraba una primera muestra de la adscripción del terrorista a las tesis de su colega: «La situación es muy dura de unos meses a esta parte y todo va en consonancia con una estrategia planificada: caída de Bidart, detenciones masivas, caída del *talde* [comando] Bizkaia, caída del *talde* Nafarroa. Nos están tocando en todos los puntos neurálgicos, creando con ello un desasosiego, una sensación de derrota difícil de contrarrestar.»

El etarra aseguraba en su misiva que tenía miedo «a que no sepamos acoplarnos al momento histórico que estamos viviendo y nos vayamos quedando rezagados, recluidos en una estrategia que no se moderniza en sus formas y que corre el peligro de quedarse reducida a la expresión de una minoría estancada».

Sus reflexiones alcanzaban a la negociación con el Gobierno, sobre la que daba su propia receta: «El pretender arrancar de golpe al Estado español todos los puntos de la alternativa KAS es muy difícil y sólo se daría en unas circunstancias muy distintas a las que nos encontramos. Ha llegado el momento de ser valientes y realistas. Y si hay que reconocer que la lucha armada, del modo que se realiza y bajo las condiciones en que subsiste, es perjudicial para nuestros objetivos, pues se reconoce y punto. Lo que nadie va a poder decir es que la lucha armada no ha servido para nada, porque eso es evidentemente falso. La lucha armada nos ha hecho llegar hasta un punto, y a partir de ahí quizá haya que cambiar de método o quizá compaginarlo. La lucha armada de nuestro pueblo, sin una retaguardia medianamente segura, sin militantes con experiencia en acciones, sin dirección estable y sin el apoyo necesario, indispensable, es prácticamente imposible sacar fruto de ella. Hoy en día da amargura decir que es más perjudicial que beneficiosa... Lo que sí veo claro es que debemos cambiar nuestro funcionamiento o de lo contrario corremos un riesgo terrible. La izquierda abertzale tiene un gran potencial político que debe comenzar a desarrollar en todos sus campos para recoger los frutos a los que está predestinada. Por eso mismo pido y deseo que los análisis se hagan con la suficiente frialdad y madurez política, sin dejarse llevar por sentimentalismos a la hora de aprobar o rechazar métodos. Nos jugamos algo muy importante: el futuro de Euskadi.»

Latasa mantuvo su papel como punto de referencia de Avilés, pero la pieza a cobrar era ya el propio «Kubati». Natural de la localidad vizcaína de Durango, donde había nacido el 28 de enero de 1953, trabajó como ajustador hasta su incorporación a ETA. Detenido el 25 de noviembre de 1987 en Tolosa, Guipúzcoa, tenía a sus espaldas una condena de 1.210 años y entre sus víctimas se encontraba, además de «Yoyes», el general Rafael Garrido, gobernador militar de San Sebastián a quien asesinó en 1986 junto con su esposa y uno de sus hijos. Uno de sus objetivos frustrados había sido el ex ministro del Interior José Barrionuevo.

Como había hecho con Latasa, Manuel Avilés comenzó a entrevistarse con «Kubati» y a grabar las conversaciones cuando consideró que estaba maduro para caer en sus redes. La operación montada en torno al preso etarra iba más lejos de la simple crítica de la violencia. Asunción no quería limitar su papel al de mero líder de una ruptura en las cárceles, sino que pretendía que hiciera también de enlace con la dirección de ETA con el objetivo de generar expectativas. El responsable de Prisiones comenzó a enviarle mensajes en los que reclamaba a la banda una tregua de ocho meses de duración como mínimo, que daría paso a una nueva ronda de conversaciones con el Gobierno. Nada nuevo en relación con otros requerimientos en esta misma línea, salvo que se abría otro canal de aproximación a ETA que se sumaba a los que ya tenía en marcha Rafael Vera. Una vez más, la banda terrorista era destinataria del fuego cruzado de ofertas y peticiones que tanto le molestaba y desconcertaba, y más aún cuando el intermediario era un miembro de un colectivo al que se consideraba rehén del Gobierno.

Los planes de Asunción sufrirían un inesperado contratiempo en enero de 1993. Si la difusión de las conversaciones de Etxabe y Urrutia habían desenmascarado la labor de Manuel Avilés, la grabación de una comunicación entre los presos Ignacio de Juana Chaos, Esteban Esteban Nieto y Joseba Artola Ibarretxe con los abogados Txemi Gorostiza y Arantza Zulueta, en los locutorios de la cárcel de Alcalá-Meco, puso al descubierto que el gran tapado de Instituciones Penitenciarias corría el riesgo de ser asesinado.

La conversación «pinchada» suponía una clara constatación del desgaste que la política penitenciaria estaba causando en ETA, pero también la exigencia de los presos irreductibles de que la banda respondiera con contundencia y acabara con ella. Ignacio de Juana Chaos, responsable del comando Madrid entre 1985 y 1987, se quejaba amargamente a los letrados que habían acudido a visitarlo por la falta de información de lo que pasaba en ETA y HB y porque sólo un reducido grupo de presos se mantenía firme frente a la política diseñada en las cárceles, sin que la dirección hubiera adoptado ninguna medida para acabar con la dispersión: «A lo mejor es que estoy llegando a un punto en que no sé si el proyecto en el que yo estoy ahora es el mismo en el que me metí y por el que me he estado cargando gente... No puedo admitir estar en aislamiento y que los siete compañeros de la cárcel vayan a hacer *vis-à-vis*... ¿Por qué cuarenta personas vamos a tener que aguantar el peso del colectivo?... El problema es cada vez más grande, y si hace cinco años se desvinculaban veinte personas, ahora se desvinculan cien, y dentro de un año nos desvinculamos quinientas treinta, porque yo no tengo por qué aguantar que todas las mañanas me pisen el cuello y ver desde mi celda cómo van con la bolsita para hacer *vis-à-vis*, y si ése es el proyecto, a mí no me vale... He tenido un nivel de militancia equis y cuando caigo paso a ser un cero a la izquierda, como todos los que estamos aquí, que pasamos al cajón del desguace y con los que ya no se cuenta para nada... Simplemente porque hayamos caído en la cárcel no somos muebles con los que sólo se cuenta a la hora de recibir las hostias.» [2]

---

[2] Cita literal de la mencionada conversación tal y como fue filtrada a la prensa.

Durante la charla, el abogado Txemi Gorostiza asumió la división existente entre los presos, aunque intentó apaciguar a su interlocutor asegurando que se había sugerido a la dirección de ETA la necesidad de actuar contra los responsables de las cárceles para acabar con la estrategia penitenciaria:

Ignacio de Juana: —¿Entiendes por qué a estas alturas no se lucha, no se ha hecho nada para luchar contra la dispersión, cuando el Gobierno la ha convertido en una pieza clave contra el movimiento, en una pieza estratégica y, sin embargo, nosotros la hemos asumido?

Txemi Gorostiza: —No.

I.: —No lo hemos logrado y, ¡joder!, históricamente, ¿cómo se han eliminado todas las contradicciones y cómo se eliminarían las que tenemos ahora en el colectivo?

T.: —Con intervenciones.

I.: —Indudablemente, indudablemente.

T.: —Bueno, pues estáis y estamos cansados de darles datos certeros de objetivos... Otra cosa es que no intervengan, ¡me cago en diez!, pero eso nos quema a nosotros. Lo de Langraitz [Nanclares de Oca] se elimina muy fácil: director [Manuel Avilés] y ya está.

I.: —¿Y por qué no se hace?

T.: —No sé, ¡me cago en sos! En serio, Iñaki, no lo sé [...]. A Iñaki Bilbao [uno de los dirigentes de ETA presos en Francia] le digo: tíos, menos sensación de derrota y de historias... Hay un tío en Salto del Negro en huelga de hambre, o éste apaleado, cogéis a uno y al agujero. Que a aquél le pegan, a éste, ¡pum, pum!, le pegamos. Les dices eso y te dice: ¡bah!, es que estáis en las nubes, es que eso no se puede. ¿Cómo que no se puede? Si son noventa los *makos* [cárceles] que hay en el Estado, hay noventa directores y muchos más subdirectores.

I.: —Si mañana tú le zumbas a uno en Langraitz, no sale de permiso ni «Zumai» [Isidro Etxabe]... Cuando lo de Martutene [se refiere al asesinato del funcionario Angel Mota, el 13 de marzo de 1990] los *chaparon* otra vez en primera fase, hasta a los que estaban saliendo de permiso.

T.: —Y eso que era un tío bien, afiliado a ELA, de oficina. Se resquebraja el estamento, claro que sí. Más, más, ¡me cago en diez!... Ya te digo que nos hemos cansado de transmitir que «el tirillas» [en alusión al director de la cárcel de Herrera de La Mancha] es el Carrero Blanco del año 90, como lo es Manuel Avilés.

Diez días después de que la conversación fuera grabada ETA asesinó a tiros en San Sebastián a José Ramón Domínguez Murillo, que ejercía de educador en la cárcel de Martutene. El 3 de febrero el juez Ismael Moreno, titular del Juzgado Central de Instrucción número 2 de la Audiencia Nacional, ordenó la detención de los abogados Txemi Gorostiza y Arantza Zulueta tras conocer el contenido de las intervenciones. El primero ingresó en prisión acusado de colaboración con banda armada, y su compañera fue puesta en libertad bajo fianza de 300.000 pesetas.

La grabación [3] sirvió para apurar aún más el cerco contra los presos y su entorno y responder a lo que se intuía como una nueva espiral de violencia contra los funcionarios de prisiones, pero dejó también fuera de juego a Manuel Avilés ante el riesgo real de que ETA intentara asesinarlo. El hasta entonces director de Nanclares de Oca fue trasladado en marzo a la prisión de Valencia como gerente, aunque no sería por mucho tiempo. Seis meses más tarde, en septiembre, Asunción volvió a requerirlo para que se convirtiera en una especie de embajador de la reinserción por todas las cárceles del país bajo su dependencia directa.

«No todo eran adhesiones, también se daban casos de presos que respondían airadamente cuando les visitaba recuerda Avilés. No siempre teníamos la certeza de que a quien íbamos a ver estuviese de nuestro lado. Recuerdo que Pedro

---

[3] La Sección Segunda de lo Penal de la Audiencia Nacional declaró nula la grabación el 21 de diciembre de 1993, once meses después de realizada, al considerar que se hizo «infringiendo gravemente» el derecho fundamental al secreto de las comunicaciones por no mediar autorización judicial.

Juan Guridi Arocena, que estaba preso en Murcia, me dijo que iba a pagar por lo que estaba haciendo al pueblo vasco. También Enrique Aguirre Etxeita o Josu Eguskiza Bilbao, entre otros, me amenazaron.» Su trabajo, pese a los contratiempos, ya había conseguido hacer cambiar de opinión a algunos internos considerados irreductibles. Ahí estaban los casos de Xabier Gallego Burguete, Eleuterio Imaz o Juan José Iradi, por citar algunos ejemplos, que, tras haber sido incluidos por la propia ETA a finales de 1991 en una lista de presos contrarios a la política de grados, habían suscrito un documento de apoyo a sus compañeros Etxabe y Urrutia sólo un año después.

Avilés retomó sus visitas a Latasa y «Kubati» en septiembre de 1993, aunque en esta ocasión en la prisión madrileña de Valdemoro, a la que ambos habían sido trasladados para la práctica de diligencias en la Audiencia Nacional. El objetivo era impulsar la denominada «lista de los cien» tras el *impasse* de seis meses impuesto con el traslado del director de Nanclares para prevenir un posible atentado. El resultado de estos encuentros debió ser satisfactorio, ya que «Kubati» fue trasladado apenas un mes después, el 25 de octubre, desde la prisión de Castellón a la de Burgos, en la que Latasa ya llevaba diez meses.

Con la operación de nuevo en marcha, otro imprevisto obligó a modificar el rumbo de los acontecimientos. José Luis Corcuera dimitió como ministro del Interior y Antoni Asunción lo sustituyó al frente del departamento, tras cinco años como máximo responsable de Prisiones. Los cambios fueron aprovechados por HB para descalificar en una rueda de prensa las maniobras que el nuevo titular de Interior venía promoviendo con los presos, de quienes aseguraba que no eran ni serían nunca interlocutores válidos para hablar con ETA.

El 22 de diciembre de 1993, al mes de su nombramiento, Asunción decidió hacer política de tierra quemada y difundir el abundante material que había acumulado sobre «Kubati» y los presos de «la lista de los cien» para contrarrestar la campaña de la coalición abertzale. Felipe González había invitado esa noche a cenar a los miembros de su Gobierno en el Palacio de La Moncloa con motivo de la Navidad. Antes de acudir a la cita, el ministro del Interior telefoneó a un periodista de la Cadena SER que le habían recomendado como futuro portavoz del Ministerio y le ofreció toda la información recabada durante meses. Al día siguiente la emisora informaba de la existencia de un debate en las cárceles sobre el final de la lucha armada en el que participaban ochenta presos etarras, entre los que se encontraban «Kubati», José Miguel Latasa, José Luis Artola Amenza, Félix Bengoa, José Antonio Torre Altonaga, Xabier Lertxundi Barañano y Gorrindo Etxeandía.

La emisora no difundió ningún fragmento de las cintas filtradas por el ministro y se limitó a informar literalmente parte de su contenido, que aseguró formaba parte de documentos en su poder. «Lo que hace falta es dejarlo ya. Buscar un camino y salir. No lo justifico, pero puede ocurrir. Y mañana, te lo vuelvo a repetir, nos cogen y disparan contra nosotros. Tenemos un porcentaje elevadísimo de que nos limpien el forro.» Ni esta ni otras afirmaciones le fueron adjudicadas a nadie en particular, aunque eran de «Kubati», como tampoco se identificó al destinatario, que no era otro que Manuel Avilés. Lo que eran fragmentos de conversaciones entre ambos quedaron así enmascarados como si se tratase de cartas entre internos.

Días después los diecisiete presos de ETA internados en la cárcel de Burgos, entre ellos «Kubati» y Latasa, remitían una carta al diario *Egin* en la que desmentían cualquier posición contraria a la ortodoxia de la organización [4]. «Como si del cuento de nunca acabar se tratara, una vez más tenemos que soportar en los medios de comunicación una campaña de intoxicación informativa. Ninguno de nosotros forma parte de sector disidente alguno, sino que, por el contrario, ratificamos nuestro apoyo a la línea estratégica de ETA y a la lucha del Movimiento de Liberación Nacional Vasco.» La política penitenciaria de dispersión y reinserción iniciaba su cuesta abajo.

---

[4] La carta está fechada el 24 de diciembre, un día después de que la Cadena SER informara del debate en las cárceles, y fue publicada por el diario abertzale el día 29 del mismo mes.

CAPITULO TREINTA Y CUATRO

EL SUPERMINISTERIO

Un suceso inopinado acabó con la meteórica carrera política de Antoni Asunción sin dejarle apenas tiempo para esbozar su proyecto al frente del Ministerio del Interior. Luis Roldán, ex director general de la Guardia Civil, huyó de España para eludir el cerco de las investigaciones judiciales sobre su enriquecimiento y provocó la dimisión del ministro el 29 de abril de 1994. Asunción, que contaba sus responsabilidades en cargos públicos por quinquenios, abandonó tras sólo cinco meses como miembro del Gobierno.

El ministro dimisionario propuso a su valedor, Juan Alberto Belloch, para sucederlo, continuando así con una costumbre inveterada de la casa, según la cual el cesante da su opinión, e incluso el placet, sobre su sustituto. El candidato había discutido la situación en que quedaba el departamento tras los súbitos acontecimientos en una cena entre amigos en casa del magistrado del Tribunal Constitucional Tomás Vives, a la que asistieron Maite Olle, esposa del todavía ministro de Justicia; su subsecretaria, Margarita Robles, y la vocal del Consejo General del Poder Judicial (CGPJ) María Teresa Fernández de la Vega. La conversación les llevó al convencimiento de que la dimisión de Asunción era un gesto innecesario y demasiado generoso, y a la conclusión de que Belloch no podía dejar el Ministerio de Justicia. Alguno de los presentes apuntó entonces como solución su unificación con el de Interior.

Al día siguiente de este encuentro informal, Felipe González convocó a Belloch en el palacio de La Moncloa. Antes de que mediara un ofrecimiento, el ministro expuso que no podía abandonar Justicia con sólo un año de bagaje e importantes reformas en la cartera. El Presidente no tenía otro candidato para hacerse cargo de Interior y le propuso fundir ambos departamentos. Se trataba del proyecto que el propio Belloch defendía con vehemencia, convencido de que la separación de los dos ministerios no tenía sentido desde que los jueces y magistrados dejaron de depender del Gobierno para quedar sometidos al CGPJ. Con estos antecedentes, no tuvo razones para negarse.

Belloch puso una única condición: libertad para formar un equipo de su plena confianza, que pasaba por los nombramientos de Margarita Robles para Interior y María Teresa Fernández de la Vega para Justicia. Las candidaturas levantaron algunas voces de protesta en el partido. En el caso de Robles, por lo inédito de una decisión que colocaba por primera vez a una magistrada al frente de la Policía y de la Guardia Civil; y en el caso de su compañera, porque suponía perder un vocal en el CGPJ en un momento de crisis. Aceptadas las propuestas, el Presidente señaló la detención del fugado Roldán como objetivo prioritario del nuevo equipo.

El 5 de mayo Felipe González anunció el nombramiento de Juan Alberto Belloch como ministro de Justicia e Interior. La rueda de prensa en la que dio cuenta de la fusión de los dos ministerios fue seguida por el nuevo superministro desde su despacho en compañía de Margarita Robles. Ambos contuvieron la respiración durante unos segundos al escuchar cómo, por error, González confirmaba para el cargo a Luis, en lugar de Juan Alberto. El apellido, Belloch, despejó la incertidumbre, aunque el Presidente no dejó de referirse al nuevo ministro como «Luis Alberto».

La crisis gubernamental se cerraba con la designación de Luis Atienza al frente de Agricultura, en sustitución del también dimitido Vicente Albero, y el anuncio de que no habría elecciones anticipadas pese a los casos de corrupción, cuyas responsabilidades políticas se habían llevado por delante, además de a dos ministros, a los diputados Carlos Solchaga y José Luis Corcuera. La situación política era de gran crispación a menos de un año de los comicios de junio de 1993 y con las elecciones andaluzas y al Parlamento Europeo a la vuelta de la esquina.

El nombramiento de Belloch hizo coincidir en el mismo departamento a los dos magistrados en quienes los socialistas habían apoyado su vocación de luchar contra la corrupción durante la anterior campaña electoral. Baltasar Garzón, sin embargo, había iniciado ya el camino de vuelta, el del desengaño. El biministro se entrevistó con su compañero en la sede del Ministerio de Justicia, en la calle de San Bernardo, el día anterior a su toma de posesión, para comunicarle que el nuevo superministerio contaría con dos viceministros, uno de Interior y otro de Justicia, para los que ya tenía candidatos. El podía continuar, si lo deseaba, al frente de la Delegación del Plan Nacional sobre Drogas. Incluso estaba dispuesto a ampliar sus competencias policiales en temas de narcotráfico.

Personas del equipo de Belloch aseguran que Garzón intentó convencer a su compañero para que lo nombrara viceministro de Interior y que su negativa a hacerlo lo llevó a presentar la dimisión, que disfrazó de un pretendido hartazgo por la falta de voluntad para acabar con la corrupción. Las mismas fuentes afirman incluso que en una conversación previa entre ambos, coincidiendo con la dimisión de Asunción y antes de que se decidiera la fusión de los dos ministerios, Garzón sugirió a Belloch que asumiera la cartera de Interior y le dejara a él la de Justicia.

Los colaboradores de Garzón mantienen una versión radicalmente distinta y afirman que si Felipe González aceptó su pretensión de ir de número dos por la lista de Madrid en las elecciones, también le habría concedido un ministerio si se lo hubiera pedido. Además, aseguran que Garzón ya había presentado su dimisión al Presidente en una carta, remitida el 18 de abril y reiterada el 25 del mismo mes, por lo que entendía como una falta de iniciativa del PSOE en la prometida lucha contra los corruptos y por las incumplidas promesas de crear un órgano para ello. Según este relato,

Belloch convocó a Garzón a su despacho el día anterior a su toma de posesión para comunicarle que contaba con él para montar la DEA española (equivalente a la agencia antidroga norteamericana), a lo que éste se habría negado, señalando que su dimisión estaba pendiente desde hacía veinte días.

Matices al margen, el desencuentro entre ambos jueces en excedencia vivió su momento álgido el 6 de mayo, durante la presentación en público del nuevo biministro en el salón Barco del Ministerio, en la calle Amador de los Ríos. Allí, en un corro con otros titulares del Gobierno, Belloch conminó a Garzón a que le aclarara de una vez si pensaba continuar o no en su cargo, a lo que éste respondió que presentaría su dimisión cuando lo considerase oportuno. La reacción del ministro fue inmediata: «Mi tiempo político lo administro yo, no tú.» «Si tienes cojones —cortó la conversación Garzón—, césame.»

Minutos después, durante una breve alocución ante la prensa, el nuevo titular de la cartera anunció que si Garzón le presentaba la dimisión la aceptaría. El magistrado había abandonado el acto tras el incidente anterior, pero, confundida entre los periodistas, permanecía su jefa de Gabinete y mano derecha durante su travesía política, la también juez Araceli Manjón, que se marchó tan pronto como escuchó el desplante. Garzón pasaba en diez meses de ser un lujo a un estorbo. El látigo de la corrupción abandonaría fechas más tarde su escaño de diputado para volver a su juzgado en la Audiencia Nacional, desde donde retomaría la investigación sobre la trama de los GAL.

En fechas sucesivas desembarcó en el Ministerio el equipo de Belloch. Margarita Robles como secretaria de Estado de Interior y María Teresa Fernández de la Vega al frente de la Secretaría de Estado de Justicia. Otra mujer, Paz Fernández Felgueroso, se hizo cargo de la Secretaría de Estado de Asuntos Penitenciarios, y el veterano diputado del Grupo Parlamentario Socialista Carlos López Riaño pasó a dirigir la Delegación del Plan Nacional sobre Drogas. Comenzaba el segundo asalto a Interior en el plazo de medio año, que se completaría en los meses siguientes con un aluvión de ceses y nombramientos.

«No quisimos hacer cambios antes de las elecciones europeas del 12 de junio, así que desde mi toma de posesión, el 16 de mayo, hasta entonces me dediqué a hablar con todo el mundo —explica Margarita Robles—. Me entrevisté con altos cargos, sindicatos de Policía, gente identificada con la derecha y la izquierda en el colectivo, catedráticos y periodistas antes de tomar ninguna decisión. Nuestra idea era que había gente que llevaba mucho tiempo en su cargo y había entrado en una especie de rutina en el trabajo, además de mucho *bluff* al que se identificaba con la eficacia, cuando la verdad es que se trabajaba a salto de mata y casi sin información.»

El búnker antiterrorista de Interior dio paso a un nuevo equipo del que se cayeron responsables policiales como Manuel Ballesteros o Jesús Martínez Torres, que en los años precedentes habían colaborado con Rafael Vera en sus incursiones negociadoras con ETA en Argelia y Santo Domingo, a los que Asunción no tuvo tiempo de sustituir. El nuevo equipo prescindió también del comisario francés Joël Cathalá, a quien el Ministerio del Interior galo mantenía como enlace con la banda a instancias del Gobierno español, y recortó la labor de Jacinto Angel Guerrero Lucas como interlocutor extraoficial con jueces y altos cargos del país vecino. Otros protagonistas de etapas anteriores, como el centro de estudios Gernika Gogoratuz o el movimiento social Elkarri, fueron igualmente ignorados pese a sus intentos por establecer lazos con los nuevos responsables ministeriales. Además, Margarita Robles consiguió que la juez Le Vert decretara el ingreso en prisión de José Luis Arrieta Zubimendi, «Azkoiti», para entonces ya en paradero desconocido, y retomó los contactos con el Gobierno dominicano para reclamar de nuevo la entrega de «Antxon», aunque sin obtener resultados.

El nuevo equipo daba continuidad a la política antiterrorista iniciada por Asunción y cerraba todas las vías de contacto del Ministerio con el entorno de ETA. «Eran contactos sin interés que no servían para nada. Todo el mundo hacía sus gestiones negociadoras sin tener capacidad para ello y lo único que conseguían era desvirtuar la idea del diálogo», sentencia Belloch.

El biministro defendía que ni su Ministerio ni el Gobierno debían implicarse en una negociación con la banda, que las estrategias no se podían repetir y la experiencia de Argel estaba agotada, aunque pensaba que el final de la violencia no se produciría por procedimientos meramente policiales. Con estas premisas, cualquier futuro proceso de diálogo con vistas a la pacificación debía ser propiciado por los partidos políticos y reunir dos condiciones: ser secreto y venir precedido de un cese de la violencia. La opacidad evitaba las interferencias externas y la tregua servía como prueba de la voluntad negociadora de los terroristas y de su control sobre la organización. En este nuevo escenario, al Gobierno sólo le correspondía no dificultar el proceso. Quedaron así abiertas dos únicas vías de aproximación: la del PNV, representada por Xabier Arzalluz, y la del PSOE, liderada por José María Benegas.

Derivada la responsabilidad de los contactos a los partidos, la política antiterrorista del nuevo ministro se sustentaba en el fortalecimiento de los pactos de Madrid y Ajuria Enea, la mejora de la eficacia policial y de la colaboración internacional, fundamentalmente con Francia, y la política individualizada de reinserción. Esta última fue la primera que abordó en un intento de reactivar el frente de las cárceles.

Manuel Avilés, referente de la reinserción durante la etapa de Asunción, fue nombrado asesor de la nueva secretaria de Estado de Asuntos Penitenciarios y continuó con sus visitas a los presos, aunque ya ni con la frecuencia ni con el protagonismo otorgado por el anterior ministro. Su «lista de los cien», paralizada por el ascenso de Asunción al Ministerio, quedó finalmente reducida a un comunicado contra la lucha armada hecho público en junio de 1994 con la rúbrica de sólo cinco presos: José Miguel Latasa, su promotor, y sus compañeros José Miguel López de Munaín, Carlos Gorrindo Etxeandía, José Luis Artola y José Angel Alvarez. Latasa fue expulsado un mes después de ETA, que lo acusó de colaboracionista y de «hacer el juego al Estado español, justificando la represión permanente y la situación insoportable que sufre el colectivo de presos». «Kubati», que se sentía traicionado por Avilés, desistió de avalar ningún documento crítico, al igual que los más de cuarenta etarras que había en Nanclares de Oca.

La difusión de las disidencias internas se acompañó de trece excarcelaciones entre marzo y julio de 1994, seiš de ellas de presos con graves condenas por delitos de sangre. Ramón Zapirain Telletxea, condenado a doscientos veinticuatro años, de los que había cumplido ocho; Ignacio Apilañez Olalde, con penas que sumaban doscientos quince años y con doce cumplidos; Iradi Lizarrazu, con condenas por ciento sesenta años, seis de ellos cumplidos; José Ramón Bidaburu Otaduy, con ciento cincuenta y ocho años y doce de permanencia en prisión; Javier Burguete Gallego, con un siglo de reclusión y seis años de cumplimiento; y Angel Hernández Tiemblo, también con una condena de más de un centenar de años y seis encarcelado, fueron algunos de los etarras más significados a los que se concedió el tercer grado [1].

El impulso dado a la reinserción provocó una oleada de críticas desde las filas PP, que reclamaba el cumplimiento íntegro de las penas para los terroristas. La política de acoso al Gobierno por los casos de corrupción se había incrementado tras su primera victoria sobre el PSOE en las elecciones europeas del mes de junio, y a ella se sumaba ahora el asunto de los presos de ETA. La imagen de unidad en la política antiterrorista, que hasta ese momento se había mantenido por encima de intereses partidistas, se resquebrajó, y apenas dos semanas más tarde saltaría hecha añicos, cuando las vacaciones estivales vaticinaban un respiro para el Ejecutivo.

A las 8:45 horas del 29 de julio ETA asesinaba con un coche-bomba al teniente general Francisco Veguillas Elices, de sesenta y ocho años de edad, director general de Política de Defensa y hombre de la máxima confianza del vicepresi-

---

[1] Los datos figuran en un informe de la Secretaría de Estado de Asuntos Penitenciarios remitido al Grupo Popular en el Congreso de los Diputados en octubre de 1994, en contestación a una solicitud del diputado Federico Trillo. El informe señala que ciento cinco condenados por delitos relacionados con ETA fueron clasificados en tercer grado entre 1990 y 1994.

dente del Gobierno, Narcís Serra. En el atentado, perpetrado en la plaza de Ramales, junto al Palacio de Oriente, en Madrid, perdieron también la vida el conductor Joaquín Martín y César García Contonente, un joven de veinticuatro años que se encontraba en las inmediaciones descargando un camión. Dos meses antes, el 1 de junio, la banda había asesinado a tiros en la capital al también general Juan José Hernández Rovira cuando salía de su domicilio en la calle Antonio Arias, cerca del Retiro. ETA golpeaba al Ejército y el efecto de sus crímenes iba a romper el consenso que había presidido la lucha de los demócratas contra el terrorismo.

«El atentado contra el general Veguillas —señala Margarita Robles— creó una polémica demagógica y fracturó la unidad de los partidos en la lucha contra ETA. La víctima fue una excusa que se utilizó para criticar al Gobierno, cuando hasta entonces el terrorismo se había tratado como un tema de Estado alejado de la lucha partidista. Aquel debate frenó la política individual de reinserción que habíamos relanzado. Desde entonces y hasta nuestra marcha del Ministerio en abril de 1996, los esfuerzos se encaminaron a recomponer la imagen externa de unidad más que avanzar en política antiterrorista.»

El asesinato forzó la convocatoria del Pacto de Madrid para el mes de septiembre, mientras el PP exigía como condición para acudir a la cita un informe de la Secretaría de Estado de Asuntos Penitenciarios con todas las excarcelaciones de etarras por la concesión del tercer grado penitenciario durante los cinco últimos años. El atentado contra el general Veguillas se ligaba así a la política de reinserción de Belloch con el objetivo de acabar con ella.

«La interpretación que hicimos en el PP de las excarcelaciones —explica Jaime Mayor Oreja, entonces presidente del PP en el País Vasco— fue que se concebía como una estrategia más amplia, cuyo objetivo de fondo era resolver la situación de Amedo y Domínguez, y eso no era un avance en la pacificación. Además, la medida la adoptaron de forma unilateral, sin consultar. En política de Estado, el artífice es el Gobierno, que debe confiar en la oposición; pero el PSOE nunca confió de verdad en el PP en ese terreno. De hecho, hemos sabido que ha habido etapas de muchos contactos y nunca se nos dijo nada. Objetivamente, nunca fueron leales con nosotros.»

El Gobierno intentó frenar la escalada de ataques del PP y salvar su política penitenciaria con una muestra de que su estrategia en las cárceles era positiva y daba resultados. Las cintas grabadas a José Antonio López Ruiz, «Kubati», cuyo contenido había sido filtrado por Asunción en diciembre de 1993, fueron utilizadas de nuevo. En esta ocasión la Cadena SER sí difundió la voz del etarra, aunque sin especificar cuándo ni cómo había sido obtenida. Así, en una especie de monólogo, el preso terrorista afirmaba: «Quiero que esto acabe y llevar a cabo una lucha política. Yo y todos mis compañeros sabemos que la lucha va a ser política [...]. Invitaría a abrir nuevos caminos, pero estoy metido dentro de un todo y no me puedo desmarcar porque sería como meterme un tiro y acabar en el agujero [...]. Estoy marcado, marcado para toda la puta vida, y lo único que puedo hacer es intentar desde dentro que esto se solucione.» La filtración tuvo, por segunda vez, una enorme repercusión, pero no enfrió los ánimos del principal partido de la oposición. Gregorio Ordóñez, presidente del PP en Guipúzcoa, valoraba positivamente la noticia, pero mantenía las críticas sobre una política de reinserción que calificaba de «barra libre».

«Kubati», el centro de la polémica, era ya en ese momento un caso cerrado para Interior, que el 21 de julio lo había trasladado desde la prisión de Burgos a la de Teruel, perdida la esperanza de que liderara un proceso crítico en las cárceles. El etarra se encargaría de desmentir sus propias palabras en una nota enviada al diario *Egin* en la que decía textualmente: «Deseo hacer llegar a todo el MLNV un pequeño mensaje que debido a las circunstancias de aislamiento en las que me encuentro no puede ser amplio. No creáis lo que se dice de mí. La intoxicación no debe confundir. Mi apoyo a la lucha armada y a ETA es total. Animo, que resistir es vencer. Disfrutad a tope de las fiestas y brindad por nosotros.» [2]

---

[2] Diario *Egin* del 13 de agosto de 1994.

Paralizadas las excarcelaciones, la política penitenciaria se tambaleó. La dispersión iniciada en 1989 no era un objetivo en sí, sino la pata de una estrategia más amplia que pretendía romper la disciplina impuesta por la banda en las cárceles y facilitar la evolución individual de cada preso hacia posiciones contrarias a la violencia hasta llegar a su reinserción. Si esta política se cerraba, ningún etarra se arriesgaría en el futuro a posicionarse contra la banda sin contrapartidas. La dispersión quedaba así limitaba a una medida de castigo, de la que el PNV comenzó a distanciarse tras años de apoyo, hasta llegar a plantear el acercamiento de los presos etarras a cárceles del País Vasco.

Frente a las críticas del PP, Xabier Arzalluz reclamaba a Belloch que aplicara lo que él denominaba «medicina de choque», con la concesión de indultos y clasificaciones en tercer grado a un mayor número de presos etarras. El presidente peneuvista estaba convencido de que estas medidas permitirían a su partido iniciar el diálogo con la banda y su entorno y conseguir una tregua. El biministro se negaba alegando que eran precisamente las excarcelaciones de presos la única mercancía que se podía ofrecer a ETA en un hipotético futuro diálogo y, en consecuencia, no se podían malgastar a cambio de nada.

Belloch mantendría la reinserción de etarras pese a las críticas, aunque de forma muy restringida y pactando las salidas de prisión con los jueces de vigilancia penitenciaria a fin de presentarlas como decisiones ajenas a su Ministerio. Como muestra de ello, durante 1995 las progresiones a tercer grado se redujeron a seis, cinco de ellas por resolución judicial, entre ellas la de José Miguel Latasa Guetaria, «Fermín» [3].

Las buenas relaciones que el PNV había mantenido con los dos anteriores ministros del Interior desaparecieron con

[3] El etarra reingresó en prisión el 4 de marzo de 1996 por orden del juez Baltasar Garzón, que lo acusó del asesinato de un policía nacional en 1983.

Belloch, con quien poco a poco se fue ahondando el pozo de los desencuentros. No se trataba sólo de la política de reinserción, también los contactos con la banda se convirtieron en un importante elemento de fricción. El biministro cedió a los partidos vascos el protagonismo de cualquier exploración en esta línea, pero para hablar sólo de los presos, mientras desde el PNV se pretendía dar un contenido político al diálogo, una posibilidad que Belloch consideraba inaceptable, aunque fuera con una tregua prolongada por delante. Enfrente se situaba también el PP, que se oponía a cualquier aproximación al mundo abertzale si no había una renuncia previa a la violencia.

El primer encontronazo se produjo ese mismo verano de 1994, cuando el PNV discutía con el Gobierno de Israel la posibilidad de que actuara como intermediario con la banda. Una delegación peneuvista, encabezada por Xabier Arzalluz y de la que formaban parte Juan María Ollora, Gorka Aguirre y Pello Caballero, viajó en julio al país hebreo para interesarse por la experiencia conocida como «vía Noruega», que supuso la solución al conflicto palestino-israelí. La iniciativa fue cortada en seco por Belloch con una carta remitida al embajador israelí en Madrid en la que calificaba de inaceptable una mediación internacional con los terroristas.

En medio de esos desencuentros, el Ejército Republicano Irlandés (IRA) anunció el 31 de agosto de 1994 un alto el fuego incondicional que abría una esperanza de paz para el conflicto de Irlanda del Norte, que se había cobrado más de tres mil víctimas en los últimos veinticinco años. La tregua era la condición previa para convocar una mesa de conversaciones entre el Gobierno británico y el Sinn Fein, rama política del IRA, tal y como habían acordado los primeros ministros británico e irlandés, John Major y Albert Reynolds, en la Decla-ración de Downing Street, suscrita el 15 de diciembre de 1993 [4].

---

[4] El IRA mantuvo la tregua durante diecisiete meses, hasta el 9 de febrero de 1996, en que la explosión de una bomba causó dos muertos y treinta heridos.

Mientras todas las formaciones se congratulaban por la noticia y desde algunas se pedía que el Ulster fuera el espejo de una futura resolución al conflicto vasco, Belloch anunció que durante su permanencia al frente del Ministerio «nunca, jamás, va a haber negociación con los criminales de ETA». Ese mismo día recibía en su despacho al secretario general del PP, Francisco Alvarez Cascos, y al dirigente popular vasco Jaime Mayor Oreja, en un intento de restablecer el acuerdo en la política antiterrorista.

Sus intentos serían baldíos, porque unos meses después, en diciembre, los ex policías Amedo y Domínguez revelaban al juez Garzón las implicaciones de altos cargos de Interior en la trama de los GAL, los cuales ingresarían en prisión acusados de organizar y amparar la «guerra sucia» contra ETA. El crispado clima existente entre las tres principales formaciones implicadas en la pacificación del País Vasco (PSOE, PNV y PP) se enrarecía aún más e impedía avanzar en una política antiterrorista de consenso.

En plena vorágine de declaraciones y comparecencias ante el juez, ETA perpetró lo que parecía un atentado más. El 19 de junio de 1995 un coche-bomba colocado en la calle Preciados de Madrid causó la muerte al policía municipal Jesús Rebollo García. El atentado dio paso ese mismo mes a un último intento de la banda por retomar sus contactos con el Gobierno socialista. Tres representantes de la organización se desplazaron hasta Buenos Aires para entrevistarse con Adolfo Pérez Esquivel, premio Nobel de la Paz en 1980 y líder de la Fundación Paz y Justicia, y pedirle que hiciera de mediador con el Ejecutivo español.

Tras varias reuniones, Esquivel aceptó trasladar a las autoridades españoles un sobre lacrado que contenía una propuesta de la organización. Lo entregó en el mes de julio a la viceministra de Interior, Margarita Robles, y desde ese momento, pese a la negativa inicial de Belloch a aceptar una mediación internacional y a implicar al Gobierno en una negociación directa con ETA, Adolfo Pérez Esquivel y Margarita Robles intercambiaron mensajes en ambas direcciones.

El cruce de propuestas fue acompañado de seis meses de inactividad por parte de los terroristas, el periodo de tregua que el Gobierno había exigido durante años para retomar los contactos, si bien en ninguno de los mensajes trasmitidos por Esquivel ETA hizo alusión a que tan prolongado periodo sin actividad armada fuese en realidad una tregua tácita.

El líder del PNV, Xabier Arzalluz, aseguró al ministro Belloch que se trataba de un cese voluntario de las actividades armadas en señal de buena voluntad, el cual debía ser correspondido por el Gobierno español, y respaldó su afirmación con informaciones facilitadas por dirigentes de KAS. El ministro encargó a un comisario de Policía de su confianza que intentara confirmar si era efectivamente así o se trataba tan sólo de un parón ajeno a la voluntad de la banda. Las gestiones no aclararon nada y Belloch intentó ganar tiempo reclamando un plazo mayor para confirmar la noticia, mientras Arzalluz le pedía que convocara al Pacto de Madrid para discutir iniciativas con las que responder a la decisión tomada por ETA. Ni el Gobierno ni el PNV consultaron con el PP, según asegura Mayor Oreja, convencidos de su oposición a apoyar ningún gesto de acercamiento a la banda.

Ocho días antes de que se cumplieran los seis meses sin atentados, el 12 de diciembre, un coche-bomba estallaba al paso de una furgoneta de la Armada en el Puente de Vallecas, en Madrid, y causaba la muerte a seis personas, llevándose por delante las expectativas creadas. El presidente peneuvista declaró entonces que ETA había cerrado con este atentado la última esperanza para la paz. Cuatro días después Josefina Correra moría al estallar una bomba en El Corte Inglés de Valencia y el día 22 otro artefacto asesinaba al comandante de Artillería Luciano Cortizo en León. La banda se cobraba ocho víctimas en diez días.

La escalada terrorista y el enfrentamiento entre los partidos hizo que el *lehendakari* José Antonio Ardanza y el ministro Belloch convocaran a los firmantes de los pactos de Ajuria Enea y de Madrid en un intento por recomponer la unidad frente a los violentos, salvando antes los recelos mutuos entre PNV y PP. La Mesa de Ajuria Enea se reunió el día 11 de enero de 1996, y la de Madrid el 16. Las citas sólo sirvieron para restañar heridas en público y lograr el compromiso de todos de no utilizar el terrorismo como arma electoral.

Entre ambas convocatorias, el 14 de enero la banda terrorista difundió un comunicado a través del diario *Egin* en el que de forma críptica aseguraba que había remitido una propuesta al presidente González «de forma absolutamente oficial» (en alusión a la labor mediadora de Pérez Esquivel, aunque sin citarlo), que no había tenido respuesta. «Hemos guardado en silencio las gestiones realizadas —decía ETA— y tampoco vamos a romper en esta ocasión esa discreción, pero nos parece necesario aclarar sobre lo habido y lo no habido.» La banda denunciaba a continuación que todos los pasos dados hasta ese momento por el Gobierno español en el camino de la negociación «se han impulsado desde la vía policial», y acusaba al Ejecutivo de utilizar los contactos «para todo menos para poner solución al conflicto».

Tres días después, el 17 de enero, la banda secuestraba al funcionario de prisiones José Ortega Lara, secuestro que se unía al del empresario guipuzcoano José María Aldaya, en poder de la organización desde el 8 de mayo de 1995. De forma consecutiva, un comando de la organización asesinaba el 6 de febrero en San Sebastián al abogado y dirigente socialista Fernando Múgica, y el 14 del mismo mes abatía a tiros en su despacho al catedrático y ex presidente del Tribunal Constitucional Francisco Tomás y Valiente. Todo un reto para un Gobierno acosado.

Pese a los acontecimientos, Juan Alberto Belloch y Margarita Robles mantuvieron abierta la vía de aproximación que suponía el premio Nobel de la Paz, aunque los mensajes se hicieron ya premiosos por las proximidades de las elecciones del 3 de marzo. El Gobierno exigía gestos que hicieran creíble la disposición de la banda a dialogar, como la liberación de Aldaya y Ortega Lara. ETA, por su parte, reclamaba del Ejecutivo el reagrupamiento de su presos. Ninguna de las peticiones llegaron a cumplirse. El Ejecutivo socialista carecía de margen de maniobra y la banda tenía ya la mirada puesta en el futuro Gobierno del PP que se oteaba en el horizonte.

CAPITULO TREINTA Y CINCO

ETA Y EL PP

Las elecciones del 3 de marzo de 1996 dieron la victoria electoral al PP, aunque por un margen mucho menor del que habían vaticinado las encuestas y muy lejos de la añorada mayoría absoluta. Era una victoria anunciada tras los éxitos cosechados en las europeas de junio de 1994 y las municipales y autonómicas de mayo de 1995. Los populares obtuvieron 156 escaños, 15 más que en los comicios de 1993, por 141 del PSOE, que perdió 18. IU pasó de 18 a 21 diputados, CiU de 17 A 16, Coalición Canaria repitió sus resultados de anteriores comicios, con 4 diputados, y PNV y HB mantuvieron su cuota parlamentaria, con 5 y 2 escaños, respectivamente. En el País Vasco quedó acreditado el paulatino avance de las fuerzas no nacionalistas (PNV, PSOE y PP consiguieron 5 diputados cada uno) y el descenso de votos de los radicales pese al mantenimiento de sus dos representantes. Los resultados obligaban a un pacto de los populares con los nacionalistas a los que tanto habían criticado; a los catalanes por su alianza con los socialistas en la anterior legislatura, y a los vascos por su manera radicalmente distinta de entender la pacificación del País Vasco.

ETA y su entorno interpretaron la victoria del PP como un mero relevo en el poder. A fin de cuentas era otro partido españolista defensor de la patria del que no cabían esperar cambios sustanciales en lo que había sido la concepción de

Euskadi para los socialistas. Ello no impedía que estuvieran convencidos de que un Gobierno de la derecha tendría mayor margen de maniobra para dialogar al contar con el respaldo de los poderes fácticos del Estado. Para preparar el camino, la banda había comenzado a acosar al PP quince meses antes, con el asesinato de su dirigente vasco Gregorio Ordóñez.

«Me habían pedido que controlara a Gregorio Ordónez para ejecutarlo, y durante el mes de enero de 1995 acudí al Ayuntamiento de San Sebastián para comprobar sus horarios de entrada y salida. Llegué a la conclusión de que lo más acertado era llevar a cabo la acción a mediodía. El día 23 vi cómo entraba a comer en el restaurante La Cepa y pensé que era el momento. Me fui al piso del barrio de Gros, donde se escondía el comando, avisé a mis compañeros, los acompañé hasta las inmediaciones del restaurante y les indiqué por dónde tenían que huir.» Instantes después, Francisco Javier García Gaztelu, «Jon», y Juan Ramón Carasatone Aldaz, «Zapata», asesinaban a Gregorio Ordóñez de un único disparo en la cabeza. Valentín Lasarte Oliden, miembro del comando Donosti de ETA, relató así al juez Baltasar Garzón el asesinato del concejal donostiarra y candidato del PP a la alcaldía de San Sebastián para las elecciones municipales del 28 de mayo, en una declaración prestada tras su detención el 25 de marzo de 1996, catorce meses después del crimen.

La conveniencia de atentar contra los representantes de la soberanía popular era algo que la banda venía discutiendo desde 1993, como queda constancia en una publicación interna de aquel año[1], con preferencia hacia dirigentes del PP y del PSOE, aunque sin descartar a los del PNV, contra el que algunos militantes reclamaban atentados directos pese al riesgo de que pudiera hablarse de enfrentamiento civil entre vascos. «El día que un tío del PSOE, PP o PNV va al funeral de un *txakurra* [perro en vasco, utilizado para llamar despec-

---

[1] *Barne Buletina* de julio de 1993. Los entrecomillados que aparecen a continuación son cita literal de este documento.

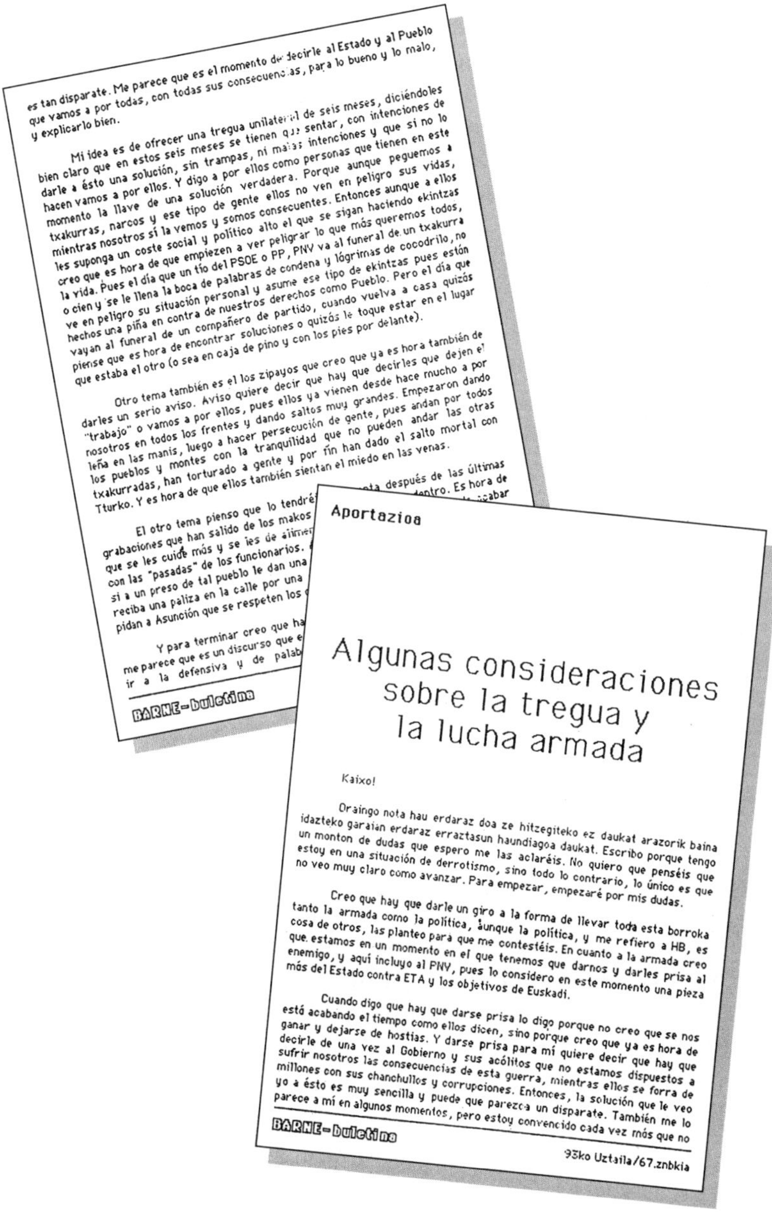

es tan disparate. Me parece que es el momento de decirle al Estado y al Pueblo que vamos a por todas, con todas sus consecuencias, para lo bueno y lo malo, y explicarlo bien.

Mi idea es de ofrecer una tregua unilateral de seis meses, diciéndoles bien claro que en estos seis meses se tienen que sentar, con intenciones de darle a ésto una solución, sin trampas, ni malas intenciones y que si no lo hacen vamos a por ellos. Y digo a por ellos como personas que tienen en este momento la llave de una solución verdadera. Porque aunque peguemos a txakurras, narcos y ese tipo de gente ellos no ven en peligro sus vidas, mientras nosotros sí la vemos y somos consecuentes. Entonces aunque a ellos les suponga un coste social y político alto el que se sigan haciendo ekintzas creo que es hora de que empiezen a ver peligrar lo que más queremos todos, la vida. Pues el día que un tío del PSOE o PP, PNV va al funeral de un txakurra o cien y se le llena la boca de palabras de condena y lógrimas de cocodrilo, no ve en peligro su situación personal y asume ese tipo de ekintzas pues están hechos una piña en contra de nuestros derechos como Pueblo. Pero el día que vayan al funeral de un compañero de partido, cuando vuelva a casa quizás piense que es hora de encontrar soluciones o quizás le toque estar en el lugar que estaba el otro (o sea en caja de pino y con los pies por delante).

Otro tema también es el los zipayos que creo que ya es hora también de darles un serio aviso. Aviso quiere decir que hay que decirles que dejen el "trabajo" o vamos a por ellos, pues ellos ya vienen desde hace mucho a por nosotros en todos los frentes y dando saltos muy grandes. Empezaron dando leña en las manis, luego a hacer persecución de gente, pues andan por todos los pueblos y montes con la tranquilidad que no pueden andar las otras txakurradas, han torturado a gente y por fin han dado el salto mortal con Tturko. Y es hora de que ellos también sientan el miedo en las venas.

El otro tema pienso que lo tendré[...]ta después de las últimas
grabaciones que han salido de los makos [...]dentro. Es hora de
que se les cuide más y se les de alimen[...]abar
con las "pasadas" de los funcionarios. [...]
si a un preso de tal pueblo le dan una [...]
reciba una paliza en la calle por una [...]
pidan a Asunción que se respeten los [...]

Y para terminar creo que ha[...]
me parece que es un discurso que e[...]
ir a la defensiva y de palab[...]

BARNE-buletina

Aportazioa

Algunas consideraciones sobre la tregua y la lucha armada

Kaixo!

Oraingo nota hau erdaraz doa ze hitzegiteko ez daukat arazorik baina idazteko garaian erdaraz erraztasun haundiagoa daukat. Escribo porque tengo un monton de dudas que espero me las aclaréis. No quiero que penséis que estoy en una situación de derrotismo, sino todo lo contrario, lo único es que no veo muy claro como avanzar. Para empezar, empezaré por mis dudas.

Creo que hay que darle un giro a la forma de llevar toda esta borroka tanto la armada como la política, aunque la política, y me refiero a HB, es cosa de otros, las planteo para que me contestéis. En cuanto a la armada creo que estamos en un momento en el que tenemos que darnos y darles prisa al enemigo, y aquí incluyo al PNV, pues lo considero en este momento una pieza más del Estado contra ETA y los objetivos de Euskadi.

Cuando digo que hay que darse prisa lo digo porque no creo que se nos está acabando el tiempo como ellos dicen, sino porque creo que ya es hora de ganar y dejarse de hostias. Y darse prisa para mí quiere decir que hay que decirle de una vez al Gobierno y sus acólitos que no estamos dispuestos a sufrir nosotros las consecuencias de esta guerra, mientras ellos se forra de millones con sus chanchullos y corrupciones. Entonces, la solución que le veo yo a ésto es muy sencilla y puede que parezca un disparate. También me lo parece a mí en algunos momentos, pero estoy convencido cada vez más que no

BARNE-buletina

93ko Uztaila/67.znbkia

Texto del Barne Buletina *de julio de 1993 en el que se propone atentar contra políticos del PSOE, PP y PNV.*

tivamente a la Policía] o cien y se le llena la boca de palabras de condena y lágrimas de cocodrilo, no ve en peligro su situación personal y asume ese tipo de *ekintzas* [atentados], pues están hechos una piña en contra de nuestros derechos como Pueblo. Pero el día que vaya al funeral de un compañero de partido, cuando vuelva a casa quizás piense que es hora de encontrar soluciones o quizás le toque estar en el lugar que estaba el otro, o sea, en caja de pino y con los pies por delante.»

Con el asesinato de Ordóñez ETA daba por cerrada la crisis que arrastraba desde la detención de su cúpula en Bidart y ponía en práctica una estrategia basada en atentados más selectivos y un incremento de la violencia callejera para desestabilizar al Estado. Como recogía de forma breve y concisa su *Zutabe* de marzo de 1995: «La lucha no se limita a un partido entre la Guardia Civil y ETA. También los políticos, quienes hasta ahora aparecían como limpios o fuera del conflicto, tienen una gran responsabilidad en el mismo.» El objetivo seguía siendo la negociación con el Gobierno, aunque sin considerarla ya como el eje de sus actividades, sino como un medio para conseguir el reconocimiento del derecho de autodeterminación.

El crimen provocó un enorme desasosiego en la dirección del PP, que lo interpretó como el inicio de un campaña contra sus militantes ante su previsible llegada al poder. Los antecedentes había que buscarlos a finales de los años setenta y principios de los ochenta, cuando la banda asesinó a un buen número de dirigentes de Unión de Centro Democrático (UCD) y de Alianza Popular (AP), aunque la última víctima había sido el senador socialista Enrique Casas, abatido a tiros en su domicilio de San Sebastián el 23 de febrero de 1984.

El periodista Pablo Muñoz, que tiempo atrás había puesto en contacto a José María Benegas con dirigentes de HB y con Jonan Fernández, líder de Elkarri, interpretó que era el momento adecuado para intentar abrir una vía de comunicación con el PP. El día del entierro de Ordóñez se encontró con José Luis López de la Calle, ex dirigente del Partido Comunista de Euskadi, que había abandonado en 1985 para aproximarse ideológicamente al PSE-PSOE. Se conocían desde

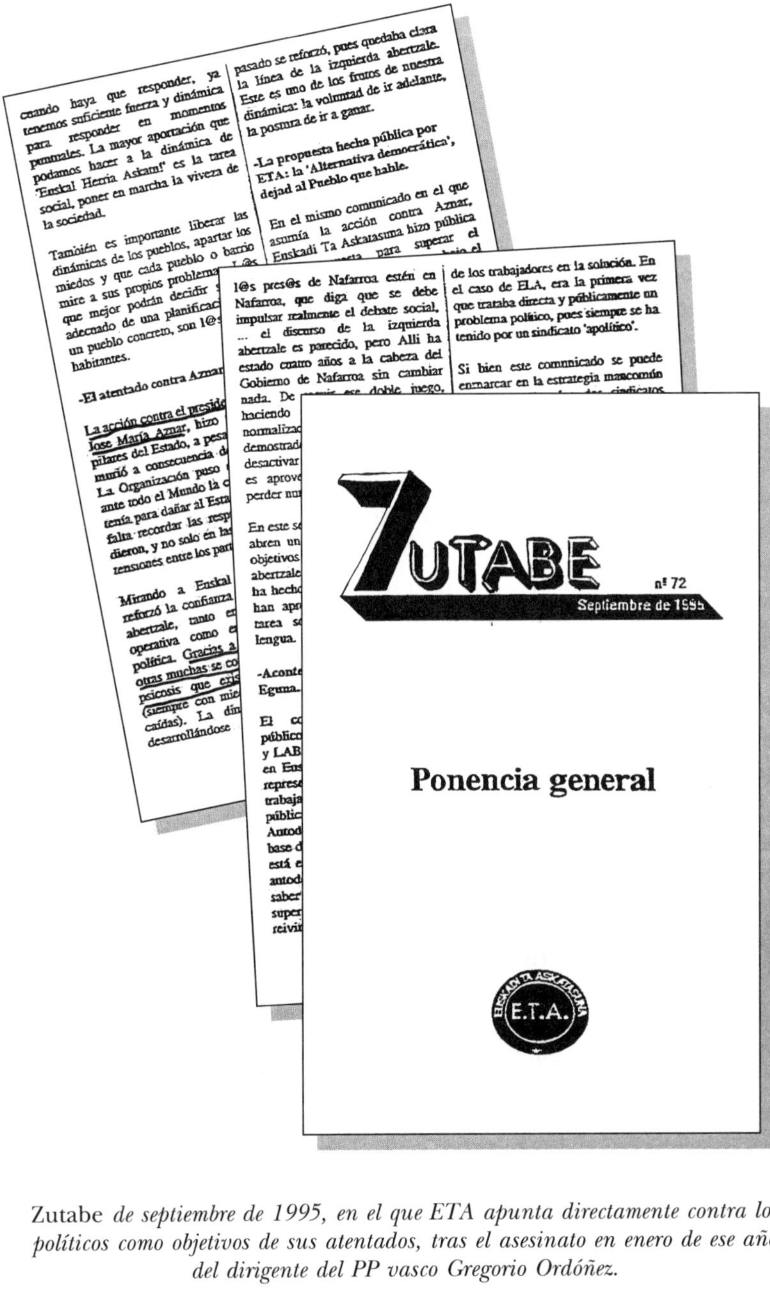

Zutabe *de septiembre de 1995, en el que ETA apunta directamente contra los políticos como objetivos de sus atentados, tras el asesinato en enero de ese año del dirigente del PP vasco Gregorio Ordóñez.*

principios de la década de los setenta, cuando Muñoz, entonces capuchino en Fuenterrabía, colaboraba con la dirección comunista, a la que pertenecía su hermana.

El encuentro sirvió para que ambos conversaran sobre la situación del País Vasco, que el periodista entendía que atravesaba un momento clave. Este primer intercambio de opiniones dio paso a una nueva cita días más tarde en torno a un mantel del restaurante Urbano, en el casco viejo de San Sebastián. Hablaron de todo, del pasado, de la familia y del futuro de Euskadi. Pablo Muñoz aseguró a su interlocutor que ETA tenía voluntad de acabar con el conflicto armado y defendió el papel que venían desempeñando Elkarri y Jonan Fernández, de quien aseguró que era la persona con mayor porvenir político. Todo ello hacía conveniente que el PP, a las puertas del poder, contactara con este movimiento social, con el que se mostraba remiso a entablar relaciones. López de la Calle citó a varias personas como posibles destinatarias del mensaje, entre ellas a su amigo Jaime Mayor Oreja, entonces presidente del PP vasco, con quien mantenía una cordial relación desde hacía al menos quince años.

Diez días más tarde, el 14 de febrero, celebraron un nuevo encuentro, en esta ocasión en el bar Barandiarán de la capital donostiarra. Llovía y hacía un frío intenso. El periodista fue directo al grano y pidió a su interlocutor que le organizara una entrevista con Mayor Oreja. La respuesta fue negativa y el amago de aproximación quedó así en el olvido. «Le dije que no porque no me creí lo que me contaba —explica López de la Calle—. Ahí quedó todo hasta que el tema trascendió a través del PNV y llamé a Jaime para contarle toda la historia. Desde entonces ni he vuelto ni quiero tener más encuentros con Pablo Muñoz.»

Jaime Mayor Oreja, el hombre elegido para iniciar la aproximación al PP, es aún más tajante: «Cuando mataron a Goyo no hubo ningún movimiento de aproximación al entorno de ETA por nuestra parte. Jonan Fernández me ha telefoneado en varias ocasiones pero nunca he querido entrevistarme con él. Tengo claro que Elkarri no es el Movimiento de Liberación Nacional Vasco, pero propugna lo mismo que él, diálogo y negociación sobre la base de la autodeterminación, y yo no creo en la negociación como fórmula ni en la independencia como estandarte.»

El dirigente popular sostiene que sus únicos contactos entre enero y mayo de 1995 fueron con el centro de estudios Gernika Gogoratuz, con cuyos dirigentes mantenía relaciones desde tiempo atrás. «Eran encuentros periódicos en los que apuntaba que cualquier iniciativa en favor del diálogo me parecía un error. Si me entrevistaba con ellos y no con Elkarri era porque, a diferencia de éstos, no tenían un diseño propio del problema, sino que se limitaban a hablar con unos y con otros.»

La inquietud generada por el asesinato de Ordóñez se hizo aún mayor apenas un mes después del crimen. Jaime Mayor Oreja, que había sido proclamado candidato a la alcaldía de San Sebastián en sustitución de su compañero, recibió una carta de un amigo periodista en la que le avisaba de un inmimente atentado de ETA contra otro dirigente de su formación. La misiva insistía en la verosimilitud de la información con un «no tengo dudas de lo que te digo», y concluía recomendándole que intentara recabar más datos en la I Conferencia para la Paz en Euskal Herría, organizada por Elkarri para los primeros días del mes de marzo. Preocupado, leyó la carta a José María Aznar y Francisco Alvarez Cascos para que el partido adoptara medidas de seguridad, pero no acudió a la convocatoria de Elkarri, de la que también se descolgaron los socialistas. Con su actitud quedaba claro que el PP no tenía la menor intención de entrar en contacto con el movimiento ciudadano, que veía cómo el protagonismo ganado con el PSOE se diluía como un azucarillo.

El atentado anunciado se cumpliría como un mal augurio y contra un objetivo insospechado: el propio presidente del partido, José María Aznar. El 19 de abril un coche-bomba estallaba en la calle José Silva de Madrid al paso del vehículo del líder popular. Un error de cuatro metros, causado por la distancia desde la que fue activado, impidió que la explosión alcanzara de lleno el coche de la víctima. La bomba fue activada mediante un sistema de cable-mando, que la banda no utilizaba desde el magnicidio del presidente del Gobierno, almirante Luis Carrero Blanco, el 20 de diciembre de 1973. Como en aquella ocasión, ETA habría cambiado el curso de la historia de haber logrado su objetivo.

Dos semanas más tarde, el 26 de abril, la banda reivindicó el atentado en un comunicado difundido por el diario *Egin* en el que aseguraba que había atacado «a uno de los representantes máximos de los enemigos que garantizan la opresión de Euskal Herría [...]. Después de que el PSOE, ahogado en la corrupción y la guerra sucia, ha fallado en la labor de desmenuzar la resistencia vasca, el PP, deseoso de relevarle en la dirección del Estado, nos quiere hacer beber el vino avinagrado del mismo tonel.»

El comunicado daba a conocer una denominada «Alternativa Democrática», que no era otra cosa que la actualización de la alternativa KAS sobre la que ETA llevaba meses trabajando. «La alternativa KAS nació como un acuerdo de condiciones mínimas para superar el conflicto. Como después de veinte años de lucha han cambiado las condiciones políticas, económicas y culturales, la actualización de la misma se ha convertido en una tarea necesaria.» En su nueva propuesta ETA afirmaba tajante que no podía haber más negociación que entre ella y el Estado, con el reconocimiento del derecho a la autodeterminación y a la unidad territorial (la integración de Navarra en la comunidad autónoma vasca) como objetivos irrenunciables. Una vez conseguidos, la banda abriría «un proceso democrático» no especificado para que los vascos decidieran su modelo de sociedad. «El derecho a la autodeterminación —recogía el documento de ETA— no es una posición política, sino un derecho democrático que nos corresponde como pueblo. Aunque el cuándo, cómo y para qué de ese derecho sea decisión de los ciudadanos vascos, hay que asegurar la aceptación del derecho porque es imprescindible para que Euskal Herría pueda decidir su futuro con absoluta libertad.»

La banda aseguraba que «si el Estado español aceptara lo que hay que acordar con él, ETA anunciaría un alto el fuego para que Euskal Herría iniciara el proceso democrático». El texto concluía de forma categórica: «El conflicto armado entre Euskal Herría y el Estado español se superará en tanto se acuerde y desarrolle la propuesta que hemos presentado.» ETA dejaba perfilada una oferta negociadora dirigida ya a un futuro interlocutor: el Gobierno del PP que se preveía tras las elecciones del 3 de marzo.

La misma noche de su victoria electoral Aznar tuvo la certeza de que no había más solución que ir a un pacto con los nacionalistas. Así se lo hicieron ver sus más directos colaboradores, entre otros Jaime Mayor Oreja, uno de sus vicesecretarios generales y miembro de la comisión negociadora que en los días sucesivos se encargó de recabar los apoyos parlamentarios necesarios para que el líder popular fuera investido presidente. El 11 de abril los populares firmaban su primer acuerdo con Coalición Canaria y el día 24 lo hacían con CiU, tras casi dos meses de duras negociaciones. En el caso de los nacionalistas canarios se trataba de un pacto de legislatura, y en el de los catalanes, de «investidura y gobernabilidad». El apoyo del nacionalismo vasco no era ya imprescindible.

«Mi miedo —recuerda Mayor Oreja— era que una vez alcanzado el pacto con CiU se despreciasen los cinco diputados del PNV por innecesarios, cuando su incorporación a los acuerdos era fundamental, no ya cuantitativamente, sino por lo que ello suponía.» Cinco días más tarde, el 29 de abril, los peneuvistas se sumaban al pacto y garantizaban su apoyo a la investidura del líder popular. El acuerdo suponía un hito sin precedentes en la historia del PNV, que nunca antes había alcanzado un acuerdo más allá del ámbito vasco y que ahora lo hacía con su enemigo declarado durante los años precedentes, el PP, que a su vez iba a flexibilizar sus criterios sobre la pacificación hasta extremos inesperados para todos. Una situación que arrebataba a ETA su principal argumento para legitimar sus posiciones y justificar una espiral de violencia contra el nuevo Gobierno, el de la vuelta al poder de la derecha más reaccionaria.

El 30 de abril, recién cerrado el acuerdo con el PNV, Jaime Mayor Oreja, ministro *in pectore* del futuro Gobierno, se reunió en el Ministerio de Justicia e Interior con Juan Alberto Belloch y Margarita Robles para preparar el traspaso de poderes. El ministro socialista aprovechó la ocasión para poner a su interlocutor al tanto de las gestiones que el Gobierno había realizado a través de Adolfo Pérez Esquivel y pedirle su visto bueno para que continuasen. Belloch llegó incluso a establecer el 2 de mayo como fecha límite para dar una respuesta al premio Nobel de la Paz. La contestación de Mayor Oreja fue escueta y clara: «Haz lo que creas oportuno, con la certeza de que no utilizaremos la información que me das, pero yo no puedo comprometer al Gobierno.» Zanjado el tema y concluida la reunión, el ministro de Justicia e Interior telefoneó varias horas más tarde a su futuro sucesor para anunciarle que había hablado con Felipe González y éste había decidido no seguir adelante con el tema. La mediación de Pérez Esquivel quedaba así en suspenso a la espera de que el PP decidiera retomarla en un futuro.

Cerrados los pactos con los nacionalistas, José María Aznar fue investido presidente de Gobierno el 4 de mayo. Dos días más tarde nombró a su primer Gabinete, con Jaime Mayor Oreja al frente del Ministerio del Interior. Finalmente, el 8 de mayo, tras la primera reunión del Consejo de Ministros, el nuevo Ejecutivo hizo pública una declaración programática en la que sentaba las líneas de su política sobre terrorismo, la cual, aseguraba, «se caracterizará por la firmeza, la unidad de las fuerzas democráticas, el imperio de la Ley, y la movilización de todas las energías morales contra quienes lo respaldan. Los pactos de Ajuria Enea, de Pamplona y de Madrid serán el marco para desarrollar tales propósitos».

«Mi proyecto pasa por buscar una política común con los partidos demócratas vascos —afirma Jaime Mayor Oreja—, y dentro de esta política es indispensable el acuerdo entre el PNV y el PP como partidos, y entre los gobiernos español y vasco. Con Francia quiero que exista un contacto permanente para que mejore la colaboración. Si como consecuencia de todo ello se produce una dinámica de cambios se podrá hablar de otras iniciativas. Mi modelo para un final dialogado de ETA es el de los poli-milis en 1981. Hubo un grupo de personas que querían terminar y protagonizaron el final, pero esa situación no se da ahora. Es más, tengo la convicción de que ETA está jugando con la idea del diálogo para justificar sus atentados, sin que tenga intención de acabar con la violencia. En este tema no hay atajos y todavía no se dan las circunstancias que permitan aplicar el artículo 10 del Pacto de Ajuria Enera de un supuesto final dialogado. Para que pueda haber diálogo tiene que haber ganas de terminar por parte de quienes matan.»

Algo a lo que ETA no parece estar dispuesta, convencida de que sólo mediante sus atentados conseguirá forzar la negociación. El primer muerto sobre la mesa del nuevo Gobierno lo puso el 20 de mayo con el asesinato en Córdoba del sargento del Ejército Miguel Angel Ayllón Díez-González. Un mes después, el 23 de junio, declaraba una tregua de una semana de duración y emplazaba al Gobierno de Aznar a pronunciarse «de manera clara y pública sobre sus intenciones para superar el conflicto entre Euskal Herría y España».

El futuro está por escribir.

CRONOLOGIA

Los principales acontecimientos a los que se alude en las páginas precedentes aparecen aquí interrelacionados, tal y como se produjeron en el tiempo, a fin de facilitar al lector su consulta y una visión global de los hechos relatados.

1989

ABRIL

18: Los portavoces de ETA en la mesa negociadora de Argel, con Eugenio Etxebeste, «Antxon», a la cabeza, son expulsados a la República Dominicana. El Gobierno argelino expulsaría en fechas sucesivas a diez etarras a Cabo Verde (9 de mayo) y once más a Venezuela (28 de mayo). Las conversaciones de Argel pasaban a formar parte de la historia.

MAYO, JUNIO Y JULIO

Los comisarios franceses Joël Cathalá y Roger Boslé se entrevistan en cárceles francesas con miembros cualificados de ETA para tantear su disposición a retomar el diálogo.

1989 (continuación)

MAYO

El ministro del Interior, José Luis Corcuera, y el secretario de Estado para la Seguridad, Rafael Vera, piden al ministro de Justicia, Enrique Múgica, que aborde la dispersión de los presos de ETA. El plan le es encargado a Antoni Asunción, director general de Instituciones Penitenciarias.

JUNIO

20: José Manuel Pagoaga Gallastegui, «Peixoto», es detenido en Francia. Al día siguiente el juez Michel Legrand lo pone en libertad sin cargos.

JULIO

11: La Policía francesa detiene en Bayona a Eloy Uriarte, «señor Robles», responsable del aparato financiero y logístico de ETA. Dos días más tarde queda en libertad y es confinado en un departamento.

19: ETA asesina a tiros al coronel José Martín Posadillo y al comandante Ignacio Julio Baragua en las proximidades del Gobierno Militar de Madrid.

AGOSTO

12: La madre de un funcionario de Prisiones muere en Granada al abrir un paquete-bomba dirigido a su hijo. ETA responde a la política de dispersión iniciada con sus presos.

SEPTIEMBRE

12: La banda terrorista asesina a la fiscal Carmen Tagle en las proximidades de su domicilio en Madrid.

1989 (continuación)

16: Tiroteo en el peaje de la autopista Bilbao-Behovia. Mueren los etarras Juan Oyarbide, «Txiribita», y Manuel Urionabarrenechea, «Manu», y es detenido Juan Arruti, «Paterra».

OCTUBRE-NOVIEMBRE

Rafael Vera contacta con Rafael de Francisco, presidente de THM Control Electrónico Integrado, S.A. y ex alto cargo de Interior hasta 1988, para proponerle que haga de intermediario con «Antxon» en Santo Domingo.

OCTUBRE

29: El PSOE gana las elecciones generales por tercera vez consecutiva con mayoría absoluta.

NOVIEMBRE

El comisario Jöel Cathalá se entrevista en prisión con el dirigente etarra José Luis Arrieta Zubimendi, «Azkoiti», que pide consejo a la dirección sobre la conveniencia de aceptar estos encuentros. Rafael Vera envía un fax a «Antxon» anunciándole el inminente viaje a Santo Domingo de un intermediario para retomar los contactos.

3: El Consejo de Ministros releva a Julen Elgorriaga como delegado del Gobierno en el País Vasco. Juan Manuel Eguiagaray le sustituye en diciembre de este mismo año.

17: ETA asesina en la glorieta de Atocha al teniente coronel del Ejército de Tierra José Martínez Moreno. Es el último atentado del comando Itinerante, integrado por ciudadanos franceses, antes de ser desarticulado.

1989 (continuación)

20: Un comando ultra asesina a tiros al diputado de HB Josu Muguruza e hiere de gravedad a Iñaki Esnaola en un atentado perpetrado en el hotel Alcalá de Madrid.

24: ETA secuestra al industrial navarro Adolfo Villoslada.

1990

ENERO

12: El dirigente etarra Isidro Garalde, «Mamarru», abandona la cárcel tras cumplir una condena de cinco años y es confinado en la localidad de Gueret, en el noroeste de Francia.

FEBRERO

16: El industrial Adolfo Villoslada es liberado cerca de Pamplona. El Ministerio del Interior advierte que no cambiará su política antiterrorista y dice que «no hay negociación posible» con los terroristas.

27: Fernando de Mateo Lage, presidente de la Audiencia Nacional, resulta gravemente herido al explotarle en las manos un paquete-bomba. ETA inicia una campaña de cartas-bomba entre cuyos destinatarios están el fiscal Eduardo Fungairiño y el ministro del Interior, José Luis Corcuera. En ambos casos los artefactos son desactivados.

MARZO

2: La Policía desbarata un plan de fuga de cuatro presos de ETA de la cárcel Sevilla-2, entre ellos José Ignacio de Juana Chaos, ex jefe del comando Madrid.

1990 (continuación)

11: La Mesa Nacional de HB acepta la dimisión de Iñaki Esnaola, presentada con carácter irrevocable el 30 de enero. El abogado abertzale cede su escaño de diputado en Madrid a Rafael Díez Usabiaga y renuncia a la defensa de decenas de presos de ETA. Las secuelas del atentado del hotel Alcalá y su paulatino distanciamiento de la línea oficial de la coalición le llevan a declarar que comprende los sufrimientos de las víctimas del terrorismo.

13: El diario *Egin* publica un comunicado de la banda en el que ésta expresa su «voluntad de retomar las conversaciones políticas y respetar los acuerdos de Argel». Este mismo día ETA hiere a tiros al funcionario de la prisión donostiarra de Martutene Angel Mota. Los funcionarios se declaran en huelga y la banda terrorista intensifica su campaña de cartas-bomba para poner fin a la política de dispersión.

15: Primer viaje de Rafael de Francisco a Santo Domingo para contactar con «Antxon». El encuentro tiene lugar en el hotel Sheraton de la capital dominicana. El interlocutor oficial pide al portavoz etarra una tregua como paso previo a su traslado a otro país por determinar, donde se retomarían las negociaciones.

ABRIL

2: Segundo viaje de Rafael de Francisco a Santo Domingo para entrevistarse con «Antxon», que en lo sucesivo se referirá a él con el apodo de «el botijero». ETA descarta la tregua previa y pide la incorporación a la mesa negociadora de los jefes etarras presos en Francia «Txikierdi» y «Josu Ternera» y del confinado «Mamarru». Este mismo día la Guardia Civil detiene en un control, en la localidad sevillana de Santiponce, al súbdito francés Henri Parot, jefe del comando Itinerante de ETA, que transportaba trescientos treinta kilos de amonal para volar la Jefatura Superior de Policía de Sevilla.

12: Isidro Garalde, «Mamarru», es detenido por la Policía en la localidad francesa de Douai, acusado de haber instruido al comando Itinerante.

22: Tercer viaje de Rafael de Francisco a la República Dominicana. Pide dos meses de tregua tácita, no declarada, para iniciar la negociación. Se compromete al traslado de la Mesa de Argel a otro país y a la futura incorporación a ésta de «Txikierdi». Este mismo día, ETA anuncia que la Expo´92 será uno de los objetivos prioritarios de sus acciones. Tres días antes, el comisario general de la Expo, Manuel Olivencia, había recibido un paquete-bomba que amputó una mano y destrozó la otra a su secretaria, Carmen de Felipe.

JUNIO

9: Cuarto viaje de Rafael de Francisco. Acude enfermo y su encuentro con el portavoz de ETA apenas si tiene contenido. La banda rechaza la tregua previa exigida por Vera.

20: Quinto viaje de Rafael de Francisco. El intermediario oficial propone Suecia como futuro escenario de los contactos, adonde serían trasladados los portavoces de la banda, con el compromiso de la paulatina incorporación de otros etarras. Insiste en la petición de tregua.

JULIO

4: El Tribunal Correccional de París condena al dirigente etarra Santiago Arróspide, «Santi Potros», a diez años de prisión por los delitos de asociación de malhechores y tenencia ilícita de armas. Es la condena más larga impuesta hasta ese momento a un terrorista en el país vecino.

29: El ultraderechista Ricardo Sáenz de Ynestrilla y el policía Angel Duce son detenidos como presuntos autores materiales del asesinato del diputado Josu Muguruza.

1990 (continuación)

AGOSTO

Sexto y último viaje de Rafael de Francisco a Santo Domingo para entrevistarse con «Antxon». Este ofrece una tregua de quince días. Los dos interlocutores proponen un nuevo encuentro para el mes de septiembre. A su regreso, Vera comunica a De Francisco que no volverá a entrevistarse con el portavoz etarra y da por zanjados los contactos en la República Dominicana.

SEPTIEMBRE

24: La Policía francesa detiene en Biarritz a José Javier Zabaleta Elósegui, «Baldo», número dos de la banda y responsable de sus comandos legales.

25: El Tribunal de Apelación de Limoges concede la extradición a España de Juan Lorenzo Lasa Mitxelena, «Txikierdi».

OCTUBRE

12: La dirección de ETA afirma que existen «contactos con el Gobierno español» en una entrevista que publica el diario *Egin*.

28: Elecciones autonómicas en el País Vasco con victoria del PNV, que pasa de 17 a 20 escaños. El PSE-PSOE pierde 3 diputados y se queda en 16. HB se mantiene como tercera fuerza política vasca, con 13 representantes.

NOVIEMBRE

17: Carmen Guisasola, máxima responsable de los comandos operativos de la banda, es detenida en un control de carreteras en las proximidades de Bayona.

1990 (continuación)

26: El Tribunal Correccional de París condena a diez años al jefe etarra José Antonio Urruticoechea, «Josu Ternera», por el delito de asociación de malhechores con fines terroristas.

DICIEMBRE

Manuel Avilés es nombrado director de la prisión de Nanclares de Oca, desde la que se dirige la política de reinserción.

5: Rafael Vera da oficialmente por rotos los contactos en Santo Domingo con un fax enviado a «Antxon» en el que acusa a ETA de revelar los contactos y de negarse a decretar una tregua.

8: Seis policías mueren en Sabadell al estallar un coche-bomba cargado de amonal.

18: Félix Hernando, comandante de la Guardia Civil, viaja a Santo Domingo por indicación de Vera para trasladar el mensaje de que tras el coche-bomba de Sabadell ya no es suficiente una tregua de dos meses para reanudar los contactos, sino un largo periodo sin asesinatos.

1991

ENERO

23: «Antxon» reclama a las autoridades dominicanas que le custodian la presencia de Rafael de Francisco en Santo Domingo para dirimir las diferencias.

FEBRERO

7: Rafael Vera se entrevista con los dirigentes de HB Iñigo Iruin e Iñaki Aldekoa en el restaurante Araceli, en San Agustín de Guadalix. El secretario de Estado de Interior intenta una aproximación a la coalición abertzale y se compromete a viajar a Santo Domingo si ETA expresa su voluntad de ofrecer una tregua.

MARZO

18: Detenido en Biarritz Jesús Arcauz Arana, «Josu de Mondragón».

ABRIL

3: «Antxon» se entrevista con el general Fernando A. Sánchez Aybar, nuevo responsabale del DNI, los servicios secretos dominicanos, a quien transmite un mensaje dirigido a Vera: ETA está dispuesta a tratar la propuesta de dos meses de tregua, pero para ello es necesaria una entrevista directa en Santo Domingo.

11: Escala de Rafael Vera en la República Dominicana a su regreso de un viaje a Chile y Bolivia.

MAYO

6: Las autoridades dominicanas comunican a «Antxon» que no quieren hacer de intermediarios con el Gobierno español. No hay contestación a la propuesta del 3 de abril.

14: «Antxon» telefonea a Rafael Vera para que se traslade a Santo Domingo a desbloquear la situación. El número dos de Interior responde que no habrá encuentro si ETA no anuncia antes una tregua.

28: Segunda entrevista de Rafael Vera con la delegación de HB en el restaurante Araceli. El secretario de Estado insiste en que si ETA decreta una tregua viajará a Santo Domingo. Iñigo Iruin afirma que han recibido otras ofertas negociadoras a través de un intermediario de Presidencia de Gobierno.

29: Coche-bomba contra el cuartel de la Guardia Civil de Vic. Mueren nueve personas, cinco de ellas niños. Los autores del atentado, los etarras Joan Carles Monteagudo Povo y Juan Félix Erezuma, mueren al día siguiente en un enfrentamiento con agentes de la Benemérita.

JUNIO

11: Comienza en la Audiencia Nacional la vista oral contra los policías José Amedo y Míchel Domínguez por su vinculación con los GAL.

JULIO

6: El grupo independentista catalán Terra Lliure aprueba un documento en el que anuncia su renuncia a la lucha armada y el inicio de una tregua indefinida a partir del día siguiente.

AGOSTO

10: Conversación telefónica entre Luis Roldán, director general de la Guardia Civil, y Patxi Zabaleta, parlamentario navarro por HB, en la que el primero pide que la coalición abertzale facilite la reelección de Gabriel Urralburu como presidente foral a cambio de iniciar un nuevo proceso de diálogo.

17: Enfrentamiento en San Sebastián entre los integrantes del comando Donosti y la Guardia Civil. Mueren los etarras Patxi Itziar, Iñaki Ormaechea y Jokin Leunda.

1991 (continuación)

29: El etarra Juan María Ormazábal, «Turco», muere en Bilbao en un tiroteo con la Ertzaintza en el que pierde también la vida el policía autónomo Alfonso Menchaca Lejona.

SEPTIEMBRE

El Centro de Estudios para la Paz Gernika Gogoratuz, constituido en noviembre de 1987 bajo los auspicios del Parlamento vasco, inicia su labor mediadora organizando un encuentro con trece políticos vascos en el estado norteamericano de Virginia. Desde este momento mantendrá encuentros periódicos con todos los partidos vascos y hará de puente entre Rafael Vera y Rafael Díez Usabiaga.

20: La Audiencia Nacional condena a más de un siglo de prisión a los policías Amedo y Domínguez.

OCTUBRE

7: Francia extradita al etarra Iñaki Pujana, «Alain Delon», primer dirigente etarra que es entregado por las autoridades galas.

17: Triple atentado en Madrid. Una bomba colocada en los bajos de su coche hiere de gravedad a la funcionaria de la comisaría de Los Cármenes María Jesús González Gutiérrez y a su hija Irene Villa. Otra bomba-lapa acaba con la vida del teniente Francisco Carballar Muñoz y un tercer artefacto explosivo amputa las piernas al comandante Rafael Villalobos.

25: Rafael Vera acusa a HB de dirigir a ETA.

NOVIEMBRE

3: Juan María Atutxa, consejero de Interior del Gobierno Vasco, redunda en las declaraciones de Vera y afirma que «un sector de HB manda en ETA».

1991 (continuación)

7: Una bomba colocada en el coche del guardia civil Antonio Moreno Chica causa la muerte a su hijo de dos años Fabio Moreno.

9: Antoni Asunción y Manuel Avilés se reúnen con los presos etarras Juan Antonio Aurtenetxe e Isidro Etxabe, «Zumai», y pactan grabarles una conversación crítica con la banda.

14: El Congreso de los Diputados aprueba con 187 votos a favor, 107 en contra y una abstención el proyecto de Ley de Seguridad Ciudadana.

DICIEMBRE

1: La Cadena SER desvela el contenido de las cintas grabadas a los presos etarras Isidro Etxabe y Juan Antonio Aurteneche en las que critican abiertamente los atentados de ETA.

28: La Guardia Civil vigila un encuentro entre Francisco José Rollán Rodríguez y el jefe etarra José Luis Alvarez Santacristina, «Txelis», en la localidad francesa de Guethary. Se inicia la «operación Broma-Queso» contra la cúpula de ETA.

1992

ENERO

15: Un comando de ETA asesina en Valencia al catedrático Manuel Broseta Pont, secretario de Estado de Autonomías entre 1980 y 1982.

28: Los parlamentarios de HB se personan en el Palacio de La Moncloa para entregar una carta a Felipe González en la que instan al Ejecutivo a negociar «políticamente» con ETA.

1992 (continuación)

FEBRERO

6: Un coche-bomba aparcado en las proximidades de la Capitanía General de Madrid causa la muerte a las cinco personas que viajaban en un vehículo militar.

9: ETA reivindica la matanza de Madrid y anuncia que piensa seguir matando «hasta el siglo XXI».

19: Dos muertos y dieciocho heridos en Santander al estallar un coche-bomba al paso de un furgón policial.

MARZO

13: Entra en vigor la Ley de Seguridad Ciudadana.

16: El Tribunal Supremo confirma la sentencia que condenó a Amedo y Domínguez.

29: La Policía francesa detiene en Bidart a la cúpula de ETA, integrada por Francisco Múgica, «Pakito»; José Luis Alvarez Santacristina, «Txelis», y José María Arregui Erostarbe, «Fitti».

ABRIL

5: Las autoridades francesas conceden la extradición de Juan Lorenzo Lasa Mitxelena, «Txikierdi»

10: «Txikierdi» ingresa en la prisión madrileña de Alcalá-Meco.

11: Eligio Hernández toma posesión como fiscal general del Estado en sustitución de Leopoldo Torres.

14: PNV, PSE-PSOE y HB llegan a un acuerdo sobre el trazado de la autovía de Leitzaran.

28: Sabino Euba, «Pelo Pintxo», considerado uno de los jefes de finanzas de ETA, es detenido en el aeropuerto de París cuando pretendía coger un vuelo con destino a México.

MAYO

Los representantes de ETA en las negociaciones con el Gobierno («Antxon», «Macario» y Belén) remiten tres documentos a la dirección en los que expresan su profunda desmoralización por la situación que viven y critican la estrategia desplegada por la organización.

4: José Luis Ansola, «Pello el Viejo», es detenido en el sur de Francia en el transcurso de una operación policial en la que son detenidas otras cuarenta y dos personas.

9: La Guardia Civil desarticula el comando Askatu y detiene, entre otros, a Francisco Javier Rollán, cuyo seguimiento permitió llegar hasta la cúpula de ETA en Bidart.

27: Rafael Vera y Manuel Ballesteros viajan a Roma para entrevistarse en secreto con los abogados Iñaki Esnaola y Christianne Fando, con el propósito de que José Luis Arrieta Zubimendi, «Azkoiti», lidere un nuevo proceso de contactos. Se reactiva la «operación Azkoiti», paralizada durante los contactos con «Antxon» en Santo Domingo.

31: La Policía detiene en Bayona a la segunda dirección de ETA, integrada por Iñaki Bilbao Beascoechea, «Iñaki de Lemona», y Rosario Picabea, «Errota».

JUNIO

«Azkoiti» recibe la visita en prisión del comisario Joël Cathalá, quien le propone ser el nuevo interlocutor de la banda. Días después acude a verle Iñaki Esnaola, quien le transmite una oferta de Vera consistente en su excarcelación y residencia en el País Vasco francés como punto de partida de unas nuevas conversaciones, en el transcurso de las cuales ETA debe decretar una tregua.

5: Se inicia una ronda de conversaciones entre el PNV y HB para intentar encontrar un diagnóstico común a la violencia. Este mismo día, Miguel Angel Gil Cervera y Luis Ignacio Iruretagoiena son detenidos en París. En su domicilio se incauta abundante material para la fabricación de explosivos.

10: La Mesa Nacional de HB decide la expulsión de Txema Montero por «situarse fuera de la dinámica política y orgánica» de la coalición. El motivo es un artículo publicado en el diario vasco *Deia* en el que defiende el Estatuto de Gernika como instrumento suficiente para trabajar por la independencia de Euskadi.

23: La coalición abertzale difunde un comunicado en el que amenaza veladamente a los periodistas por su política informativa con los presos de ETA.

26: Por segundo año consecutivo, la banda terrorista inicia una campaña de atentados en Italia.

JULIO

Iñigo Iruin se entrevista en Madrid con José María Benegas y le traslada una propuesta de la Mesa Nacional de HB para abrir un diálogo con el PSOE. La iniciativa trasciende y los contactos se malogran.

5: «Azkoiti» abandona la prisión de Pau y es trasladado a Corbéres les Cabanes. Había sido detenido el 7 de noviembre de 1986 en la cooperativa Sokoa y condenado a cinco años de prisión.

11: ETA difunde un comunicado a través del diario *Egin* en el que ofrece una tregua de dos meses si el Gobierno español «acepta una negociación política en un país neutral». El periodo sin atentados abarca la celebración de los Juegos Olímpicos de Barcelona.

20: *Egin* publica unas declaraciones de «Azkoiti» en las que desmiente ser el intermediario de nadie y pide al Gobierno que contacte con ETA en Santo Domingo.

22: Concluyen sin resultados las conversaciones PNV-HB iniciadas en junio.

24: Comienzan los Juegos Olímpicos de Barcelona.

AGOSTO

3: La Policía francesa detiene en Burdeos al dirigente etarra Faustino Estanislao Villanueva, «Txapu».

17: ETA asesina en Oyarzun a los guardias civiles José Manuel Fernández Lozano y Juan Manuel Martínez Gil.

18: ETA reitera en un nuevo comunicado la oferta de tregua realizada el 10 de julio y anuncia que continuará matando hasta forzar la negociación política.

OCTUBRE

Juan Antonio Urrutia e Isidro Etxabe, «Zumai», son clasificados en tercer grado al cumplirse un año desde que trascendieran sus críticas a ETA.

21: Francia extradita a Isidro Garalde, «Mamarru», que ingresa en la prisión de Alcalá-Meco.

NOVIEMBRE

«Azkoiti» reclama la colaboración del ex dirigente etarra Juan José Etxabe Orobengoa, que abandonó la organización en 1971. Etxabe se entrevista en fechas sucesivas con el comisario francés Joël Cathalá, con históricos de la organización y con miembros de la dirección de HB.

DICIEMBRE

Juan José Etxabe visita en prisión a Francisco Múgica, «Pakito», para pedirle que avale a «Azkoiti» y apoye la declaración de una tregua.

10: José María Arregui, «Fitti», es condenado a diez años de reclusión por el Tribunal Correccional de París.

20: Asamblea fundacional del Movimiento Social Elkarri, que nace con la voluntad de propiciar el diálogo para acabar con la violencia.

1993

ENERO

13: Rafael Vera se reúne en París con la juez Laurence Le Vert, la fiscal Stoler y los comisarios Cathalá y Roger Marion para intentar impulsar la «operación Azkoiti». El encuentro se celebra sin conocimiento del ministro del Interior galo, Paul Quiles, pero trasciende y provoca un grave incidente.

19: El empresario hostelero y ex jugador de la Real Sociedad José Antonio Santamaría es asesinado en San Sebastián de un tiro en la nuca. Días más tarde, el abogado de la víctima, Fernando Múgica, entra en contacto con el ex director de *Egin*, Pablo Muñoz, a quien plantea la necesidad de acabar con la violencia. Este encuentro provoca uno posterior con José María Benegas.

1993 (continuación)

24: Comienza en la Audiencia Nacional el juicio por el asesinato de Josu Muguruza.

FEBRERO

3: Los abogados de HB Txema Gorostiza y Arantza Zulueta son detenidos tras grabarles en prisión una conversación con el preso etarra Ignacio de Juana Chaos en la que se plantea la conveniencia de atentar contra directores de cárceles para acabar con la dispersión. Manuel Avilés, uno de los objetivos, es trasladado de la prisión de Nanclares de Oca a la de Valencia.

5: La juez Le Vert ordena el traslado de «Azkoiti» a París. El etarra es instalado en un piso con Eloy Uriarte, «señor Robles», y José Luis Ansola, «Pello el Viejo», en un intento por acumular apoyos en favor del primero.

10: El pleno del Senado concede el suplicatorio para que el Tribunal Supremo pueda juzgar al senador de HB Iñigo Iruin, acusado de participar en el cobro del impuesto revolucionario.

15: Desmantelada en Bidart una fábrica de armas y explosivos de ETA. La mujer de «Azkoiti», Itziar Imaz, es detenida en Bayona.

16: José Manuel Pagoaga, «Peixoto», es detenido y encarcelado. El 5 de marzo es trasladado al mismo piso de París en el que conviven varios dirigentes etarras a los que se quiere implicar en la «operación Azkoiti».

17: Declaración conjunta en el diario *Egin* de «Azkoiti», «señor Robles» y «Pello el Viejo» en la que desmienten liderar una corriente crítica y formar parte de una facción blanda de la organización.

26: La Audiencia Nacional absuelve al ultra Ricardo Sáenz de Ynestrillas y condena al policía Angel Duce por el asesinato del diputado de HB Josu Muguruza el 20 de noviembre de 1989.

MARZO

Primer encuentro personal entre José María Benegas y Jonan Fernández, líder de Elkarri, organizado por el periodista Pablo Muñoz, amigo de ambos. Las entrevistas entre ambos serían habituales en los meses siguientes.

30: Charles Pasqua es nombrado nuevo ministro del Interior francés, cargo que ya ocupó entre 1986 y 1988.

ABRIL

7: ETA envía una carta a Rafael Vera a través de Gernika Gogoratuz en la que le pide que clarifique los mensajes negociadores que la banda recibe por distintos canales. La misiva está fechada el 15 de marzo.

JUNIO

1: ETA emplaza al Gobierno a abordar «desde hoy mismo el camino del diálogo sin dilación. La negociación política tiene que estar por encima de fechas electorales concretas».

6: Elecciones generales. El PSOE vuelve a vencer, aunque pierde la mayoría absoluta. El juez Baltasar Garzón ocupa el segundo puesto de la lista por Madrid, tras Felipe González. Jonan Fernández, de Elkarri, escribe sendas cartas al presidente del Gobierno y a ETA pidiéndoles que retomen los contactos.

18: El Tribunal Correccional de París condena a diez años de prisión a Francisco Múgica Garmendia, «Pakito».

1993 (continuación)

22: Mueren los siete ocupantes de una furgoneta camuflada del Ejército al estallar un coche-bomba en Madrid.

JULIO

5: Julio Iglesias Zamora es secuestrado en San Sebastián.

AGOSTO

6: La Policía detiene en París a Carlos Almorza Arrieta, «Pedrito de Andoain».

OCTUBRE

Jonan Fernández propone a José María Benegas establecer un espacio secreto de diálogo entre el Gobierno y ETA. Ambos acuerdan que el líder de Elkarri traslade la propuesta a «Antxon» en Santo Domingo.

29: Julio Iglesias es liberado en la subida al monte Arrate, en Eibar, después de ciento diecisiete días se secuestro.

NOVIEMBRE

18: El Tribunal Constitucional declara inconstitucional el apartado número 2 del artículo 21 de la Ley de Seguridad Ciudadana, que permitía la entrada en un domicilio sin previa autorización judicial.

19: El ministro del Interior, José Luis Corcuera, presenta la dimisión como consecuencia del fallo del Constitucional.

21: Jonan Fernández, líder de Elkarri, viaja a Santo Domingo para entrevistarse con «Antxon» y trasladarle la oferta pactada con Benegas en el mes de octubre. El portavoz de ETA designa al Frente Negociador de HB, integrado por Karmelo Landa, Rafael Díez Usabiaga y José Luis Elkoro.

22: ETA asesina a tiros al sargento mayor de la Ertzaintza, Antonio Goicoechea Asla.

24: Antoni Asunción es nombrado nuevo titular de Interior. Toma posesión del cargo al día siguiente y anuncia que no cree en el diálogo con ETA.

30: Carta del Frente Negociador de ETA en la que se pide un contacto con Vera y Benegas para acabar con el impasse creado tras la dimisión de Corcuera.

DICIEMBRE

1: ETA asume el asesinato de Antonio Goicoechea Asla y solicita la mediación internacional para buscar soluciones políticas al conflicto. En su comunicado alude a la multiplicidad de mensajes recibidos y los descalifica por su escasa credibilidad.

3: Ferrán Cardenal, nuevo director general de la Guardia Civil en sustitución de Luis Roldán.

17: HB declara que la actitud de Asunción bloquea el fin de la violencia.

22: Antoni Asunción difunde varias conversaciones grabadas a José Antonio López Ruiz, «Kubati», críticas con ETA. Durante meses había intentado que el preso etarra liderara una lista de cien terroristas contra la violencia. La operación se había iniciado a través del también preso etarra José Miguel Latasa, «Fermín», compañero del anterior en el comando Gohierri Costa.

28: El Consejo de Ministros acuerda el paso del Plan Nacional sobre Drogas, dirigido por Baltasar Garzón, del Ministerio de Asuntos Sociales al del Interior.

ENERO

4: Antoni Asunción anuncia la salida de Rafael Vera del Ministerio del Interior para finales de mes.

8: José María Benegas y Rafael Vera se entrevistan con el Frente Negociador de HB, integrado por José Luis Elkoro, Rafael Díez Usabiaga y Karmelo Landa, sin conocimiento previo del ministro del Interior.

29: Segunda reunión con el Frente Negociador, a la que asiste tan sólo Benegas.

FEBRERO

14: El Frente Negociador da por rotos los contactos al prohibir Asunción que sus integrantes se entrevisten con «Antxon» en Santo Domingo para explicarle las dos reuniones anteriores.

MARZO

15: Elkarri envía una carta al ministro francés del Interior, Charles Pasqua, en la que le pide que intervenga para intentar convencer al Gobierno español de que continúe por la vía del diálogo con ETA.

ABRIL

29: Antoni Asunción dimite como ministro del Interior tras la fuga de Luis Roldán, que era investigado en los tribunales por su enriquecimiento ilícito mientras fue director general de la Guardia Civil. El dimisionario propone a Juan Alberto Belloch, ministro de Justicia, para sucederlo.

1994 (continuación)

MAYO

5: Felipe González anuncia la fusión de los ministerios de Justicia e Interior y el nombramiento de Belloch al frente del nuevo departamento.

6: Belloch toma posesión de su cargo y anuncia que si Baltasar Garzón le presenta la dimisión la aceptaría. El magistrado abandona días después el departamento y regresa a la Audiencia Nacional. El nuevo ministro anuncia que no es partidario del diálogo con ETA y cede cualquier exploración en este terreno a los partidos. Se declara también a favor de la concesión del tercer grado a Amedo y Domínguez. Margarita Robles es nombrada viceministra de Interior, y María Teresa Fernández de la Vega, de Justicia.

JUNIO

12: Elecciones al Parlamento Europeo. El PP vence al PSOE por primera vez en una consulta electoral.

JULIO

Belloch impulsa la política de reinserción con nuevas excarcelaciones de presos de ETA.

29: ETA asesina en Madrid al teniente general Francisco Veguillas Elices, director general de Política de Defensa y hombre de la máxima confianza del vicepresidente Narcís Serra. Arrecian las críticas del PP a la política de reinserción y los pactos de Madrid y Ajuria Enea viven sus peores momentos ante la falta de consenso entre los partidos. El terrorismo pasa a ser utilizado como arma electoral.

1994 (continuación)

AGOSTO

4: ETA expulsa a José Miguel Latasa, «Fermín», por «traidor».

31: El Ejército Republicano Irlandés (IRA) anuncia un alto el fuego incondicional, tal y como exigía el Gobierno de Londres para negociar. La tregua se prolonga durante diecisiete meses, hasta el 9 de febrero de 1996.

DICIEMBRE

Estalla el «caso GAL» con las revelaciones de los ex policías Amedo y Domínguez. El juez Baltasar Garzón encarcela a altos cargos de Interior por organizar la guerra sucia contra ETA.

1995

ENERO

23: El comando Donosti de ETA asesina en San Sebastián al dirigente del PP vasco y candidato a la alcaldía de la ciudad, Gregorio Ordóñez. La banda inicia una nueva estrategia con atentados más selectivos y un incremento de la violencia callejera para desestabilizar al Estado. El periodista Pablo Muñoz intenta abrir una vía de comunicación entre Elkarri y el PP.

FEBRERO

16: El juez Baltasar Garzón encarcela a Rafael Vera por su implicación en la trama de los GAL.

27: Luis Roldán se entrega a la Policía española en Laos tras casi un año de fuga. Al día siguiente ingresa en la prisión abulense de Brieva.

MARZO

Elkarri celebra la I Conferencia para la Paz en Euskal Herría, a la que asisten todas las formaciones políticas vascas salvo los socialistas y los populares.

ABRIL

19: Un coche-bomba estalla al paso del vehículo del presidente del PP, José María Aznar, que resulta herido leve.

26: ETA reivindica el atentado contra Aznar en un comunicado publicado en *Egin* y presenta su nueva propuesta negociadora, que denomina «alternativa democrática».

MAYO

8: La banda terrorista secuestra al industrial vasco José María Aldaya cuando regresaba a su domicilio en Hondarribia. La víctima permaneció en poder de sus captores hasta el 14 de abril de 1996.

28: Elecciones municipales y autonómicas. El PP desplaza al PSOE del poder en ayuntamientos y comunidades.

JUNIO

Tres emisarios de ETA se entrevistan en Buenos Aires con Adolfo Pérez Esquivel, premio Nobel de la Paz en 1980, para pedirle que haga de interlocutor con el Gobierno español. Esquivel acepta y desde este momento intercambia mensajes con la viceministra de Interior, Margarita Robles.

19: Coche-bomba de ETA en el centro de Madrid. Muere el policía municipal Jesús Rebollo García. El atentado da paso a seis meses sin actividad armada, el periodo de tiempo exigido por el Gobierno para retomar los contactos con la banda. Xabier Arzalluz asegura al ministro Belloch que se trata de un tregua tácita y le pide que convoque a los firmantes del Pacto de Madrid para responder a la decisión de los terroristas.

27: Los GRAPO secuestran al empresario Publio Cordón en Zaragoza.

JULIO

5: Juan María Atutxa propone mantener contactor informales con ETA.

AGOSTO

9: La Policía detiene en Palma de Mallorca a tres etarras que preparaban un atentado contra el Rey.

19: ETA afirma que no pudo asesinar al Rey en Mallorca por «complicaciones técnicas».

DICIEMBRE

11: Un coche-bomba estalla al paso de una furgoneta de la Armada en el Puente de Vallecas y causa la muerte a seis personas. El atentado se produce ocho días antes de que se cumplan los seis meses sin atentados. Arzalluz afirma que se ha cerrado la última esperanza para la paz.

1995 (continuación)

12: Arzalluz dice que con el atentado de Madrid ETA ha cerrado por muchos años la posibilidad de un final dialogado a la violencia.

16: Josefina Correra muere al estallar una bomba en El Corte Inglés de Valencia.

19: El enfrentamiento entre PNV y PP impide que haya consenso para convocar el Pacto de Madrid.

20: Felipe González anuncia el 3 de marzo como fecha más probable para la celebración de las elecciones generales.

22: ETA asesina en León al comandante de Artillería Luciano Cortizo.

28: El juez Carlos Bueren pide la extradición de Eugenio Etxebeste, «Antxon».

1996

ENERO

11: El *lehendakari* José Antonio Ardanza convoca el Pacto de Ajuria Enea tras los últimos atentados, en un intento de impedir que el terrorismo sea utilizado como arma electoral entre los partidos.

14: Comunicado de ETA en el diario *Egin* en el que alude, sin citarlas, a las gestiones de Pérez Esquivel. La banda afirma de forma críptica que ha hecho llegar al Presidente del Gobierno, Felipe González, una propuesta negociadora que no ha tenido respuesta.

16: El ministro de Justicia e Interior, Juan Alberto Belloch, convoca el Pacto de Madrid para lograr la unidad de los demócratas contra ETA. Los asistentes se comprometen a no instrumentalizar de forma partidista el problema del terrorismo durante la inminente campaña electoral.

17: ETA secuestra al funcionario de prisiones José Antonio Ortega. Tres días más tarde se atribuye la autoría y exige al Gobierno que ponga fin a la dispersión de sus presos.

FEBRERO

6: El abogado y dirigente socialista Fernando Múgica es asesinado de un tiro en la nuca cuando abandonaba su despacho en San Sebastián.

14: ETA asesina a tiros en Madrid al catedrático y jurista Francisco Tomás y Valiente, presidente del Tribunal Constitucional entre 1986 y 1992.

MARZO

3: Elecciones generales. El PP consigue la victoria, aunque muy lejos de los resultados vaticinados por las encuestas y de la mayoría absoluta. Pasa de 141 a 156 escaños. Los socialistas pierden dieciocho diputados y se quedan en 141. IU consigue 21 representantes, por 16 de CiU, 5 de PNV y 4 de Coalición Canaria. Se hace imprescindible un pacto con los nacionalistas para que José María Aznar sea investido presidente.

25: La Ertzaintza detiene en Oyarzun al etarra Valentín Lasarte Olide, miembro del comando Donosti de ETA responsable de numerosos asesinatos, entre ellos los de Gregorio Ordóñez y Fernando Múgica.

ABRIL

1: Se abre formalmente la ronda de reuniones negociadoras entre CiU y el PP.

1996 (continuación)

10: El PNV entrega al PP un documento con sus propuestas para apoyar la candidatura de Aznar.

11: José María Aznar alcanza un acuerdo con Coalición Canaria para su investidura como Presidente.

14: ETA libera al industrial José María Aldaya después de trescientos cuarenta y un días de secuestro, el más largo de los perpetrados por la banda.

24: PP y CiU llegan a un acuerdo que garantiza la investidura de Aznar. El pacto se cierra dos días más tarde en Barcelona tras casi dos meses de negociaciones.

29: El PNV se suma al acuerdo para facilitar la investidura del candidato a presidente. Al día siguiente Xabier Arzalluz elogia al PP por pactar «como los socialistas no fueron capaces de hacer».

30: Juan Alberto Belloch y Margarita Robles se reúnen con Jaime Mayor Oreja, ministro *in pectore* del Interior, y le ponen al tanto de las gestiones de Adolfo Pérez Esquivel. Belloch pide a su sucesor el visto bueno para continuar con las gestiones y Oreja le responde que no puede comprometer al nuevo Gobierno. Queda en suspenso esta vía de aproximación.

MAYO

4: José María Aznar es investido Presidente del Gobierno.

5: Aznar jura su cargo ante el Rey en la Zarzuela.

6: El Presidente del Gobierno nombra su primer Gobierno. Jaime Mayor Oreja se hace cargo del Ministerio del Interior.

20: Primer atentado de ETA con el PP en el Gobierno. Un coche-bomba causa la muerte al sargento del Ejército Miguel Angel Ayllón en Córdoba.

1996 (continuación)

JUNIO

23: ETA decreta una tregua de una semana de duración, desde las 0 horas del día 24 hasta las 0 horas del 1 de julio, y emplaza al Gobierno de Aznar a pronunciarse «de forma clara y pública sobre sus intenciones para superar el conflicto entre Euskal Herría y España».

JULIO

23: Tras una oleada de atentados contra objetivos turísticos, el «número tres» de ETA, Julián Atxurra Egurola, «Pototo», es detenido en Francia.